总主编 林家阳

ART APPRECIATION

艺术鉴赏

美术·设计

林家阳 编著

中国轻工业出版社

图书在版编目（CIP）数据

艺术鉴赏 / 林家阳编著. —北京：中国轻工业出版社，2024.6

全国高等院校艺术专业"十三五"规划教材

ISBN 978-7-5184-2137-4

Ⅰ.①艺… Ⅱ.①林… Ⅲ.①艺术—鉴赏—高等学校—教材 Ⅳ.①J05

中国版本图书馆CIP数据核字（2018）第235847号

责任编辑：毛旭林　　责任终审：张乃柬　　整体设计：张嬿雯　锋尚设计
策划编辑：毛旭林　　责任校对：吴大朋　　责任监印：张　可

出版发行：中国轻工业出版社（北京鲁谷东街5号，邮编：100040）

印　　刷：艺堂印刷（天津）有限公司

经　　销：各地新华书店

版　　次：2024年6月第1版第8次印刷

开　　本：870×1140　1/16　印张：16

字　　数：300千字

书　　号：ISBN 978-7-5184-2137-4　定价：59.80元

邮购电话：010-85119873

发行电话：010-85119832　010-85119912

网　　址：http://www.chlip.com.cn

Email：club@chlip.com.cn

版权所有　侵权必究

如发现图书残缺请与我社邮购联系调换

240865J1C108ZBW

序一
PROLOG 1

中国的艺术设计教育起步于 20 世纪 50 年代，改革开放以后，特别是 90 年代进入一个高速发展的阶段。由于学科历史短，基础弱，艺术设计的教学方法与课程体系受苏联美术教育模式与欧美国家 20 世纪初形成的课程模式影响，呈现专业划分过细，实践教学比重过低的状态，在培养学生的综合能力、实践能力、创新能力等方面出现较多问题。

随着经济和文化的大发展，社会对于艺术设计专业人才的需求量越来越大，市场对艺术设计人才教育质量的要求也越来越高。为了应对这种变化，教育部将"艺术设计"由原来的二级学科调整为"设计学"一级学科，既体现了对设计教育的重视，也是进一步促进设计教育紧密服务于国民经济发展的必要。因此，教育部高等学校设计学类专业教学指导委员会也在这方面做了很多工作，其中重要的一项就是支持教材建设工作。

在教育部全面推动普通本科院校向应用型本科院校转型工作的大背景下，由设计学类专业教指委副主任林家阳教授任总主编的这套教材，在强调应用型教育教学模式、开展实践和创新教学、整合专业教学资源、创新人才培养模式等方面做了大量的研究和探索；一改传统的"重学轻术""重理论轻应用"的教材编写模式，以"学术兼顾""理论为基础、应用为根本"为编写原则，从高等教育适应和服务经济新常态，助力创新创业、产业转型和国家一系列重大经济战略实施的角度和高度来拟定选题、创新体例、审定内容，可以说是近年来高等院校艺术设计专业教材建设的力作。

设计是一门实用艺术，检验设计教育的标准是培养出来的艺术设计专业人才是否既具备深厚的艺术造诣、实践能力，同时又有优秀的艺术创造力和想象力，这也正是本套教材出版的目的。我相信在应用型本科院校的转型过程中，本套教材能对学生奠定学科基础知识、确立专业发展方向、树立专业价值观念、提升专业实践能力产生有益的引导和切实的借鉴，帮助他们在以后的专业道路上走得更长远，为中国未来的设计教育和设计专业的发展提供新的助力。

教育部高等学校
设计学类专业教学指导委员会原主任
中国艺术研究院 教授 / 博导 谭平

序二
PROLOG 2

办学，能否培养出有用的设计人才，能否为社会输送优秀的设计人才，取决于三个方面的因素：首先是要有先进、开放、创新的办学理念和办学思想；其二是要有一批具有崇高志向、远大理想和坚实的知识基础，并兼具毅力和决心的学子；最重要的是我们要有一大批实践经验丰富、专业阅历深厚、理论和实践并举、富有责任心的教师，只有老师有用，才能培养有用的学生。

除了以上三个因素之外，还有一点也非常关键，不可忽略的，我们还要有连接师生、连接教学的纽带 —— 兼具知识性和实践性的课程教材。课程是学生获取知识能力的宝库，而教材既是课程教学的"魔杖"，也是理论和实践教学的"词典"。"魔杖"通过得当的方法传授知识，让获得知识的学生产生无穷的智慧，使学生成为文化创意产业的有生力量。这就要求教材本身具有创新意识。本套教材从设计理论、设计基础、视觉设计、产品设计、环境艺术、工艺美术、数字媒体和动画设计等八个方面设置的 50 本系列教材，在遵循各自专业教学规律的基础上做了不同程度的探索和创新。我们也希望在有限的纸质媒体基础上做好知识的扩充和延伸，通过本套教材中的案例欣赏、参考书目和网站资料等，起到一部专业设计"词典"的作用。

我们约请了国内外大师级的学者顾问团队、国内具有影响力的学术专家团队和国内具有代表性的各类院校领导和骨干教师组成的编委团队。他们中有很多人已经为本系列教材的诞生提出了很多具有建设性的意见，并给予了很多有益的指导。我相信以我们所具有的国际化教育视野以及我们对中国设计教育的责任感，能让我们充分运用这一套一流的教材，为培养中国未来的设计师奠定良好的基础。

教育部高等学校
设计学类专业教学指导委员会副主任
教育部职业院校艺术设计类专业教学指导委员会原主任
同济大学教授 / 博导 林家阳

前言
FOREWORD

早在1957年，我们国家就提出了具有自身特色的教育方针："中国的教育方针，应该使受教育者在德育、智育、体育几方面都得到发展"；2007年，十七大再次确立了"德智体美"的四字方针，"培养德智体美全面发展的社会主义建设者和接班人，办好人民满意的教育"。"四字方针"不仅是我们教育的行为规范，指引我们的教学方案、课程内容的变化，也形成了特有的中国校园文化。

德是情商 —— 培养学生崇高的信仰、社会道德观以及思想和行为的习惯；

智是智商 —— 培养学生敏锐的思考能力、知识能力和实践动手能力；

体是健康 —— 培养学生生理健康和心理健康；

美是美育 —— 培养学生对自然、人文和生活的美学观、欣赏观和消费观。

如果说"四字方针"中的前三个字是学生走向社会的一种基本能力的话，那么"美育"是致力于培养学生拥有赏心悦目的工作环境、生活环境并创造未来人生理想的能力。这本《艺术鉴赏》包括了美术、建筑和艺术设计等内容，兼具了审美、时尚和实用的多重艺术功能，是大学生们不可多得的修养指南。

"二战"期间，曾有记者问一位美国将军："你为什么参与战争？"这位将军做了最为善意的回答："战争的目的是为了和平，而和平的目的是让我们的儿子能安静地学习美学和哲学，让我们的子孙可以学习艺术。"艺术是崇高的，《艺术鉴赏》是我们通向艺术和未来生活的必经之路。

有人问，你要变多大 —— 在于掌握浩瀚的科技知识。

有人问，你要做多强 —— 在于掌握广博的人文知识。

有人问，你要走多远 —— 在于掌握丰富的美学知识。

21世纪，世界进入了一个人文与科学高度发达的社会，我们需要有足够的知识储备面对这个知识多元、共同合作的时代。因此，大学的文科、理科、工科及艺术等各学科都应无科限、无边界，只有多元化与高眼界才能融入、才能沟通，才能应对，才能有立足之本。

本教材坚持弘扬社会主义核心价值观，强化中华优秀传统文化、革命文化、社会主义先进文化教育，围绕课程目标，精选教学素材，总体上植根中国历史文化沃土，同中华优秀传统文化相结合，坚定历史自信、文化自信，赋予内容学习鲜明的中国特色，帮助学生提高鉴赏能力和审美修养，从而更好地提升学生的认知水平，增强学生的文化自信，弘扬中华美育精神，以美育人、以美化人、以美培元，对于培养兼具科学思维与艺术思维的复合型跨学科创新人才具有深远的意义。

同济大学教授 / 博导 林家阳

课时安排

（参考课时：36）

章节	课程内容	课时	
第一章 造型艺术	课程一　造型艺术概说	2	18
	课程二　建筑艺术	2	
	课程三　景观艺术	2	
	课程四　中国绘画艺术	4	
	课程五　西方绘画艺术	4	
	课程六　公共艺术	2	
	课程七　工艺美术	2	
第二章 设计艺术	课程八　设计艺术概说	2	18
	课程九　图形和文字设计	3	
	课程十　品牌形象设计	3	
	课程十一　室内与陈设设计	2	
	课程十二　产品与工业设计	4	
	课程十三　服装与配饰设计	2	
	课程十四　漫画与动画设计	2	

目录 CONTENTS

第一章　造型艺术 10

课程一　造型艺术概说 11
　　一、造型艺术创新未来 12
　　二、造型艺术发展简史 16
　　三、东西方造型艺术比较 18
　　四、创作原则和评价标准 24

课程二　建筑艺术 29
　　一、概述 30
　　二、神庙宫殿 —— 人类辉煌的历史遗产 30
　　三、中国民居 —— 就地取材的土木华章 34
　　四、公共建筑 —— 城市文化的历史标识 35
　　五、室内装饰 —— 时代人文的文化布景 39
　　六、桥梁 —— 沟通彼岸的地域符号 45

课程三　景观艺术 49
　　一、概述 50
　　二、园林 —— 整合自然，再现美丽 51
　　三、公共绿地 —— 创造美学，愉悦身心 53
　　四、广场与街景 —— 都市风貌，尽显活力 55

课程四　中国绘画艺术 62
　　一、中国绘画概述 63
　　二、中国原始艺术与上古先秦绘画 —— 天真烂漫的茁壮萌发 63
　　三、秦汉绘画 —— 一统天下的雄浑博大 66
　　四、魏晋南北朝绘画 —— 乱世觉醒的艺文勃兴 67
　　五、隋唐绘画 —— 绚丽开放的盛世华章 69
　　六、五代两宋绘画 —— 宋风雅韵的精英峰峦 73
　　七、元明清三代绘画 —— 羽化蜕变的笔墨逸姿 80

课程五　西方绘画艺术 92
　　一、西方绘画概述 93
　　二、西方史前和上古绘画 —— 从博采广绘到美学典范 93
　　三、中世纪绘画和文艺复兴 —— 从黑暗时期到伟大时代 96
　　四、新古典主义、浪漫主义、写实主义绘画与巡回展览画派
　　　　 —— 不断反思的人文精神 98
　　五、印象主义、新印象主义、后印象主义绘画 —— 个性觉醒的现代先驱 . 102
　　六、20世纪现代主义、后现代主义绘画 —— 叛逆时代的文化思潮 106

课程六　公共艺术 **114**
　　一、概述 115
　　二、雕塑艺术 —— 凝固的视觉艺术 116
　　三、装置艺术 —— 灵动的哲学艺术 119

四、光艺术 —— 无形的梦幻艺术...........123
　　五、水艺术 —— 流淌的柔情艺术...........123

课程七　工艺美术...........**126**
　　一、概述...........127
　　二、瓷器 —— 闪耀中国文化的华章...........129
　　三、编织 —— 记录民间智慧的经纬...........136
　　四、木器 —— 感悟太朴不散的精微...........137
　　五、金属 —— 铭记金石为开的拓荒...........140
　　六、玻璃 —— 发现点石成金的熔炼...........142
　　七、保护和传承...........145

第二章　设计艺术...........147

课程八　设计艺术概说...........**148**
　　一、设计创造人生...........149
　　二、现代设计的主要流派与实践者...........150
　　三、东西方设计艺术比较...........161
　　四、设计原则和评价标准...........167

课程九　图形和文字设计...........**170**
　　一、概述...........171
　　二、图形 —— 视觉语言的艺术...........173
　　三、文字 —— 信息传播的使者...........182

课程十　品牌形象设计...........**191**
　　一、概述...........192
　　二、标志设计 —— 展示品牌的视觉形象...........192
　　三、企业形象设计 —— 企业文化的视觉定位...........194

课程十一　室内与陈设设计...........**201**
　　一、概述...........202
　　二、室内 —— 坐拥生命的精彩...........202
　　三、陈设 —— 坐而论道的氛围...........205
　　四、椅子 —— 坐享天下的快乐...........209

课程十二　产品与工业设计...........**216**
　　一、概述...........217
　　二、德国设计 —— 单纯、冷静而人本理智的设计...........218
　　三、北欧设计 —— 极简、原生而回归自然的设计...........220
　　四、日本设计 —— 民族、求精而东西交融的设计...........221
　　五、美国设计 —— 个性、无羁而创新世俗的设计...........223
　　六、意大利设计 —— 古典、名牌而现代复兴的设计...........224
　　七、中国设计 —— 和谐、求索而天人合一的设计...........226

课程十三　服装与配饰设计 **229**
　　一、概述 230
　　二、服装 —— 张扬人类之个性 230
　　三、配饰 —— 点缀人生之精华 235

课程十四　漫画与动画设计 **242**
　　一、概述 243
　　二、漫画 —— 针砭时弊的视觉幽默 243
　　三、动画 —— 数码时代的大众艺术 248

后记 **256**

第一章

造型艺术

本章集中简要论述了造型艺术的基本概念与基础理论。以文化发展与艺术衍变为脉络，选择造型艺术发展史上典型而具有代表性的人物及作品，以鉴赏分析作品为看点，解读造型艺术的创造意识、美学观念与社会价值。在丰富的视觉经典与形象可读的语言中传授造型艺术的基础知识。

本章课程内容包括：

课程一　造型艺术概说

课程二　建筑艺术

课程三　景观艺术

课程四　中国绘画艺术

课程五　西方绘画艺术

课程六　公共艺术

课程七　工艺美术

课程一　造型艺术概说

课程概况： 艺术与科学创造了人类文明，科学通过技术转化为生产力，艺术通过审美转化为文化力。美国1780年成立的第一个学术机构称美国艺术与科学院（American Academy of Art and Sciences，简称AAAS），把"艺术"放在"科学"之前，可见艺术之重要性及其与科学之紧密关系，也与人们的创造能力与创新意识有关。造型艺术作为一种重要的形态，涵盖生活的方方面面，是创造视觉美最直接最普遍的方式之一。懂得艺术，理解艺术，是每个人提升文化修养的途径，更是艺术专业学生的必修功课。

本课程从艺术理论角度，集中而简要地阐述了造型艺术的基本概念、历史发展与类型、社会功能与价值，中国与西方艺术的异同以及主要流派与艺术家，使学生理解由文化差异导致的艺术内涵与风格差异，帮助学生梳理艺术发展的整体脉络。同时，明确提出了造型艺术的创作原则与评价标准，让学生建立正确的艺术发展创新观。

课程内容： 集中阐述了造型艺术的基本概念与相关理论、历史发展与类型；
比较分析了中国与西方造型艺术的异同。

训练目的： 强化审美能力与拓展审美领域，提升创造能力与创新意识。

重点和难点： 教学重点：掌握东西方造型艺术的特点与规律，学会审美与鉴赏；熟悉代表性艺术家与代表作品。
教学难点：能把对造型艺术的热爱融会贯通地转化为创造力。

思考和作业题： （1）艺术创新未来——谈谈个人所感悟的造型艺术对社会的价值与影响。
（2）艺术提升了人类的精神文化——谈谈个人所感悟的造型艺术作品对自身的影响。
（3）从审美角度对艺术史上的一幅代表性作品进行阐述。
（4）谈谈对造型艺术发展史三个阶段和三种类型的理解。
（5）从中西文化差异比较东西方造型艺术的异同。

阅读提示： 《美的历程》（李泽厚 / 三联书店）

一、造型艺术创新未来

从社会学的角度来看，艺术可以说是指用形象来反映现实但比现实更有典型性的社会意识形态。

艺术包括造型艺术、语言艺术、表演艺术和综合艺术等多种类型。

（一）造型艺术是什么

造型艺术广义上指运用一定的物质材料（例如木、土、石、塑料、纸、布等），并使用造型的手段，创造出具有审美价值的二维或三维的视觉形象的艺术。"造型艺术"又称"空间艺术""视觉艺术"，通常称为"美术"。

在我国，"美术"一词是"五四运动"前后传入的，由英文"fine art"意译而出。从汉语使用的角度来分析，"美"本是形容词，这里将形容词作为动词使用，即"使之变美"的意思；术：指技能、技艺、技术。美术即使用普通的原材料，创造制作出富有美感作品的技术，即美之术。

现在，美术一词成为专门的学科概念，是艺术的一个分支或独立门类。一般将可视、静态、空间形象的造型艺术，如绘画、雕塑、建筑和工艺美术等统称为美术。

视觉美，是生活中普遍的美学呈现；造型艺术作品是创造视觉美最直接、最普遍的方式之一。

造型艺术的范围非常广泛，整体上可以将造型艺术分为两类，一类为观赏性艺术，另一类为实用性艺术。

观赏性艺术主要包括绘画和雕塑两大类。

实用性艺术具体又可以分为建筑和工艺美术（传统手工艺）两大类。

从左至右依次为
图 1-1-1　小鸟 / 佚名
图 1-1-2　2017 大阅兵 / 佚名
图 1-1-3　公园里带阳伞的女人 / 皮埃尔·奥古斯特·雷诺阿 / 法国 / 1875
图 1-1-4　无名女郎 / 伊万·尼古拉耶维奇·克拉姆斯柯依 / 俄罗斯 / 1883

从左至右依次为
图 1-1-5　溪山行旅图 / 范宽 / 中国北宋
图 1-1-6　草地上的圣母 / 拉斐尔·圣齐奥 / 意大利
图 1-1-7　秦俑 / 秦始皇兵马俑博物馆 / 中国秦代
图 1-1-8　哀悼基督 / 米开朗基罗 / 意大利

图 1-1-9　卢浮宫玻璃金字塔 / 贝聿铭 / 法国巴黎 / 1984 — 1989
图 1-1-10　欧洲名瓷"迈森瓷" / 德国 / 18 世纪初

从左至右依次为

图 1-1-11　三味书屋 / 绍兴 / 中国清末
图 1-1-12　烈士陵园雕塑 / 南京雨花台 / 中国现代
图 1-1-13　宣传画 / 中国现代
图 1-1-14　雅典学院 / 拉斐尔·圣齐奥 / 意大利

另外，根据传统的概念，工艺美术具体包含传统手工艺品、现代工业美术以及商业美术三大主要部分。

而作为造型艺术的"美术"与"设计"是两种既相关又不同的范畴与概念，现代设计是一个特定的历史概念，它是现代工业生产条件下的产物，作为一门独立的学科诞生于20世纪初期西方工业发达国家，工业设计是其主体。现代工业美术和商业美术均归属于"现代设计"。

（二）造型艺术提升了人类的精神文化

艺术通过审美转化为文化力——人类精神力量的核心。

精神文化是人类在物质文化基础上产生的特有的意识形态，"精神文化是指属于精神、思想、观念范畴的文化，代表一定民族的特点，反映其理论思维水平的思维方式、价值取向、伦理观念、心理状态、理想人格、审美情趣等精神成果的总和。"

不同时代的精神文化影响人们的精神状态、精神生活，从大的范围上来讲，精神文化具有价值导向、精神源泉以及民族凝聚等重要功能。

（三）美术教育所培养的精神文化

（1）完善人格 —— 个性禀赋、学习热情、生活态度、情感意向、价值取向。
（2）创造能力 —— 观察能力、发现能力、想象能力以及思考能力。
（3）美的追求 —— 审美情趣、表现能力、艺术取向、艺术品位。

本质上涉及学生智商（IQ）、文商（CQ）、情商（EQ）、美商（BQ）的培育。

1. 培养完善的人格

从心理学角度上来讲，人格（personality）通常主要指一个人所特有的相对稳定不变的行为模式。英国著名心理学家艾森克指出："人格乃是决定个人适应环境的性格、气质、能力和生理特征。"通常来说，一个人的人格，在10岁之前主要受到父母遗传基因的作用；10岁以后，则主要受教育与环境因素共同作用。可以说，个人人格的形成，是受到来自家庭、学校、社会共同的作用而得到的结果。这其中，美术教育在培养学生完善人格方面，有其他学科不可取代的独特作用。

美术教育的精神文化是"以人为本"，关注的是人类存在的意义、尊严、价值、道德以及文化传统，同时关注人类本身的自由与平等以及人与社会、人与自然之间的和谐关系。美术教育引导学生热爱自然、面向社会、关注人文，培养学生追求真善美、具有大爱的性格。健全完善人格需要注重八大重点培养方向：自我挑战、自我信念、自我批评、目标设定、自我磨炼、坚持不懈、自我开放以及自尊自爱。而造型艺术教学的实践过程在这些方向的培养上有独到的导向与贡献。美术教育将人文教育贯穿于教育的整个过程，将人格完善作为教育的终极目标。

2. 开拓形象思维

学校教育的思维逻辑偏向科学与理性，这是必要的。但有人指出：学校教育使学生获得正确的答案却丧失了想象力！这种说法指出了学校教育的现实困境。

人类能力构成的关键在于人类所具有的思维能力，思维能力的基本形式（或基本类型）可以分为三大类，即：形象思维、直觉思维与逻辑思维。爱因斯坦说：想象力比什么都重要！因此，在科学研究领域中，科学工作者不但会使用抽象思维，也经常会使用形象思维。美术教育是采用形象思维来训练并培养学生的想象力和创造力。

形象思维具有以下几个特点：

（1）形象性

形象性是形象思维最基本的特点。形象思维的形式多是意象、直感、想象等，通过图形、图像、图式和形象性的符号来进行表达。形象思维所具有的形象性特征使其具有生动性、直观性以及整体性的优点。

（2）非逻辑性

形象思维是从平面到空间、立体性的跳跃思维，不同于逻辑严密、一步一步、首尾相接、线性的抽象（逻辑）思维。形象思维可以采用许多具有形象性的材

图1-1-15 努力惜春华 / 丰子恺（1898—1975）

料，一下子组合在一起创造出新的形象，或由一个形象变化到另外的一个形象。形象思维可以使思维主体迅速从整体上抓住关键。

（3）朦胧性

抽象（逻辑）思维可以列出精确的量化关系，而形象思维是在朦胧性中对问题作整体性的把握，对问题的分析一般是定性或半定量的。形象思维的朦胧性对艺术是必要的，艺术是不能完全量化的。

（4）想象性

艺术想象是指思维主体使用已有的形象创造出新形象的过程。形象思维可以不懈想象、加工创造新的形象。因此，形象性使得形象思维富有创造性的一大特性，美术作品的创意必须依靠开拓形象思维。

富有创造力的人往往都具备丰富的想象力。极强的想象力来自形象思维。形象思维给人类带来无穷的灵感。创造性思维过程包括显意识激励、发散联想、想象顿悟、直觉判断、论证检验等五个环节。其中显意识激励和论证检验属时间逻辑思维，而发散联想、想象顿悟、直觉判断等三个环节是形象思维的充分体现。

人类的智商是指人们认识客观事物，并运用所学知识来处理现实问题的能力。智商（IQ）体现在多个方面，如观察力、记忆力、想象力、创造力、分析与判断能力、思维能力、应变能力、推理能力等。在这当中，智商能力中的观察力、想象力、思维能力以及创造力与形象思维有着直接关联。观察力是指大脑对事物的观察能力，美术教育培养敏锐的观察力和发现力，发现是美术创意的第一要素。艺术思维能力来自形象思维，美术教育开拓形象思维，形象思维能力是决定创造力的重要因素。

3. 拓展审美领域

美术教育的实践活动可以帮助我们拓展视野、扩大知识领域。尤其是美学知识领域。

每个人的生活经历、知识领域都有局限，但借助于古今中外历代优秀的美术作品，却可以使我们形象地接触到超越自身局限的广阔领域，生活因艺术的创造而美轮美奂，生存因艺术的存在而生生不息。英国数学家、哲学家、教育家怀特海说"艺术的教育就是唤醒智慧和美感"的教育。

美术教育的欣赏课程是一种"潜移默化"的过程，是"熏陶"的过程，是情景交融自然融入的过程，美术欣赏可以陶冶人的思想情操、提高人的精神境界。

美术教育砥砺学生的情商。情商（EQ）通常是指情绪商数，主要是指人在情绪、情感、意志、耐受挫折等方面所具备的品质。能否成为优秀的艺术家、画家，恰恰与人在情绪、情感、意志、耐受挫折等方面的品质息息相关。

美术教育培养学生的文商。文商（CQ）——文化智商（Culture Quotient），它主要表现为一个人对文化的理解和适应能力。在全球化的大趋势中，跨文化学习、文化智商的高度是成功的基础。

美术教育提高学生的美商。美商（BQ），指美丽商数（Beauty Quotient），并不是指一个人的漂亮程度，而是一个人对自身形象的关注程度、对美学和美感的理解力，甚至包括一个人在社交中对声音、仪态、言行、礼节等一切涉及个人形象的因素的控制能力。美商是可以经由后天培养的。美商涉及审美趣味、审美能力、艺术品位，美术教育能培养个人审美的敏锐度与美学的前卫感，提高学生的美商。

图 1-1-16　雅典卫城 / 希腊 / 始建于公元前 580 年 /

图 1-1-17　石虎 / 霍去病墓石雕 / 西汉

图 1-1-18　韩熙载夜宴图

图 1-1-19　最后的晚餐 / 达·芬奇 / 意大利

图 1-1-20　敦煌壁画中的飞天 / 唐代

图 1-1-21　运载火箭 / 佚名

（四）造型艺术创新未来

"狭义相对论"是爱因斯坦从幼年时候所想象的人跟着光线跑,并能努力赶上它开始的。世界上第一架飞机,就是从人们所想象人类可以具有飞鸟的翅膀而开始的。创新的未来源自于幻想,想象不但可以引导我们发现新的事物,而且还可以激发我们努力探索,并去开展创造性的活动。想象力是创新思维的源泉。

爱因斯坦说:"想象力比知识更重要,因为知识是有限的,而想象力概括着世界的一切,推动着进步,并且是知识进化的源泉。"想象力不单单来源于人类运用储存在大脑中的信息进行综合分析、推断和设想这样的逻辑思维能力,而更多并且更重要的是来源于艺术的形象思维能力。

造型艺术通过形象思维发挥最大的想象力,美术创作还往往启迪科学家的灵感与想象力。

造型艺术是以创意为灵魂的,创意是创新的前驱,以无限的创造力激发了社会各界人士的创新意识,也以全新的视觉语言使我们的心灵和环境变得更美好。

二、造型艺术发展简史

德国古典哲学家黑格尔对艺术的定义是"理念的感性显现",他认为艺术的理念或理想作为一个具体的统一体,是"具体的理念显现于适合的具体形象"。黑格尔非常重视把作品的理念即作品的思想内容与形象之间的相互关系作为艺术分类的条件。他认为:"内容和形象之间的各种不同关系"是区分艺术类型的"真正基础"。

黑格尔运用严密的逻辑方法，对艺术领域中存在着的各式各样的不同艺术类型进行归纳分类，他认为艺术的发展过程实质上是由低级到高级的演进过程，艺术随着理念的发展，产生了特殊的阶段和三种类型：

象征型艺术 —— 古典型艺术 —— 浪漫型艺术。

黑格尔这一思想的独特性就在于，他关注到了不同类别的艺术，对人类的思想和感情具备不同的表现方式，并且可以依据从低级到高级的发展理论，找到它们之间在时空维度上的相互关联。

1. 象征型艺术

象征型艺术是艺术的起源，艺术的童稚阶段。是"形象外在于理念本身"，象征型艺术是理念与形象显现不统一的艺术，在其中理念尚未受到定性，亦即形象不能固定地或明确地表现理念内容。这种类型就是象征型艺术。象征型艺术往往在表现形式与内容之间出现扭曲、对立的状态。但这恰恰形成了黑格尔所说的"崇高"，"理念越出有限事物的形象，就形成崇高的一般性格。"原始的象征型艺术往往具有崇高的一般性格。象征型艺术开创了崇高。

图 1-1-22　卡尔纳克神庙的方尖碑和拉美西斯二世雕像 / 埃及

图 1-1-23　新疆克孜尔尕哈峰燧 / 古军事建筑报警设施 / 西汉

象征型艺术是一种最低层次、最原始的艺术类型。典型的代表是图腾，图腾是族群的符号与标志，象征某一族群的存在与他们所想宣示的某些观念。最初的建筑同样含有象征意味，不过是使用某种建筑材料与堆砌方式构成主题性的符号或标志，引发人的联想，象征性地体现某些观念和情感。如最初的万里长城是地域与武力的象征，后来才被引为民族精神的象征。古埃及的金字塔象征着法老灵魂的不朽和神圣，中国的峰燧与埃及的方尖碑都是典型的象征艺术。作为艺术领域的本原类型，必然具有直观形式的象征意味。具体又可划分为不自觉的象征、崇高的象征以及比喻的象征等。

2. 古典型艺术

古典型艺术乃黑格尔所说："内容和完全适合内容的形式达到独立完整的统一，因而形成一种自由的整体，这就是艺术的中心。"亦即理念和形象"形成自由而完满的协调"。古典型艺术既做到了精神与物质的统一，又体现了理念的显现与客体性相统一，即内容与形式互相达到完整和谐的统一。而这种和谐与统一仅在古典型艺术中才得以表现。古希腊艺术便是这种古典型艺术的典范。

图 1-1-24　萨莫色雷斯的胜利女神 / 希腊 / 约公元前 190 年

图 1-1-25　米洛斯的维纳斯 / 希腊 / 约公元前 150 年

古希腊的人民创造出符合理想美的艺术形式，例如古希腊的雕塑，完全是由精神灌注而显出生气的人的躯体来表现理念以及具体化了的明确而自觉的个性，"形成自由而完满的协调"，将精神与个体、内容与形式完美地结合在一起。古典型艺术的特征就是传统意义上的美 —— 和谐。

3. 浪漫型艺术

浪漫型艺术如黑格尔所说："浪漫型艺术的真正内容是绝对的内心生

图 1-1-26　维纳斯的诞生 / 桑德罗·波提切利 / 意大利

活，相应的形式是精神的主体性，即主体对自己的独立自由的认识。"浪漫型艺术具有以下三大特征。

一是内容全部聚集到精神的内在生活中，也就是集中到情感，想象以及情绪上。

二是艺术形式大于内容。尤其在现代艺术思潮的冲击下，绘画的表现形式、绘画语言不断发展创新。

三是在浪漫型艺术里，不再以美为其主要表征，精神的（抽象的）美、完全个性化独特理解的美成为主要的形式表观；不怕让显然不美的因素尽情展露。浪漫型艺术开拓了西方的"丑学"。

象征型艺术、古典型艺术和浪漫型艺术组成了艺术发展史的基本脉络。世界美术的发展演变有三个阶段：史前与上古美术基本属于象征型艺术，古代美术（中古至近古1689年英国资产阶级革命成功之前）基本属于古典型艺术，现代美术（1689年英国资产阶级革命后）基本属于浪漫型艺术。

造型艺术发展史是人类思想史的一个**形象体现**。思想是看不到摸不着的，也是复杂费解的，美术作品却以艺术的形象显现一个时代的思想。

造型艺术发展史是人类文化史的一个**形象概括**。文化是一个庞大的系统，美术作品却以概括的形象显现一个时代的文化性格。

造型艺术发展史是艺术新思潮的一个**形象先锋**。艺术经常涌动着新的思潮，美术作品以最迅捷的创意成为艺术新思潮的形象先锋。

三、东西方造型艺术比较

恩格斯曾说："只有将本民族语言与其他民族的语言进行比较才能真正懂得自己的语言。"世界史，究其本质，是一部民族和文化的交融史和碰撞史。以基督教文化为主要内容的西方历史文化和深受儒佛道影响的东方历史文化，从古至今，经历着很多融合与冲突的历程，这样的两种文明带来了两种不同的辉煌灿烂。而东西方造型艺术的差异，也源于东西方民族文化的差异，而文化的差异进一步造成人们思维方式的不同。

东西方两大文化的根本不同表现在思维模式方面：东方重综合，重归纳、重暗示、重含蓄；西方重分析，细微曲折、挖掘唯恐不尽，描写唯恐不周。所谓的综合，其实是把事物的各个组成部分相互联系在一起，使之成为一个完整统一的整体，综合往往强调了事物的普遍联系性。而所谓的分析，就是把事物分解成为许多部分，从而方便深入地认识事物的本质。

中国人看待问题的时候通常是由远到近，而西方人在这个问题上，却常常是由近到远。中国人习惯从宏观入手进入微观，西方人却不一定如此，也许从一个极小的点开始，然后由此扩展开来，由点成面。

图 1-1-27 舞蹈 / 马蒂斯 / 法国
图 1-1-28 坐着的女人 / 毕加索 / 西班牙

图 1-1-29 霍松维勒女伯爵 / 安格尔 / 法国 / 1845
图 1-1-30 拿破仑·波拿巴穿越大圣伯纳德山口 / 达维特 / 法国 / 1800

图 1-1-31　陶渊明《归去来兮辞》图 / 陈洪绶 / 明末清初
图 1-1-32　雁南飞 / 任颐 / 清代

图 1-1-33　萨宾女人 / 达维特 / 法国 / 1799
图 1-1-34　Number8（局部）/ 波洛克 / 美国 / 1949

中国人习惯从整体的角度来看个别的东西，通常是先从整体上把握，然后再看个别的，从宏观到微观；而西方人习惯从个别的东西出发，由此至广，最终到认识整体，由微观到宏观。

德国哲学家黑格尔认为西方文化是动的文化，东方文化是静的文化：西方文化是冒险的、扩张的、开放的、斗争的，这一切都孕育于他们的海洋文化；而东方文化是保守的、苟安的、封闭的、忍耐的，其原因在于东方文化孕育于内陆文化。黑格尔根据造成"思想本质上的差别"的地理原因，将文化划分为三种类型——即游牧文化、农耕文化、海洋文化。西方以海洋为主的原始经济与中国以农耕为主的生存方式，分别蕴酿了外向与内敛的原始心态与性格，也决定了文化的视点与起点。

不同的视觉语言，表达不同的思想，产生不同的情感与性格，创意为作品，承载着不同的文化，体现着不同的概念。

中西美术的宇宙观、世界观以及哲学背景的差异性，使中西美术形成了各自不同的内涵、形式以及各自独特的风格，并构成了世界美术史上东西方两大不同的体系。这两大体系又逐渐衍生出许多不一样的美术流派与美术作品，从而使得美术领域多元化以及美术创作活动的多元化。

1. 天人合一与物我两分 —— 美术思想的比较

中国文化从宇宙观到认识论的基本观念是：人与自然（人与天）、人与社会（三层）、人与人（我与他；我与我）是"天人合一"的整体思维。"天人合一"作为中国哲学最基本、重要的命题，它构成了一个阴阳、天人、形神、理物、道器、内外等重大范畴相互统一的宇宙观。老子曰："道生一、一生二、二生三、三生万物。""人法地，地法天，天法道，道法自然。"他把人与天地万物联系起来，并强调一切都应遵循"天人合一"的内在规律。孟子曰："万物皆备于我矣。上下与天地同流。"潜意识地含有"天人合一"的观点。而到了汉代，董仲舒就明确地提出他的"天人合一"，演化成了"天人感应"。司马迁在《报任安书》里说，他撰述史记的目的是："欲究天人之际，通古今之变，成一家之言。"是真正意义上的"天人合一"观。后来的宋代大理学家朱熹把"天人合一"演变成"天人一理"。中华民族通常将天、地、人视为一个完整且统一的整体，并将"人与天地万物为一体""天人合一"作为最高的理想境界，这是中国美术思想的出发点。与"天人合一"相比较，"天人二分"便更加能够代表西方文化与美术思想的色彩。

西方人较早就学会应用抽象概念的思维，较为彻底地丢弃了直观的因素、非逻辑的因素的原始思维，创立了人与自然分离的哲学意识。在对待人与自然的关系问题上，西方文化从最开始就表现出来强烈的控制以及征服自然的欲望。西方哲学家不懈地寻找人与自然的质的区别 —— 如苏格拉底的"认识你自己"，康德的"人为自然立法"，卡洛·斯密特的"欧洲人从来不委身于自然"，亨利·托马斯·布克尔的"全部文明的进程是以精神法则战胜自然法则 —— 人战胜自然为标志的。"西方的民族文化认为人与宇宙是处于永恒的矛盾对立的关系之中，始终认为人类的根本任务就是要征服自然。这样，便是把人的主观能动性极限扩大，进而演变成为"人类中心主义"观点。普罗太戈拉说："人是一切存在者存在的尺度，是一切不存在者不存在的尺度。""人类中心主义"观点促使西方文化中把个性自由、个人能力发展与个人主体地位联

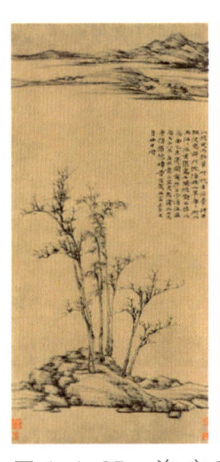

图 1-1-35　渔庄秋霁图／倪瓒／元代

图 1-1-36　听琴图（局部）／赵佶／北宋

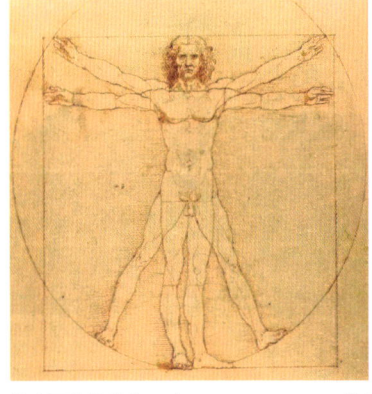

从左至右依次为

图 1-1-37　维特鲁威人／列奥纳多·达·芬奇／意大利／1490

图 1-1-38　大卫／米开朗基罗·博那罗蒂／意大利／1504

图 1-1-39　女子立俑／西汉

图 1-1-40　人物御龙帛画／湖南长沙子弹库楚墓／战国中晚期／1973 年出土

从左至右依次为
图 1-1-41 梅花图 / 金农 / 清代
图 1-1-42 小鸟 / 林风眠
图 1-1-43 布罗格列公主 / 安格尔 / 法国
图 1-1-44 李白行吟图 / 梁楷 / 南宋 / 日本东京国立博物馆藏
图 1-1-45 森林之神与仙女们 / 布格罗 / 法国

系在一起，形成了个人主义精神，崛起于文艺复兴时期，形成强烈的个人意识，重视自由独立、个性特征鲜明的艺术，激发各种不同的文化思潮，这也决定了西方社会早期的审美观念与艺术趋向。

"人类中心主义"以人为中心促使欧洲人形成强烈的探索欲望，构成探索型的社会，催生了"科学技术至上"的思想，在科学技术领域上成为了历史前进的推动力。

在西方文化中，"二元对立"的前提条件是"物我两分"，而"物我两分"在认识论上表现为主体与客体的对立两分。主客体的对立两分，充分体现在西方美术的创作追求上，这是西方美术思想的出发点。

中国人认为心和物是一个完整的整体，只是它存在的状态不同，因此，中国美术追求的是物我合一的。而西方人却认为要把二者分开，一定要区别，心是心，物是物，二者各一，所以西方美术是物我两分的。中国人把一切都视为一体，所以有个概念叫"通"，源自《易经》学说。而西方人讲究分门别类、条分缕析，至少从希腊神话时代就开始了。

2. 意在象外与映照自然 —— 表现形式的比较

中国绘画追求的是"以形写神"，正如齐白石所说的"妙在似与不似之间"，而西洋画却讲求的是"以形写形"，其追求的是真实并且正确。当然西洋画也注重"神"的表现，只是，西洋画追求的是神在形中，而中国画追求的是神在形外。相比较而言，中国绘画更加注重传神，这包括对象的内在精神以及画家自己的主观情感。

"意在象外"把中国绘画中画家隐喻的内涵，或言不由衷、言不尽意，或内心郁结、诗情画意，托物寄情，意在言外地表达象外之意以及象外之情，将艺术的审美对象从外部世界转向内部世界，把艺术的传导力由再现转向表现。中国绘画是崇尚意并且注重表现，尤注重情感的抒发。

苏轼推崇王维"诗中有画，画中有诗"。中国绘画强调诗画相济，是胸中的感情同时发为诗和画的不同形式在同一空间自然地融合，重在达意，意在象外。在绘画有限的画面形象中传达出无限的不可见的情感与意义。

明代画家唐志契说："山性即我性，山情即我情，水性即我性，水情即我情。"指的就是画家要表现自己的真情感真性情，是意在象外。

清代郑板桥画《风竹图》，题诗为"衙斋卧听潇潇竹，疑是民间疾苦声。些小吾曹州县吏，一枝一叶总关情"，诗和画体现同一意境，而且诗画相得益彰，提升了画面与思想的境界。中国绘画历来重意而略象，此画是郑板桥表达他的深沉人文情怀，也使人感到他高尚的人格。

西方美术的审美趣味在于真和美。西方美术追求的是真实的对象以及真实的环境。为了追求极其逼真的艺

图 1-1-46　罗汉图 / 归庄 / 清代 / 美国克里夫兰艺术博物馆藏
图 1-1-47　持太阳伞的妇人：莫奈夫人和她的儿子 / 莫奈 / 法国 巴黎奥赛美术馆藏 / 1875

术效果，对画面的比例、明暗、透视、解剖、色度、色性等科学法则十分讲究，同时注重运用光学、几何学、解剖学、色彩学等科学依据作为绘画基础。

达·芬奇说"绘画要像镜子般映照自然"。其实，从古希腊时期的苏格拉底、亚里士多德、毕达哥拉斯那时起，西方美术很长一段时期内都致力运用极其理性的数学方法实现对客观真实事物的模仿。

并且，在西方的戏剧美学文化的感染下，西方画家常常将绘画的故事性以及叙事性放在一个很高的地位上，像古典主义、浪漫主义、巡回画派等便是深受文学戏剧性影响，把绘画的故事性以及情节性发展到了极致的画派代表。

在东方绘画艺术中，中国画在追求"诗中有画，画中有诗"的同时，在西方的德国，莱辛在《拉奥孔》中提出"诗画分界"观点，指出"画不适于处理事物的运动、变化与情节，诗不适于充分地、逼真地描写静止的物体"。他认为诗只可以表现"可能是"，画却只能表现"就是"。

西方绘画中也充满着西方的理性思维，他们认为世界上最美的东西是数构成的，他们认为理性的分析和计算可以解析世界解析美，理性的发现和思考才是最高的智慧。这是西方人量化的、理性的美学产生的渊源。

如果说中国绘画是尚意重表现、重情感抒发的话，那么西方绘画则是推崇形象再现，重理性刻画。中国绘画的主要造型手段是线条，而西方绘画则主要是通过光和色来表现物象；中国绘画通常来说是不受空间和时间的局限，而西方绘画却是严格遵守空间和时间的界限。

因此可以说，中国画是意在象外重"表现"的艺术，西方绘画是映照自然重"再现"的艺术。

3. 阴阳中和与另类异化 —— 审美取向的比较

老子说："万物负阴而抱阳，冲气以为和"。中和为美的概念出自《周易》，孔子与老子都继承下来了。中国文化是以和为贵的中庸之道的文化。"中和美"是一个从政治经济生活领域到伦理道德以至文艺创作和日常生活的一个大概念。

"中和"的"中"，就是适中、不偏不倚，"允执厥中"，适度有分寸感。所谓"和"，就是和谐顺畅。所谓"中和美"，核心意涵就是"适中和谐"，恰到好处。喜怒哀乐之情必须"乐而不淫，哀而不伤，怨而不怒"，含蓄委婉，发而为"中正"平和冲淡之辞，"中节"，过犹不及，过则无美。

从美学的角度上来讲，中和美是一种以"中和"为理想标准的审美观念。中国美术几千年来一脉相承。西方美术由于其哲学与文化的根源，在文化领域频频有形形色色的思潮涌动，决定了美术观念的不断异化。关于西方艺术的异化，究其根源还是作为主体的人的不断异化。

西方现代美术是不断异化的发展史，例如抽象主义以其非具象的二维或三维的体、面、点、线、块，构架那种远离人们的日常视觉、天然物像中不存在的三维空间的形体结构；表现主义是以一种夸张变形的绘画语言，使绘画作品变成一种精神性的、情感的符号；而梦幻主义，更是以一些富有幻想和象征性的视觉图像，将人们引到精神对岸飘渺超然的境界。

西方现代美术的另类异化，其共同特征是不再重复客观再现和对主观表现的投入。以其不协调、非理性、另类来揭示、表现思想的异化，以种种特质多维度来诠解现代人生存的心理状态，"异化"成为西方美术的审美追求。西方美术几千年来持续异化，西方现代美术更是以不断异化为时尚。

4. 一脉相承与先锋前卫 —— 发展思路的比较

中国漫长的封建社会是超稳定性的，长期处在静止或停滞状态，决定了中国文化的"深层结构"是一种具有封闭的、静态的、亚节奏前行的形态。中国文化总体上是一种"中庸"的"和合"文化，具有很强的自我排遣的保守主义色彩。尊崇传统、一脉相承，是中国美术的惯性思维。历代一些著名的书画家，具有很深的造诣，但作画作书却尊崇传统，强调无一笔无出处。

概念创新是西方艺术的主流形态。西方艺术承袭艺术思潮的不断推进演变，提出不同时期标新立异的不同概念，形成某一时期明显的不同风格与流行风尚。尤其是现代工业和商品社会的崛起，使西方艺术成为时尚文化的先锋。

究其"先锋"这个术语的历史，最开始起源于法国大革命，后来逐渐转变为文化以及文学艺术用语；但是不论是"军事先锋"还是"政治先锋"，抑或是"文化先锋"，他们均有一个共有的特点：源于现代性概念。现代主义的实质就是"先锋"，包括象征主义、未来主义、达达主义、意象主义、超现实主义、抽象派、意识流派、荒诞派等。

"先锋派"的显著艺术特征就是反传统，如十分注重发现内心隐私，细致地描绘梦境和神秘抽象的瞬间世界；故意违背约定俗成的创作原则以及大众的欣赏习惯，追求艺术形式和风格上的新奇。前卫艺术通常总是表现出一种与传统美学彻底决裂的极端美学主义，他们热衷于打破常规，将"破坏即创造"作为座右铭。

东方艺术是重表现的，西方艺术是重再现的。然而近百年来的东方艺术由原来古典的、表现的逐渐转变为现代的、再现的。而西方艺术则由之

图 1-1-48　簪花仕女图（局部）/ 周昉 / 唐代 / 辽宁省博物馆藏

图 1-1-49　高逸图卷（局部）/ 孙位 / 唐代 / 上海博物馆藏

图 1-1-50　高没骨花鸟画 / 恽寿平 / 清代

图 1-1-51　潇湘雨过 / 吴湖帆 / 中国

图 1-1-52　丹崖玉树图 / 黄公望 / 元代
图 1-1-53　天池石壁图 / 黄公望 / 元代

前的古典的、再现的逐渐转变为现代的、表现的。现代艺术的趋向恰是：东方在学习西方，而西方则在学习东方。西方和东方都有一座"围城"，但都在突破"围城"。这种东、西方艺术逐渐表现出来的逆向发展的趋向，汇聚于全球化的大潮中，预示着艺术文化的反方向回归。无论科学与技术、哲学与方术、政治与军事，尤其是美学与艺术领域，都在吸收对方的精华，因而艺术发展的趋势正在发生新的变化。

四、创作原则和评价标准

（一）创作原则

造型艺术创作是指艺术家运用自己的艺术观念、审美体验以及创作经验，通过一定的艺术媒介和艺术语言，把特定的艺术内容、艺术形式转化为视觉艺术形象的创造性过程。

艺术创作的崇高使命与目标追求是造型艺术创作的出发点，使命感促使我们不懈努力去达到追求的目标。造型艺术创作是人类为社会与自身审美需要而进行的精神创作活动，是一种独立的、纯粹的、高级形态的审美创造活动具有其创作原则和评价标准。

1. 创作思想

一切行为都是思想的外延，一切艺术创作都是艺术思想的表达，不同种类艺术的风格、流派都是艺术思想的不同形式的表达。"艺术靠想象而生存"，每件艺术作品，无论是感性还是理性的，都传达着作者的思想情感。艺术家具有深邃的思想才能发幽探微，创作出源自生活高于生活的精湛艺术作品。凡在艺术史上留下光辉一页的艺术作品，无不具有独特的思想价值与哲理光彩。

深入体察与领悟生活，不断提高知识修养与审美修养方能提升思想，培养独到的见解与精辟的认识，才能具备有高度、有深度、与时俱进的创作思想，创作有意义有价值的艺术作品。

2. 核心价值

核心价值观（core values）是某一社会群体判断社会事物时依据的是非标准，遵循的行为准则。核心价值观包含四个方面的内容：判断是非的标准；群体对事业和目标的认同；在认同的基础上形成对目标的追求和愿景；形成一种共同的境界。

党的十八大首次提出二十四字社会主义核心价值观，其基本内容是：国家层面：富强、民主、文明、和谐；社会层面：自由、平等、公正、法治；个人层面：爱国、敬业、诚信、友善。这是弘扬中国梦最直接的精神动力，是与国家的发展紧紧相依的。

每个时代、每个国家、每个民族、每个社会群体、每个人都有其历史形成与共同推崇的核心价值观。

造型艺术创作的原则，也要体现其核心价值观。

3. 技能发挥

技能是我们积累的表现技巧，发挥技能与借助各种工具创造事物，才能获得高品质的创造成果。一件好的作品如果只有很高的思想和境界，而技术不能支持，也会让人感到遗憾。

一位艺术家不论从事何种风格的创作，技能始终是支撑它的关键力量，没有技能的作品难以成为优秀的艺术。扎实的基本功和随心所欲地表现技能，需要大量刻苦的训练才能实现。造型艺术在基础训练的过程中，从具有写实能力到意象再到抽象，需要不同的训练积累才能达到，尤其是造型能力、构成能力、色彩表达能力、材料使用能力，需要不断磨炼、不断提升。

造型艺术的基本功除了培养表现技能之外，更需要毅力，不能"一曝十寒"，而需要长期甚至一辈子的训练积累，持之以恒。

4. 个性体现

造型艺术创作应当充分发挥和体现艺术家独特的创作个性与鲜明的艺术特色。

艺术品是有生命的，具有生命形式的特征，生命呈现的存在方式是人类共性下和而不同、千差万别的个性，生命因此显得无限丰富多彩。艺术创作主要是艺术家个体的创造活动，艺术作品的生命力源于艺术家创造作品中凸显的个性与风格，艺术作品方能显示出百花齐放的生气。类似的、拷贝的、千篇一律的作品是没有生命力的。

造型艺术作品的个性体现，强烈表达创作者的个性理念，给人以个体生命感受的真实感，使观者能够体会到创作者的创作情感，引发精神共鸣。只有个性化的作品才会更加打动观者，从而产生较深层次的思索。个性化的艺术作品，才能产生视觉震撼和传递效应。没有个性化的作品往往不能引起人们的注意，也就失去了传递信息和情感的功能。

没有个性的造型艺术作品不可能具有审美价值与美学意义。当然，艺术家的目的不仅仅是为表达个性而去创作，而是在创作中发挥个性。

（二）评价标准

有人说艺术没有评判标准，尤其是当代艺术没有评判标准。标准会羁绊艺术的自由，侵蚀艺术的多样性。而现实中，人类社会对任何事物都有不同看法与评判标准，尤其在当代这个信息时代。艺术也必然有其评判

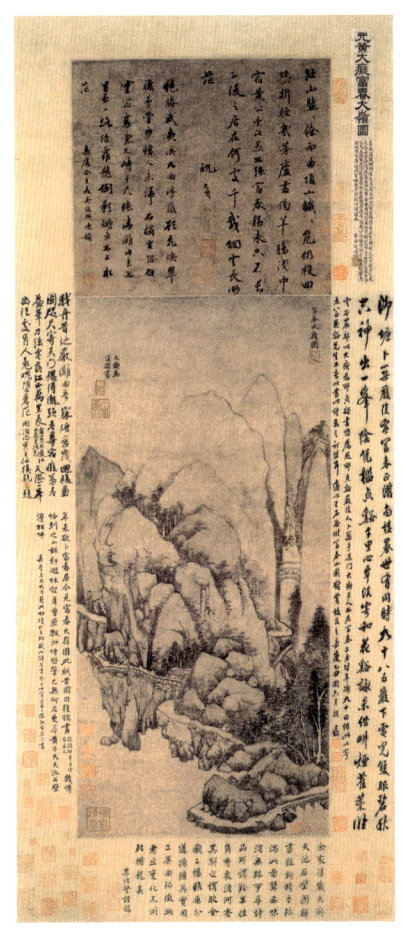

图1-1-54 富春大岭图 / 黄公望 / 元代

图1-1-55 九珠峰翠图 / 黄公望 / 元代

标准，最常见的是艺术院校、艺术比赛、艺术奖项和艺术市场的种种活动设定的评价标准。

艺术比赛、艺术奖项一般以评委的见解为评判标准，给艺术作品划分等级，以奖金或奖品为物质后盾支持评委的话语权。在艺术市场上，艺术的评判标准是量化成数字的商业价值。画廊、拍卖会等机构用层出不穷的策略包装推销艺术作品，打造价格奇迹。

艺术是不断变化的，艺术史是不断发展的，艺术的评判标准也是不断变化发展的，往往跟政治、经济和社会环境等关联紧密。如由于评判标准的文化与价值观差异，观念的南辕北辙，可能造成人们不理解现代艺术，更不理解什么是好的艺术作品，也可能造成艺术院校广大学子的观念混乱与评判标准的缺失。因此，艺术院校更需有艺术评价标准，引导学生有正确的创作观念，让艺术创作的方方面面都有考核依据。

评判作品的依据首先应该是技术性的、审美性的，还应有更高层面的创新意识与思想文化方面的评价标准。艺术创作标准有存在的合理性，只要有人群处，有艺术创作，就会有对艺术欣赏的评判标准。当然，艺术作品的评判标准是可以讨论的，是与时俱进的。

1. 艺术语言

造型艺术是视觉艺术，视觉语言的运用是最基本的表达方式，也是艺术魅力所在。视觉艺术的视觉元素仅是形状（点、线、面）、色彩和明暗。无论客观世界如何纷繁复杂，但归根结底看到的就是形、色、光这三个基本元素的组合结果，这三要素犹如语言学所说的"词汇"。而人类的视觉方式又是有规律的，规律犹如语言学里的"语法"。

如何充分调动应用视觉元素，通过造型艺术的技能，构成最有感染力的艺术语言，充分传递所要表达的艺术作品的意蕴，这是评判造型艺术作品的重要组成部分。纵观东西方造型艺术发展史，每一个艺术新时期，都有一种新的视觉语言产生与崛起，如解剖学与透视法的发现与应用，奠定了文艺复兴时期人文主义绘画严谨的写实风格；印象派对于光与色的探索与应用，开创了一个"光和色彩"视觉语言的新时代。如果将写实主义比作优美的朗诵，则印象主义恰如抒情的吟唱。

一个艺术家实践的过程，应是不断改革和创新视觉语言的过程，从中发掘出属于自己也属于这个时代的新的视觉语言，从而推出一代画风。而当代很多艺术作品让人看不懂，几乎需要文字注解时，其实这从侧面反映了很多当代艺术作品视觉语言的贫乏。一个成功的造型艺术家，应该把无限复杂的思想和情感演绎成视觉语言来有效表达，而且能让观者看懂，至少让人沉浸到作品的氛围和精神力量中去。构成视觉语言"于无声处听惊雷"的感染力！

造型艺术作品对视觉语言的运用和创新是重要的评价标准。

2. 美学修养

审美性是艺术特有的属性，品评一件艺术作品的"美"，就是要判断其是否具有一定的审美价值。艺术作品是艺术家对生活感悟的发声，造型艺术作品是艺术家通过艺术媒介将感悟的意象形式化，成为供人们视觉欣赏的作品。

造型艺术作品的审美标准可从外在和内涵两方面评价：外在部分是指造型艺术作品线条、色彩等外部形式构成具有审美特性、显性的形式美。人们在鉴赏艺术作品时，艺术作品的形式美是第一感觉。而内在部分是指艺术作品蕴含的审美品质、隐性的意蕴美。造型艺术作品，其内在蕴含的审美品质有时更重要。

艺术作品是艺术家审美价值的体现，是艺术家长期以来对生活感悟、体会的情感迸发，要通过"形"，传达主观思想的"意"。因此，通过作品能评判出艺术家美学修养的高低与深浅。

3. 创新意识

创新意识是决定一个国家、民族创新能力最直接的精神力量。

艺术的本质就是创新，艺术的本质力量源自创新。创新是人类文明进步的灵魂和原动力，更是人类艺术发展的生命流。纵观美术史，造型艺术的每一次发展和突破无不以创新为标杆，其中主要在于题材的创新和形式的创新。

在潮起潮落、变幻跌宕的艺术历史长河中，最终能成为百代标识性艺术里程碑的，只能是那些具有创造性与创新价值、个性鲜明、构成一个时代美的典范的作品。

而缺乏创新意识与个性特色、随波逐流、落花流水式的所谓艺术或伪艺术，即使能媚俗、喧嚣一时，必将如明日黄花，转瞬即逝在艺术发展的大潮中。

艺术创新不同于我们一般意义上的创新。艺术创新的本质，不仅关系到整个艺术的发展方向，而且关系到每一个致力于艺术创新者的成败。艺术的形象思维是创新的先导，艺术创新影响和带动科学技术的创新。

4. 中国特色

新文化运动是一场影响巨大的民主思想启蒙和文化革新运动。但当时一些新文化倡导者对中国传统文化抱有非理性的态度，在举起"民主"和"科学"旗帜的同时，对中国优秀传统文化加以有意无意的贬低与无视。加上国家百年羸弱，导致文化自信缺失。

20世纪80年代以来，西方现代艺术思潮再次冲击中国文化，中国传统文化艺术的价值观念被贬低、轻视、排斥，艺术理想和信念均出现了颠覆性的动摇。改革开放以来，经过几十年发展历程，才逐步构建起中国特色社会主义发展道路的理论体系，构建起符合中国文化特点和时代潮流的艺术价值观念，找回对中国优秀传统文化的认知，找回对中国优秀传统文化的自信，找回对发展现代中国优秀文化艺术的信念。

在人类进步和经济发展进程中，文化艺术繁荣与否必然成为衡量一个国家或地区文明程度的标准之一。繁荣文艺创作，反映时代精神，铸就中华文化新辉煌，是历史赋予我们的使命。因此，寻求与构建新的、具有中国特色的艺术批评价值标准和评价体系，规范和推动中国艺术的健康发展，十分重要。应当鼓励创造更多更好的具有中国精神、中国气派、中国文化特色的造型艺术作品，这是一条必要的评价标准。

拓展阅读与参考信息

1. 相关图书资料

《造型艺术原理》/ 邓福星，王菊生 / 黑龙江美术出版社 / 2000

本书主要内容包括造型艺术语言媒介的形成，造型艺术的起源与成因，造型艺术类型的形成，造型艺术形式风格的形成等。

审美文化学 / 林同华 / 东方出版社 / 1992

本书研究了真善美问题，以及风景美、技术美、艺术美、东方审美文化、西方审美文化、马克思早期的审美文化思想等。

2. 相关博物馆

艾尔米塔什博物馆

又名冬宫博物馆，有"世界最长艺廊"之称，位于俄罗斯圣彼得堡涅瓦河畔。冬宫由著名的建筑师拉斯特雷利设计，是18世纪中叶俄国巴洛克式建筑的杰出典范，藏品共有270余万件。

纽约现当代艺术博物馆

是当今世界最重要的现当代美术博物馆之一，位于纽约曼哈顿第53街。博物馆最初以展示绘画作品为主，后来展品范围渐渐扩大，包括雕塑、版画、摄影、装置艺术等项目，现艺术品数量已达15万件。

3. 相关艺术纪录片

《旷世杰作的秘密》（The Private Life of a Masterpiece）（2003）

本片严格遵照西方美术史的发展历程讲解，阐述世界上经典艺术作品背后的历史故事。

《现代艺术大师》（Modern Masters）（2010）

这是BBC推出的一档电视系列节目，分别介绍了安迪·沃霍尔、马蒂斯、毕加索和达利这四位20世纪重要的艺术大师。

课程二　建筑艺术

课程概况： 简要阐述艺术与科学相结合的经典建筑以及古今中外历史上与大众生活密切相关的民居、室内装饰、公共设施等代表性作品，包括古埃及、古希腊、古罗马、中国等的伟大建筑，使学生获得全面系统的基本概念与基础知识。

课程内容： 以神庙宫殿为主的人类辉煌的历史遗产；
民居、室内装饰、公共建筑、桥梁等。

训练目的： 培养学生对集艺术与科学之大成的中外建筑的审美认识。

重点和难点： 教学重点：了解、掌握中外古典建筑历史遗产、世界现代建筑的代表性人物及作品。
教学难点：建筑与艺术、建筑与科技、建筑与生态、建筑与环保、建筑与智能等。

思考和作业题：（1）谈谈对古今中外建筑遗产的认识，也谈谈对中国古建筑如何进行保护？
（2）比较中外建筑风格的异同，找找中国现代建筑艺术的发展方向。
（3）你如何解释"电影是媒体之母，建筑是设计之母"这句话的含义？
（4）收集现代建筑的经典案例，谈谈这些作品对于**未来建筑**的借鉴意义。

阅读提示：《中国古建筑二十讲》（楼庆西，三联书店）
《外国古建筑二十讲》（陈志华，三联书店）
《外国现代建筑二十讲》（吴焕加，三联书店）

一、概　　述

建筑是人们用土、石、木、钢、玻璃、芦苇、塑料、冰块等一切可以利用的材料建造的构筑物。

建筑本身不是目的，建筑最根本的目的是使人们可以获得活动的空间——不论是建筑物内部的空间或建筑物之间通过围合而形成的空间；也注重获得建筑形象——建筑物的外部形象或建筑物的内部形象。建筑设计是实用性和艺术性的统一：它的实用性被材料、技术、功能所制约，它的艺术性反映了时代、民族、设计师的风格。中国建筑按照时间的先后可分为古代中国建筑、近代中国建筑、现代中国建筑三部分；按照建筑类型又可分为居住建筑、宗教建筑、园林建筑等。

西方建筑主要经历了古埃及（Ancient Egypt）、古希腊（Ancient Greece）、古罗马（Ancient Rome）、拜占庭（Byzantium）、中世纪（Medieval）、文艺复兴（Renaissance）、巴洛克（Baroque）、古典主义（Classicalism）、折衷主义（Eclecticism）、现代主义（Modernism）、后现代主义（Post Modernism）等时期，是一个建筑风格不断演进的历史。

东西方迥异的发展历程导致了传统建筑特点的差异性，其中最为突出的是建筑材料的差异：西方以石头为主要建筑材料，柱体运用普遍；而东方建筑主要是以木头为构架，多采用斗拱。建筑材料及支撑体系的不同，使两者呈现出不同的建筑风格，承载了不同的历史文化和不同的信念精神。近现代西方建筑在工业革命、科学技术的影响下，走上了现代主义之路，伴随着多元文化的发展，西方建筑又呈现为后现代主义多样复杂的状态。而中国近现代建筑自鸦片战争开始，到建国及改革开放之后，是一个承上启下、中西交汇、新旧交替直至百花齐放的过程。

建筑完美结合了实用美学与结构力学，也是现实与历史、美学与哲学的融合。它能够反映并影响一个地区、一个城市的历史人文、风土人情以及当地人民的生活品质与精神世界。因此，让更多的普通人了解建筑，让建筑审美成为常识，让大众参与到建筑中来，其实就是在创作和享有自己的美好生活，这显然与培养少数专业人员同样紧迫，同样重要。

本课程分别从人类辉煌的历史遗产、中国民居、公共建筑、室内装饰、桥梁五个主题进行阐述。通过分析建筑的建造背景、外部、内部形态、技术材料、空间组织及其与周围环境的关系等，帮助大家对建筑进行初步的认知和理解。

二、神庙宫殿——人类辉煌的历史遗产

建筑是人类辉煌文化艺术的主要载体，古代建筑遗存以神庙、宫殿为主。

1. 古埃及的符号

埃及金字塔，是古埃及法老（即国王）和王后的陵墓，是古埃及文明最富有影响力和持久力的象征，是古埃及典型的文化符号。埃及金字塔始建于公元前2600年以前，塔内有甬道、石阶、墓室、木乃伊（法老的尸体）等。古埃及人认为国王死后要成神，金字塔是为法老建造的"上天的天梯"。金字塔的形式代表对太阳神的崇拜。

著名的胡夫金字塔是古埃及所有金字塔中最大的一座，胡夫金字塔是第四王朝法老胡夫的陵墓。这座大金字塔原高146.59米。金字塔底部边长230米，一共使用了近260万块石头，其中每块石头重达二吨半。整个工程由10万人历时30多年完成。（图1-2-1）

公元前16世纪至前11世纪，埃及神庙是埃及新王国时期最为主要的建筑形式，多以石块砌筑。分为具有柱廊的内院以及大柱厅和神堂。大门前有方尖碑或法老雕像。阿布辛贝尔大神庙，由公元前13世纪法老拉美西斯二世（Ramses Ⅱ）巨型摩崖雕像、前后柱厅及神堂等组成，坐落于尼罗河畔，是埃及力量象征。神庙空间主要饰以浮雕和绘画，门墙、围墙以及大殿内墙面、石柱、梁枋上刻满了极具神秘气氛的浮雕，它们以丰富的题材与变幻的构图，叙述法老远征的情形。（图1-2-2）

2. 古希腊典范

古希腊建筑是欧洲建筑的先河。公元前8至前1世纪大约为古希腊的发展时期。古希腊建筑的结构属于梁柱体系，在早期的建筑中主要采用石料。而古希腊建筑形式变化较少，内部空间封闭简单，逐渐成为后世的典范。

现在，我们可以考察的保存至今的建筑遗址主要是神殿、剧场、竞技场等公共建筑。最早时期的神殿建筑只是长方形有门廊的建筑，后来才逐渐加入柱式，由"端柱门廊式"发展到"前廊式"，又发展到"前后廊式"，直至公元前6世纪演变为希腊神殿建筑的标准形式——"围柱式"。希腊神殿建筑总体的风格是庄重典雅，具有和谐、壮丽、崇高的美。

古希腊建筑的特点有以下几点：

（1）平面构成为1∶1.618或1∶2的矩形，中央是厅堂，四周是柱子，可将其统称为环柱式建筑。

（2）柱式的定型共有四种
  a. 多立克柱式（Doric）；
  b. 爱奥尼克柱式（Ionic）；
  c. 科林斯式柱式（Corinthian）；
  d. 女郎雕像柱式。

各种不同的柱式对古希腊建筑的结构起决定性的作用，影响了后来的古罗马以及欧洲的建筑风格。

（3）建筑的双面坡屋顶逐渐形成了建筑前后的山花墙装饰的基本程式。

（4）崇尚人体美及数学的和谐、完美的比例。

（5）建筑雕刻化，希腊建筑就是用石材雕刻出来的艺术品，神秘、高贵、完美、和谐。

古希腊建筑的典范——帕特农神庙（Parthenon 雅典卫城神庙）矗立在希腊首都雅典卫城的最高点，是雅典卫城的主体建筑。神庙采用多立克柱式，为歌颂雅典战胜波斯侵略者的胜利而建。神庙背西朝东，矗立于3层台阶上，整个庙宇由凿有凹槽的46根大理石柱环绕。石柱中间有使用大理石材料砌成的92堵殿墙。神庙有两个主殿：祭殿和女神殿。帕特农神庙的典范价值在于其雕刻。12米高的雅典娜巨像现已丝毫不存，神庙浮雕的精美和丰富毫不亚于其雕像。长达160米的浮雕带一气呵成，灵韵生动，人物动态完美，是希腊浮雕的杰作。帕特农神庙整体建筑十分讲究"视觉矫正"，使原本直线的部分略微呈现出曲线或内倾，看起来更加富有弹力，也更加生动。在帕特农神庙中，这种矫正多达10处，体现了设计师精确把握空间透视作用与审美结合的高超能力。

3. 古罗马风格

古罗马建筑以对称、宏伟而闻名世界，是古希腊建筑的继承与发展。到公元1世纪罗马帝国建立之时，罗马城已然成为与中国汉代长安城齐名的世界著名城市，拥有相对完善的城市基础建设，又逐步向艺术化方向发展。

古罗马建筑主要是拱券技术，是建筑形制、技术以及艺术等诸多方面广泛创新而形成的一种建筑风格。古罗马建筑通常以厚实的砖石墙、交叉拱顶结构、半圆形拱券以及逐层挑出的门框装饰为主要特点。古罗马建筑的类型很多，例如有罗马万神庙、维纳斯神庙、罗马神庙以及巴尔贝克太阳神庙等宗教建筑，除此以外，还有皇宫、剧场、角斗场、浴场以及广场和巴西利卡等众多公共建筑。古罗马建筑通常可以满足各种复杂的功能要求。总体上来说，古罗马的大型建筑物风格往往构图和谐统一，雄浑凝重，并且形式多样。开拓出了全新的建筑艺术领域，丰富了建筑艺术手法。

绝大多数古罗马神庙是轴对称建筑，根据主轴中心线修建而成，给人以不可侵犯的感觉。斗兽场是古罗马的传奇性建筑。斗兽场呈椭圆形，长直径187米，短直径155米。整个建筑分为上下四层，最底部三层为连拱式建筑，同时每个拱门两侧有石柱支撑。第四层有壁柱装饰，并且是正对着四扇大拱门。从斗兽场的内部复原图上，人们可以看出这个工程极其浩大和壮观，让人感受到往日的辉煌。

4. 玛雅、印加遗存

玛雅文明约形成于公元前1500年，是分布于墨西哥东南部、危地马拉等国家的丛林文明，在天文学、数学、农业、艺术及文字等领域都有极高成就，建筑领域更达到极高水平，同印加帝国以及阿兹特克帝国齐名成为美洲三大文明。1839年，探险家发现古玛雅人的遗迹。

玛雅神庙也被称为玛雅金字塔，用石头建造，高大壮观，雕刻有精美装饰性花纹。位于奇琴伊察中心的建筑，是一座高耸在热带丛林空地中叫库库尔坎的巨大金字塔，这座金字塔的设计数据具有天文学上的含义，其底座呈正方形，阶梯朝着正北、正南、正东和正西，四周各有91层台阶，52块雕刻着精美图案的石板，象征着玛雅日历52年为一轮回。

玛雅金字塔的顶是平的，塔身是方形的，底大而顶小，层层叠叠，另外塔顶的台上常常还建有庙宇，玛雅金字塔的功能，一般是用来祭祀或者是观察天象的。除金字塔外，玛雅人还建了许多功能性强、技艺高的民用建筑。

马丘比丘的遗址地处在海拔3800米的山顶上，这里原有大约400间石头构建的住房以及许多雄伟壮观的宫殿与神庙。

5. 中华盛世的宏构

（1）长城

长城是中国古代的军事防御工程。修筑的历史可上溯到春秋战国时期，列国争霸，长城修筑进入第一个高潮。秦国灭掉六国后，秦始皇修缮并且连接了原先六国的长城，始有万里长城之称。

长城主要分布在河北、北京、天津、山西、陕西、甘肃、内蒙古、青海、宁夏、新疆等。

长城的构筑方法，有以下几种类型：a. 版筑夯土墙；b. 土坯垒砌墙；c. 青砖砌墙；d. 石砌墙；e. 砖石混合砌筑；f. 条石；g. 泥土连接砖。现存的长城遗址主要为明代修筑。现存主要关隘有：居庸关、嘉峪关、娘子关、山海关、雁门关、玉门关、平型关等。

长城体系中设置有大量烽燧（烽火台）作为情报传递系统，是最古老但行之有效的信息传递方式。

随着时代的发展，长城的军事实用功能逐渐减弱，文化精神作用不断增强，美学魅力日渐明显。长城向世界展现出中华民族的智慧及创造力。

从上至下依次为

图 1-2-1　狮身人面像与卡拉夫金字塔
图 1-2-2　阿布辛贝尔大神庙
图 1-2-3　帕特农神庙
图 1-2-4　古罗马斗兽场
图 1-2-5　玛雅金字塔
图 1-2-6　印加文明马丘比丘遗址

从左至右依次为　图1-2-7　汉长安城未央宫遗址图
　　　　　　　　图1-2-8　唐长安城"三大内"（太极宫、大明宫、兴庆宫）
　　　　　　　　图1-2-9　大明宫含元殿含凉殿还原图

（2）未央宫

汉未央宫于汉高祖七年（前200年）建造，最终毁灭于唐末战乱，长安是西汉的政治、经济以及文化中心，也是当时著名的国际都会。未央宫是中国古代最著名的皇宫之一，其宫城制度对后世影响深远。

未央宫遗址总体布局上是长方形，四面筑有围墙。宫城之内，是两条平行的东西向干路贯通整个宫城，中部是一条南北向干路纵贯其间。这样的两条东西干路便将未央宫分为南、中、北三个独立的区域。宫内的主要建筑物有前殿、宣室殿、温室殿、清凉殿、麒麟殿、金华殿、承明殿、高门殿、白虎殿、玉堂殿、宣德殿、椒房殿、昭阳殿、柏梁台、天禄阁（国家图书馆）、石渠阁（国家档案馆）等。前殿居全宫的正中。西侧建有中央官署、少府等皇室官署；西南侧为皇宫池苑区，建有沧池、渐台等。据典籍记载，宫的四面各有一个司马门，东面和北面门外有东阙和北阙。诸侯来朝入东阙，士民上书入北阙。未央宫遗址至今留存4.8平方千米，规模宏大，对于探讨中国古代建筑、汉代皇宫布局有重大的价值。

（3）唐大明宫

大明宫是唐帝国的大朝正殿，始建于唐太宗贞观八年（634年），是唐帝国200余年间的政令中心，是唐长安城的"三大内"即太极宫、大明宫、兴庆宫这三座宫殿中规模最大、最为雄伟壮阔的一组建筑群。大明宫占地约3.2平方千米，是现在北京故宫的4.5倍。宫墙周长为7.6千米，已探明的殿台楼亭等遗址40余处。

大明宫北侧为梯形形状，而南部呈东西方向的长方形。宫城的中轴线是丹凤门至紫宸殿，中轴线上还建有三座正殿，分别是含元殿、宣政殿、紫宸殿，两侧建有对称的殿阁楼台——翰林院、御史台等机要官署建筑。还置"左右教坊于蓬莱宫侧"。宫城的中部有太液池。而宫城东西又对称地辟有皇族园林——内苑。

建筑组群有着明显的建筑分区，又构成统一整体的布局，主从分明、左右对称，体现出我国唐代皇宫建筑以正殿为主而又突出皇宫园林特色的文化特征。含元殿殿基高大。阁基犹如鼓风欲翔的两翼，与上殿的龙尾道一起使该殿具有凌空感和宏大气势，展现出大唐鼎盛时期宫殿建筑的壮丽、雄浑、大气。

大明宫是中国少有的保存完整的一个宫城遗址，在中国建筑史上具有极其重要的地位与学术研究价值，也是考古研究中国古代宫城制度发展、演变的一个重要对象。

三、中国民居 —— 就地取材的土木华章

近代中国,人们将宫殿以及官署以外的其他居住建筑统称为民居。居住建筑是最为基础的建筑类别,具有出现时间早,分布面积广,建筑数量多的特点。中国民居的发展始于秦汉木构建筑,至唐宋达到成熟,明清木构建筑程式化,延续了传统的民居风格。遗存至今的中国民居,除了极少数建于明代和清中叶之前,绝大多数都是清末和民国时期建造的,呈现出地域性、多样性的特点。

1. 木构架庭院式住宅

这是中国传统住宅最主要的形式,以木构房屋为主,四面围合。依据南北主轴建造正厅或正房,东西两侧建厢房。通常情况下长辈住正房,晚辈住厢房,体现了中国长幼尊卑的秩序。其中最富有代表性的是北京四合院。

图 1-2-10　北京四合院主院
图 1-2-11　北京四合院鸟瞰

2. 江南民居

江南民居的布局与北方的"四合院"整体上相同,只是院子相对较小,通常被称为天井,只是作为排水以及采光之用,所以又称"四水归堂"式住宅。皖南民居是最为典型的"四水归堂"式住宅。

从左至右依次为

图 1-2-12　四方聚水(潜口)
图 1-2-13　天井院(皖南民居)
图 1-2-14　天井院(婺源民居)

3. 水乡民居

水乡民居主要分布于江浙闽一带中小城市,是沿着河流水系建造的民居,次序井然,形成高低错落、粉墙黛瓦、庭院深邃的建筑群体风貌,体现出特有的城镇特色,是中国建筑文化的典范。

图 1-2-15　江南水乡民居1
图 1-2-16　江南水乡民居2

4. "一颗印"式住宅

"一颗印"式住宅是云南地区汉、彝族普遍的民居形式。这类住宅方整封闭,中轴对称,多为二层楼设置,布局原则与"四合院"大体相同,主要由正房、耳房(厢房)以及入口门墙围合成正方好似印章的外观造型。

图 1-2-17　"一颗印"建筑形制
图 1-2-18　"一颗印"主院

5. 土　　楼

土楼是中国福建西部客家人聚族而居的环形楼房，内有环形走廊，可住多户人家。环形的中间是一个圆形的庭院，庭院中分布有厅堂、仓库、畜舍、水井等公用设施。这种住宅防卫性很强。

图 1-2-19　土楼内部
图 1-2-20　"四菜一汤"——福建田螺坑土楼群

6. 窑　　洞

窑洞主要分布在中国黄土高原等黄土层较厚的地区。利用黄土土质黏度较高、抗碱强度高的特性，就土山的山崖挖成作为住屋的山洞或土屋，冬暖夏凉，主要有靠崖式窑洞、下沉式窑洞等形式。

图 1-2-21　下沉式窑院
图 1-2-22　靠崖窑

7. 干阑民居

干阑民居主要分布在中国西南部的云南、贵州、广东、广西等地区，是我国傣族、景颇族、壮族等十多个少数民族的主要住屋样式。它是用竹、木等材料构成的底层架空的单栋独立楼房。

图 1-2-23　干阑民居 1
图 1-2-24　干阑民居 2

四、公共建筑 —— 城市文化的历史标识

公共建筑是供人们进行各种公共活动的建筑，其建筑类型与形式、建筑材料与技术同时发展。古希腊、古罗马时期的公共建筑最初主要有宗教性建筑、防御性建筑等类型，之后有了剧场、体育场、浴场、法庭、集会厅、宫殿及各种商业建筑等新的建筑类型。资产阶级的兴起促进了剧院、博物馆、银行建筑的发展。而建筑材料与技术也从最初的土、木、砖、瓦、灰、砂、石等天然的或手工制备的材料，发展到钢、水泥等新型材料，并出现了钢筋混凝土结构。

现代公共建筑不仅是城市空间环境系统的主体要素，也是影响城市品位的基本要素之一。它在功能基础之上，十分讲究设计的个性，而个性往往建立在文化的基础之上。如上海金茂大厦，设计师受中国大雁塔启发设计而成（图1-2-25），成为了上海的地标，是现代公共建筑设计的一个典范。通常情况下，我们把公共建筑细分为商业建筑、办公建筑、旅游建筑、科教文卫建筑、通信建筑以及交通运输等。

1. 办公建筑

办公建筑诞生于西方的工业革命之后。伴随着城市化进程的人口激增、用地紧张造成了办公建筑不断增加，并向高空生长。如现代主义讲求技术精美倾向的代表性建筑 —— 西格拉姆大厦

（Seagram Building）（图1-2-26）、注重工业技术倾向的建筑香港中银大厦（图1-2-27）。随着人们需求提高，办公建筑不断向大型、复合、智能的方向发展，将商业、娱乐、住宅等结合在一起。不仅如此，办公建筑的外观也开始表现出人文关怀，如伦敦市政厅办公大楼（图1-2-28）。

2. 商业建筑

商业建筑是指专供人们从事各种经营活动的建筑，包括供商品交换、商品流通的建筑（如购物中心、品牌商店等）以及金融、证券等行业交易的场所。欧洲在古希腊、古罗马时期已有规模宏大的商业市场。现代商业建筑通过先进的外部装修材料与技术，如建筑立面（橱窗）形式、比例、色彩等外部因素，更突出地体现了社会价值、商业利益和文化品位，继而影响人们的生活方式和城市空间的气质（图1-2-29）。如一些品牌旗舰店（图1-2-30），在建筑的形态和意义上给人以强烈的视觉冲击和全新的体验。

3. 旅游建筑

旅游建筑主要是指宾馆、餐馆及娱乐场所。这类建筑的服务内容和功能结构通常是集餐饮、住宿、会议、休闲为一体，它们作为对外展现城市形象的窗口，往往富有地域性、文化性、多样性的特点（图1-2-31）。

4. 科教文卫建筑

科教文卫建筑是城市文化、艺术、体育活动的建筑空间载体，也是构成城市特色的标志。早在古希腊、古罗马时期，就有剧场、体育场等建筑类型。资本主义的兴起，促进了剧院、博物馆、图书馆等建筑类型的发展。在城市化和国际化的进程中，科教文卫建筑具有打造城市品牌的作用，对满足城市区域协作、对外交流活动、提升城市空间品质具有重要作用。（图1-2-32至图1-2-34）

5. 交通运输类建筑

交通运输类建筑一般包括机场、车站、桥梁等建筑类型，是一个城市与

图 1-2-25　上海金茂大厦 / SOM / 1994 — 1999

图 1-2-26　西格拉姆大厦 / 密斯·凡·德·罗美国 / 1954 — 1958
图 1-2-27　香港中银大厦 / 贝聿铭 中国香港 / 1989

图 1-2-28　伦敦市政厅 / 诺曼·福斯特英国 / 2000

图 1-2-29　米兰伊曼纽尔二世长廊 / 米兰 / 1887
图 1-2-30　银座御本木珠宝店 / 伊东丰雄 / 日本 / 2005

图 1-2-31　北京香山饭店 / 贝聿铭 / 1982

从左至右依次为
图 1-2-32　迪士尼音乐厅 / 弗兰克·盖里 / 美国 / 2003
图 1-2-33　巴黎蓬皮杜文化艺术中心 / 伦佐·皮亚诺 & 理查·罗杰斯 / 法国 / 1997
图 1-2-34　悉尼歌剧院 / 约翰·伍重 / 澳大利亚 / 1973
图 1-2-35　美国环球航空公司候机大楼 / 埃罗·沙里宁 / 美国 / 1962

其他城市、区域连接的枢纽，也是一个城市的形象窗口。区域、城市、国家频繁密切的交往联系造就了许多具有时代特色、城市特色的交通运输建筑，如美国环球航空公司候机大楼（图1-2-35）。

6. 通信建筑

通信建筑一般包括邮电、通讯以及广播建筑等。它一方面属于城市设施的范畴，另一方面作为城市的公共建筑，是表现城市空间气质不可忽略的一部分。

7. 作品举要

（1）梦露大厦（The Absolute Tower）

2005年底，位于加拿大多伦多地区的密西沙加市（Mississauga）决定为筹划中的一栋50层高的地标性公寓楼举办一场创新设计方案竞赛，马岩松领衔的北京MAD建筑师事务所的方案以形似女性弯曲有致的形态，彰显了建筑设计性感、浪漫的一面，被媒体称为"梦露大厦"，并最终脱颖而出，历经4年建成树立了城市新形象。（图1-2-36）

（2）扭转大楼（HSB Turning Torso）

这个大厦的外形灵感来自于人体DNA的双螺旋结构。这座扭转大楼内部共有33种各式不同形式、共147间公寓，由于大楼从一楼到屋顶一共扭转了90°，所以每个房间都拥有充足的自然光，它也因此成为了马尔摩市的标志性建筑。（图1-2-37）

（3）吉隆坡石油双塔（Petronas Towers）

吉隆坡石油双塔是吉隆坡的标志性城市景观之一，也是目前世界上最高的双子楼以及排名第四高的建筑物。整

栋大楼的格局主要采用伊斯兰建筑中最为常见的几何造型，主要包含了四方形和圆形。（图1-2-38）

（4）哈利法塔（Burj Khalifa Tower）
哈利法塔（迪拜塔）建筑设计采用了一种新颖的单式结构，主体由连为一体的管状多塔形式组成，具有太空时代的风格，基座周围使用了富有代表性的伊斯兰建筑风格的几何图形：六瓣的沙漠之花。（图1-2-39）

（5）迪拜帆船酒店（Burj Al-Arab）
酒店外观好似一张鼓满了风的帆，将浓烈的伊斯兰风格以及极尽奢华的装饰与高科技的工艺、建材进行了完美融合，这是全球最高的饭店，也是世界上第一家七星级酒店。（图1-2-40）

（6）荷兰国际办公大楼（Ginger & Fred building）
大楼位于布拉格的荷兰国际办公大楼，在与环境融合的同时也为单调的街区注入了活力。办公大楼沿着街道拐角布置，采用双塔造型，一虚一实，仿佛一对男女攀肩起舞。（图1-2-41）

（7）芝柏文化中心（Tjibaou Cultural Center）
芝柏文化中心诠释了如何用建筑语言完美描绘本地自然人文景观。设计师伦佐·皮亚诺将现代建筑技术注入到这个尚未有太多文明痕迹的岛屿，重组自然环境与民间文化，从棚屋、森林及村落等元素中获取意象灵感，编织成美丽的现代建筑艺术景观。（图1-2-42）

（8）无锡大剧院（WuXi Grand Theatre）
无锡大剧院坐落于中国无锡蠡湖大桥南岸，占地101.5亩，方案体现了江南独有的亲水韵味。主观演厅在墙面、地面装修使用材料的时候，选用了大竹子这种具有浓郁江南特色的材料。"以竹代木"充分体现出低碳环保的思想，而这种竹子经特殊处理，既可以防蛀防腐，又具有良好的吸音、反声的效果，这使得处于主观演厅每个座位的观众都可以获得良好的视听效果。这也是世界上首次在观演厅内大量使用竹材。（图1-2-43）

图1-2-36　梦露大厦／马岩松／加拿大／2009
图1-2-37　扭转大楼／圣地亚哥·卡拉特拉瓦／瑞典／2013

图1-2-38　吉隆坡石油双塔／西萨·佩里／马来西亚／1996
图1-2-39　哈利法塔（迪拜塔）／阿德里安·史密斯／阿联酋／2010

图1-2-40　迪拜帆船酒店／W.S. Atkins／阿联酋／1999
图1-2-41　布拉格荷兰国际办公大楼／弗兰克·盖里／捷克／1995
图1-2-42　芝柏文化中心／伦佐·皮亚诺新喀里多尼亚／1998
图1-2-43　无锡大剧院／佩卡·萨米宁 PES建筑设计事务所／中国／2012

（9）广州歌剧院（Guangzhou Opera House）

广州歌剧院采用了英国女设计师扎哈·哈迪德（Zaha Hadid 1950—）的设计方案"圆润双砾"。它好似两块被水冲击的砾石，又好似被孩子们玩累了置于一边的两块灰色橡皮泥。它圆润的造型恰似儿童内心的纯真。它的封闭造型提供了绝佳的音响效果，其中，"大砾石"是拥有1800座的大剧场、录音棚以及艺术展览厅等；"小砾石"则是拥有400座的多功能剧场。（图1-2-44）

图1-2-44　广州歌剧院 / 扎哈·哈迪德（Zaha Hadid）/ 中国 / 2010

五、室内装饰 —— 时代人文的文化布景

室内设计是为了满足人们的社会活动以及生活需要，合理、完美地组织既具有美感，又舒适、方便的室内环境的一种综合性设计艺术。它融合了现代科学技术与文化艺术，经过创意、构思、分析、研究之后，通过技术、材料、工艺等手段实现室内装饰的效果。室内装饰包括室内空间设计、室内界面设计与环境氛围营造等方面。室内空间设计是在建筑设计出的空间基础上进行新的调整和规划，以合适的空间尺度和比例进行功能分割和空间组合。室内界面设计是对室内空间的顶面、底面及立面进行装饰装修，包括形态的处理、材料的选用、色彩基调的确定等。环境氛围营造是从人的生理和心理需求出发，通过室内植物绿化、家具设计与摆放、陈设艺术品摆放、灯光营造等使室内环境达到某种意象及意境的生成，满足人们的物质生活和精神审美需求。

室内装饰源于宫廷、寺庙和教堂，最初只是用工艺品进行点缀。随着生产能力的进步，室内装饰在墙面、家具等方面以独特的方式向人们呈现历史文化与艺术风格，并传达一定的人文思想与文化信息。以西方建筑发展的脉络进行梳理，室内装饰风格大致经历了古典样式（The Classical Style）、欧洲新艺术运动风格（Art Nouveau）、现代主义风格（Modernism）和"二战"后几个阶段。

1. 古典样式（The Classical Style）

（1）古罗马样式（Romanesque）

古罗马样式的室内装饰风格主要体现在罗马帝王和贵族的奢华宫殿和府邸中。从意大利庞贝遗址出土的家具及壁画上，可以看出古罗马人崇尚奢华的装饰艺术风格：墙面都有壁龛以及大量图案丰富的壁画和雕塑，家具形态华丽精美。（图1-2-45）

（2）哥特式（Gothic）

哥特式的室内装饰风格建立在以教堂建筑为代表的哥特风基础之上。教堂内部空间由竖向的柱列对统一的空间进行了划分，窗口采用带有细花格的拱形窗口并以彩绘玻璃装饰，室内则是各种线脚、卷蔓的纹样装饰。巴黎圣母院是欧洲哥特式的代表作品。（图1-2-46）

图 1-2-45　罗马万神庙 & 室内 / 意大利 / 2 世纪

图 1-2-46　巴黎圣母院 & 室内 / 法国 / 12 世纪

图 1-2-47　劳伦齐阿纳图书馆 / 意大利 / 16 世纪

图 1-2-48　法国巴黎凡尔赛宫"镜厅"/ 法国 / 17 世纪
图 1-2-49　柏林夏洛登堡"镜厅"/ 德国 / 17 世纪

（3）文艺复兴时期（Renaissance）

文艺复兴时期的室内装饰重心开始移向更广阔的公共民用建筑，创造出了以古希腊、古罗马风格为基础，哥特以及东方等多种历史风格元素融合的一种独特样式。

文艺复兴时期比较特别的是米开朗基罗设计的劳伦齐阿纳图书馆，它以建筑外立面的形象来装饰室内墙体，使内部墙体外墙化，尤其是入口处门厅的楼梯处理，仿佛瀑布一样从藏书室的门口倾泻下来，其细部的造型装饰元素，开创了古典时期室内装饰艺术的新样式，并成为古典室内装饰艺术的著名代表。（图1-2-47）

（4）巴洛克风格（Baroque）

巴洛克风格的室内装饰表现为越发繁杂及华丽的装饰，主要体现在使用石膏、大理石或雕刻墙板装饰，也有以贵重的木线条 / 板装饰的做法，还加以巨幅油画和华丽花毯或织物，使室内充满庄重、豪华、浪漫的艺术情调。法国凡尔赛宫的室内装饰便是典型的巴洛克风格。（图1-2-48）

（5）洛可可风格（Rococo）

洛可可风格由巴洛克风格蜕变而成，以纤巧柔和著称，其特点为造型上多用曲线、褶皱和S形构图，大量运用贝壳、藤蔓、卷草、动物、人物等纹样，使用脂粉气十足的粉红、粉绿、粉蓝，极尽繁琐、华丽的装饰手段，营造轻柔、明快、朦胧的浪漫气息。德国柏林夏洛登堡"镜厅"（图1-2-49）的室内装饰便是典型的洛可可风格。

（6）东方风格（Oriental Style）

东方风格主要体现为古印度、日本和伊斯兰风格。古印度风格以佛教墙画和浮雕为主要装饰元素，集中在佛教建筑的室内空间中。日本风格室内空间以矩形封闭或半封闭为主，以室内推拉门窗分割空间为主要特色，家具均以木藤等自然材料为主。伊斯兰风格的室内装饰以拱券和穹顶为主要元素，并饰以图案、浮雕、镶嵌、壁毯和地毯装饰，充满着浓郁的地域风情。（图1-2-50）

（7）美国"殖民地风格"（Colonial）

美国"殖民地风格"表现为不同移民国家多种文化杂糅的室内装饰风格。这一风格的主要特征来自英国样式，混合文艺复兴、哥特及巴洛克风格，但强调人的使用和生活习惯，体现自由化、实用化的特征，装饰风格较之巴洛克、洛可可样式已经有了很大的简化，形式更为清新。

欧洲新艺术运动风格诞生于钢铁、玻璃、混凝土等新材料催生出的新建筑形式。建筑内外的构件与室内的装饰元素和曲线构造，多采用金属铸造，但形态却模仿自然界生长的草木植物，如维克多·霍尔塔（Victor Horta 1867—1947）设计的塔塞尔公馆的楼梯间装饰就是其中的一个典型（图1-2-51），它也被认为是室内装饰历史上第一次用新艺术运动风格进行设计的作品，影响深远。除了应用铁制构件组成装饰曲线外，欧洲新艺术运动风格的家具及工艺品设计，也体现了简洁与浪漫的风格。如查尔斯·伦尼·麦金托什（Charles Rennie Mackintosh 1928—1968）设计的家具及室内陈设品，便呈现为浪漫、清新的装饰艺术风格（图1-2-52）。

图 1-2-50　科尔多瓦大清真寺 / 西班牙 / 8 世纪

2. 现代主义风格（Modernism）

现代主义风格是应现代工业的发展和科学技术的进步而产生的，它侧重功能与经济的需求，表现出几何简约的风格（图1-2-53）。在现代主义思潮中，有四位先驱者奠定了现代主义的建筑及室内风格，他们是：沃尔特·格罗皮乌斯（Walter Gropius，1883—1969）、勒·柯布西耶（Le Corbusier，1887—1965）、路德维希·密斯·凡·德·罗（Luding Mies van der Rohe，1886—1969）和弗兰克·劳埃德·赖特（Frank Lloyd Wright，1867—1959）。

图 1-2-51　塔塞尔公馆"殖民地风格"室内 / 美国 / 霍尔塔 / 比利时 / 1893

图 1-2-52　餐室室内陈设 / 麦金托什 / 英国 / 20 世纪
图 1-2-53　现代主义风格派室内 / 凡·杜斯伯格 & 里特维尔德 / 荷兰 / 1920

3. 现代主义建筑师举要

（1）沃尔特·格罗皮乌斯（Walter Gropius，1883—1969）

作为现代建筑风格的倡导者与探索者之一，他在德国魏玛（weimar）开创了第一座现代设计学院BAUHAUS（包豪斯），将现代主义艺术设计与制造工艺联系起来。

图 1-2-54　包豪斯校舍 / 格罗皮乌斯 / 德国 / 1926

（2）勒·柯布西耶（Le Corbusier，1887—1965）

他是一位集绘画、建筑于一身的现代主义大师，既注重工业化的特征，又强调精神象征意义的表达。他把住房比作机器，并提出了现代建筑的五要素：房屋底层采用独立支柱、屋顶花园、横向长窗、自由的平面和自由的立面。

图 1-2-55　萨沃伊别墅 / 柯布西耶 / 法国 / 1930

（3）路德维希·密斯·凡·德·罗（Luding Mies van der Rohe，1886—1969）

他在设计上倾向简化的造型及精致的细部处理，却不把功能作为惟一主旨，而是展现了他颇有哲学意味的设计主张："少即是多"。1929年巴塞罗那世博会德国馆便是其个人风格的表现。

图 1-2-56　巴塞罗那世博会德国馆 / 密斯·凡·德·罗 / 西班牙 / 1929

（4）弗兰克·劳埃德·赖特（Frank Lloyd Wright，1867—1959）

赖特的建筑与室内设计风格更加注重设计中的自然性和装饰性。他的建筑强调与周围自然环境的融合渗透，是"有机建筑"的代表人物。他的室内设计在满足现代生活、工作需要的基础上，注重强调艺术性，追求建筑形象与室内空间形体和氛围的组合。

图 1-2-57　约翰逊制蜡公司内部 / 赖特 / 美国 / 1939

4. "二战"后的风格

20世纪60年代之后，伴随着生产的急速发展以及生活水平的提高，各种标新立异的社会思潮逐渐兴起，受此影响，各种建筑与室内设计思潮应运而生，室内设计风格向注重个性与象征、注重装饰、注重地域与人情等方向发展。

（1）追求个性与象征的倾向

追求个性与象征的倾向是对现代建筑风格"单一、共性"的一种反抗，主要目的是使每一建筑与场地都要拥有不同的个性和特征，评审标准是要使人一见难忘。这便常常可以把建筑与室内设计视为是个人的一次精彩表演，并认为设计首先源于"灵感"，来源于形式上的与众不同。讲求个性与象征的倾向在表现形式上是丰富多样的，细分其方法大致有三：运用几何形构图，如纽约古根海姆博物馆，单纯的曲线组成封闭的结构，象征了充满理性与理想化意味的新生艺术；

运用抽象的象征，如柏林爱乐音乐厅，建筑帐篷式的外观，反映了室内空间的变化；

运用具体的象征，例如悉尼歌剧院，它的形态好似一艘正要起航的帆船，乘载着里面所有人的音乐梦想，驶向蔚蓝的海洋。

（2）注重装饰的倾向

注重装饰的倾向则是通过对细部的夸张来表达特定的含义，如对顶棚、墙面、家具、隔断等造型进行细致的处理以呈现装饰意味，提升室内空间的视觉节奏和空间意境。如汉斯·霍莱茵（Hans Hollein 1934 —）设计的莱迪蜡烛店，不仅体现了蜡烛店的功能性，而且十分巧妙地使用平面以及创意性地利用了玻璃反射，将蜡烛的象征性含义通过空间进行了无限的延伸，从而揭示了烛火的文化内涵。在华盛顿的国家美术馆东馆中，贝聿铭将三角形大厅作为展览的中心，展览室围绕着它进行布置。观众们可以自由选择通过楼梯、自动扶梯或是平台和天桥出入各个展览室。厅内布置着树木或是长椅，通道上也展览着一些艺术品。大厅顶上一共由25个三棱锥组成的钢网架天窗，天窗架下悬挂着美国雕塑家A.考尔德的动态雕塑作品。自然光透过天窗上一个个小遮阳镜进行折射以及漫射之后，落在华丽的大理石墙面和天桥以及平台上，显得非常柔和。

（3）注重地域与人情的倾向

注重地域与人情的倾向，结合地方特点和民族习惯的发展，既讲技术又讲形式，催生了一系列具有生态意义、地域特色的室内装饰风格。如芬兰设计师阿瓦·阿尔托（Alvar Aalto 1898 — 1976）设计的玛丽亚别墅（Villa Mairea），珊纳特赛罗镇（Saynatsalo）的中心主楼，使用诸如木材、砖块、石头等天然材料，与周边环境融合，风格连贯。拉赫蒂（Lahti）作为芬兰以家具制造业为主的城市，其城市剧院内部，采用了有限数量的不同材料、颜色和形式。剧院门厅采用了木头材料，外部为玻璃材质，顶部构架同时也是连接芬兰第一批通信桅杆（拉赫蒂市的标志之一）的标志性符号。

图 1-2-58 巴黎卢浮宫金字塔&室内 / 贝聿铭 / 法国 / 1985 — 1988

图 1-2-59 纽约古根海姆博物馆&室内 / 赖特 / 美国 / 1959

图 1-2-60 柏林爱乐音乐厅内部 / 夏隆 / 德国 / 1963

图 1-2-61 悉尼歌剧院 / 伍重 / 澳大利亚 / 1957 — 1973

图 1-2-62 莱迪蜡烛店 / 霍莱茵 / 奥地利 / 1966

图 1-2-63 玛丽亚别墅 / 阿尔托 / 芬兰 / 1937
图 1-2-64 珊纳特赛罗镇中心主楼 / 阿尔托 / 荷兰 / 1950

5. 有影响的华人建筑师举要

（1）贝聿铭（I.M.Pei，1917—）

贝聿铭，1917年出生于中国广东，1983年普利兹克奖得主。70年代及80年代以他杰出的新老建筑结合的完美设计闻名于世。其代表作美国华盛顿的国家美术馆东馆（Eastwing of National Gallery, Washington D.C，1978年建成），表现出精确的几何性和纪念性，被称为晚期现代建筑的代表作；巴黎卢浮宫扩建修缮工程（1983—1993），他用钢和玻璃给混乱的博物馆带来了理性和秩序，体现出贝聿铭对博物馆设计所具有的出众才能。他的设计总可以在各自不同的地方发现与之相符的"建筑语言"，而不是简单地留下"带有特征的手笔"。美国建筑界泰斗菲利普·约翰逊（Philip Johnson，1906—2005）说："贝聿铭是成功的化身，他的设计改变了世界的面貌。"

图 1-2-65　卢浮宫金字塔 / 贝聿铭 / 法国 / 1985

（2）王澍（Wang Shu，1963—）

王澍是荣获世界建筑学最高奖项"普利兹克奖"的第一位中国籍人士，被誉为"建筑界最具中国传统文人特质的建筑师"，其作品具有浓厚的中国文人品质。根据对项目场地的独特见解以及对中国传统文化在建筑中的高超表达，对不同建筑材料进行巧妙的组合，他的作品有着一种独特的延续性和象征性，这种特性与国画中的一些性质颇为契合。他的设计作品总是可以体现独特的视角以及对中国文化的高深见解，并将其贯穿始终。

图 1-2-66　中国美术学院象山校区 王澍 / 2002

六、桥梁 —— 沟通彼岸的地域符号

桥梁是为了跨越山谷、峡谷、河流、水域或其他障碍物而建造的结构，其目的是允许人、车辆穿过障碍，联系两个目的地之间的沟通与交往，是点与点之间的连线。一座功能完备、造型优美的桥梁不仅方便人们的沟通与交往，而且还会成为城市及地区的标志物，具有一定的符号涵义。

桥梁的历史就是人类社会发展的历史，最早的桥梁就是将高大的树砍下来放在河面，连接两岸。直至公元19世纪，桥梁建筑最重要材料的依然是石头和木头。工业化之后的1779年出现了世界上第一座铸铁桥。伴随着桥梁建筑材料的进一步发展，具有更高抗拉强度的锻铁材料开始投入使用，这便使得长距离的铁索吊桥的建造成为了可能。之后，现代混凝土于1860年开始运用于桥梁工程中，而大跨径钢筋混凝土梁桥从20世纪才开始建造。"二战"之后发展起来的预应力混凝土技术终于使纤细预应力梁桥成为可能，由此发展起来的还有钢结构形式和斜拉桥。

桥梁材料的发展客观上带动了桥梁结构与技术的发展，两者相辅相成，互为条件。因此，桥梁可以按照不同的方法进行分类。按照材质分类，主要分为木桥、石桥、铁桥、钢桥、混凝土桥、钢筋混凝土桥、预应力混凝土桥等；按照形式和构造进行分类，主要可分为梁桥、拱桥、斜拉桥、悬索桥等。从审美形式和设计基础的角度出发，本节将主要以形式和构造的分类来认识与欣赏桥梁。

1. 梁　桥

梁桥是以拱形为主的主梁并将其作为主要承重构件的桥梁，也是桥梁中最为简单和实用的桥型。佛罗伦萨的维琪奥桥（Ponte Vecchio）（图1-2-67）不仅仅是一座梁桥，它也是一条街、一个集市，并且还是佛罗伦萨市的地标之一，有传闻说，但丁就是在这座桥上邂逅少女贝亚特里奇的。

2. 拱　桥

拱桥即以承受轴向压力为主的拱（通常称其为主拱券）作为主要承重构件的桥梁，如法国南部的嘉德渠桥（Pont du Gard）（图1-2-68）。世界上最早的拱桥出现在古罗马的输水道系统中。我国的拱桥以河北赵县的赵州桥（图1-2-69）最为有名。赵州桥建于隋代，是世界现存最早、保存最完善的古代石拱桥，由著名匠师李春（595—605）设计和建造。

世界上第一座铸铁桥是1779年修建于英国塞汶河（Severn）上的铸铁桥（图1-2-70），为半圆拱，由5片拱肋组成，其优美和谐的线条完全符合18世纪古典的雅致与浪漫，是英国工业文明的象征。

悉尼海港大桥是位于澳大利亚悉尼港的钢拱桥（Sydney Harbour Bridge, Australia）（图1-2-71），有"世界第一单孔拱桥"之称。悉尼海湾大桥的造型

从左至右依次为

图 1-2-67　佛罗伦萨维琪奥桥 / 佚名 / 意大利 / 1345
图 1-2-68　法国嘉德渠桥 / 佚名 / 法国 / 1 世纪
图 1-2-69　河北赵州桥 / 李春 / 中国 / 7 世纪
图 1-2-70　塞汶河桥 / 伯里卡特 / 英国 / 1779
图 1-2-71　悉尼海港大桥 / 布拉德菲尔德 / 澳大利亚 / 1932

极其简洁优美，与世界闻名的悉尼歌剧院隔海相望，故而也成为悉尼的象征。

3. 斜拉桥

斜拉桥是将主梁用很多拉索直接拉在桥塔上的一种桥梁，是大跨度桥梁的最主要桥型。西班牙塞尔维亚的阿拉米罗桥（Alamillo Bridge）是一座悬臂斜拉桥，整座桥犹如一把竖琴，又犹如飞翔的鸟翼，典雅美观，散发着高雅的神韵。设计师圣地亚哥·卡拉特拉瓦（Santiago Calatrava 1951 —）既是建筑师，又是结构工程师，他总是善于将结构技术与艺术完美地融合为一体。（图1-2-72）

法国米约大桥（Millau bridge）横跨于法国南部塔恩峡谷的两个高原之间，高达343米，比埃菲尔铁塔还高19米，是世界上最高的斜拉桥。站在大桥上俯瞰，桥底下便是是一望无际的云雾。行走在这座桥上犹如置身天界。米约大桥整体外观轻巧流畅，但却是世界上最重的桥。它是由英国著名"高技派"建筑师诺曼·福斯特（Norman Foster 1935 —）设计的，以一种"让人无法置信的精巧"，呈现了米约大桥"蝴蝶般优雅细致的感觉"。（图1-2-73）

诺曼·福斯特设计的英国盖茨黑德千禧大桥（Gateshead Millennium Bridge）更为独特，它不是通常所见的直桥而是弯成弧形，索塔也非直立而是呈现出倾斜的形状，通过几十组钢索将桥面固定。主桥还可向上拉起50米，这一创新的设计能让大型船只通过，此时索塔和主桥的形态仿佛一只蝴蝶，还像一个巨大的眼睑，因此又称"眨眼桥"。（图1-2-74）

4. 悬索桥

悬索桥是以承受拉力的缆索或链索作为主要承重构件的桥梁。其缆索是抛物线形状，使用的是缆索垂下的吊杆把桥面吊住。美国旧金山的金门

图 1-2-72　西班牙阿拉米罗桥 / 卡拉特拉瓦 / 西班牙 / 1992
图 1-2-73　法国米约大桥 / 福斯特 / 英国 / 2004

图 1-2-74　英国盖茨黑德千禧大桥 / 福斯特 / 英国 / 2004

大桥（Golden Gate Bridge）造型宏伟壮观，桥身呈现橘色，这座桥不但与周边环境十分协调，又使得大桥在金门海峡常见的大雾中显得十分醒目。其新颖的结构以及超凡脱俗的外观，被桥梁工程界称为美的典范。（图1-2-75）

5. 其他类型

威尼斯的叹息桥（Ponte dei Sospiri）是一座连接法院与监狱的桥，因死囚的叹息声而得名（图1-2-76）。亨德森波浪桥（Henderson Waves Bridge）是新加坡最高的人行天桥，其波浪状的造型给人以强烈的视觉冲击，动感十足（图1-2-77）。

图 1-2-75　金门大桥 / 艾尔文·莫罗 & 查尔斯·艾利斯 & 里昂·莫伊塞佛（Irving Morrow & Charles Alton Ellis & Leon Moisseiff）/ 美国 / 1933

图 1-2-76　威尼斯叹息桥 / 佚名 / 意大利 / 1603
图 1-2-77　新加坡亨德森波浪桥 / IJP Corporation & RSP Architects / 新加坡 / 2008

拓展阅读与参考信息

1. 图书资料

《建筑空间组合论》彭一刚 / 中国建筑工业出版社 / 2008
从空间组合的角度系统地阐述了建筑构图的基本原理及其应用。

《20世纪世界建筑史》威廉J·R·柯蒂斯 / 中国建筑工业出版社 / 2011
本书从艺术的形式与象征层面出发，从实践、美学和社会等多个维度铺陈了20世纪建筑史。

2. 纪录片

《建筑概论》台湾建筑研究所所长张基义老师为基础阶段的学生讲授建筑概论课程，以浅显易懂的方式介绍都市、建筑、景观、室内及空间相关的议题。

《家具里的中国》是国内首部全景式展现中国家具文化的大型纪录片，通过梳理中国家具的发展历史，将中国传统建筑文化和人文情怀淋漓尽致地展现了出来。

《梁思成 林徽因》讲述一对著名的建筑大师在"大时代背景下跌宕起伏的个人命运"，他们的人生轨迹和中国近现代的激荡史密切交织，展现他们对我国古建筑的保护，彰显其伟大的人格与令人敬佩的专业素养。

3. 设计品牌和设计师

扎哈·哈迪德（Zaha Hadid）
1950年出生于巴格达，伊拉克裔英国女建筑师。2004年普利兹克建筑奖获奖者。代表作：米兰的170米玻璃塔，蒙彼利埃摩天大厦以及迪拜舞蹈大厦（DANCING TOWERS）等。

安藤忠雄
日本著名建筑师。1941年出生于日本大阪，1969年创立安藤忠雄建筑研究所。1997年担任东京大学教授。从未受过正规科班教育，开创了一套独特、崭新的建筑风格，成为当今最为活跃、最具影响力的世界建筑大师之一。代表作："住吉长屋""万博会日本政府馆""光之教会"等。

崔 恺
男，1957年出生，中国工程院院士。现任中国建筑设计研究院副院长、总建筑师。
代表作：北京现代城规划、外交部办公楼、长城脚下的公社之三号别墅。

马岩松
1975年出生于北京，现任教于北京建筑大学。2014年被世界经济论坛评选为"2014世界青年领袖"。
代表作：卢卡斯叙事艺术博物馆、梦露大厦、鄂尔多斯博物馆、哈尔滨文化岛、中国木雕博物馆等。

课程三　景观艺术

课程概况： 景观艺术是创造现代社会所必需并具有现代美学特性的生活与工作环境的艺术。传统农业社会的"风景园林艺术"，今天已经被以城市化建设为中心的概念所代替，并成为了景观艺术中的一部分。景观艺术的应用领域日益广泛，已成为融合自然生态、人类活动、城市发展、古典与现代园林为一体的综合学科。本课程让学生认识历代中外景观艺术的成就、审美取向与价值取向；"融汇中外、与时俱进"将成为景观艺术必然的发展方向。

课程内容： 概述古典与现代中外景观艺术的成就与审美价值；
包括园林、公共绿地、广场与街景等课题。

训练目的： 认识景观艺术的发展历史，参与到现代景观艺术与环境建设中来；
努力营造美好的公共环境、工作环境和生活环境。

重点和难点： 教学重点：把握现代景观艺术与时俱进的发展趋势，理解现代景观学概念。
教学难点：深刻理解"景观学"的内涵与外延，从公共景观到私家景观的角度提升大众生活品位。

思考和作业题： （1）"景观学"与"风景园林学"，这两个专业学科名称的内涵有什么不同？
（2）谈谈对中国园林的美学认识，试比较中西园林设计的异同。
（3）找到你认为最美的九张景观图片或进行实景拍摄。其中，三张表现景观的自然美；三张表现景观的现代美；三张是传统和现代相结合的优秀景观案例，在全班展示交流。

阅读提示： 《说园》（陈从周 / 同济大学出版社）
《西方现代景观设计的理论与实践》（王向荣 林菁 / 中国建筑工业出版社）

一、概　　述

国内有关景观设计学科的前身，是于1951年创办的造园专业。1988年建立了风景园林规划与设计专业。2005年正式命名为"景观学"系。但后来又重新恢复为"风景园林专业"。

专业学科名称的设定应该有其社会历史文化的依据，顺应时代发展，与时俱进。
对应于国际上的Landscape Architecture (LA)学科并与国际接轨，应正名为"景观学"。

"景观学"这一概念是社会历史文化发展造就的。2005年"景观学"开设后，恰恰适应了中国社会的需求，为热火朝天的城市规划与建设所认可，开启了中国景观艺术的新时代。

城市是当代社会发展的基石。但城市基础设施、公共服务、生态环境是城市化的"三块短板"，而景观艺术则能在当代城市生态环境中发挥积极的作用。

来自国家统计局的数据显示，2016年末，我国城市数量已达到657个。城镇常住人口比重达到了57.35%。截至2017年3月底，国务院先后共批复了6个国家级城市群，分别是：长江中游城市群、哈长城市群、成渝城市群、长江三角洲城市群、中原城市群和北部湾城市群。同时，国家中心城市的布局建设与中小城市培育、美丽特色小城镇建设被提上日程：到2020年，培育1000个各具特色、富有活力的特色小镇。这就需要现代"景观学"专业与新时代的社会发展相适应。

在工业文明出现之前，无论是东方还是西方，景观学都是基于农业时代的科学或技艺，主要通过叠山理水、配置绿化等营造园林，称之为"造园艺术"。东西方的造园艺术是有差别的，东方效法自然，西方征服自然。工业革命之后，伴随着现代艺术、现代建筑的发展，景观学经历了一个用科学技术和理论方法进行改良和转化的过程。1858年，美国景观设计师弗雷德里克·劳·奥姆斯特德（Frederick Law Olmsted，1822—1903，图1-3-1）认识到传统的造园艺术已经不适应工业文明的现代社会，必须将景观设计建立在科学理性的基础上，运用综合的途径解决问题，而不是仅仅依赖于设计师的艺术灵感与创造。

奥姆斯特德被公认为是美国现代景观学的奠基人，他为传统的造园艺术与现代建筑设计的相互融合创造了条件。他最著名的作品就是与合伙人沃克（Calvert Vaux）在100多年前一同设计的纽约中央公园（图1-3-2）。

图 1-3-1　美国景观设计师弗奥姆斯特德
图 1-3-2　纽约中央公园 / 奥姆斯特德、沃克 / 美国 / 1856

这个代表性作品开创了现代景观学之先河，更为重要的是，它标志着普通人的生活景观的出现。可以说，现代景观设计从中央公园起，就再也不仅仅是少数人赏玩的奢侈品，而逐渐成为令普通人身心愉悦的空间。这种充分考虑结合周围自然环境与城市、公园与社区的建设方式，对现代景观设计产生了深远的影响。

如今，景观学已成为一门综合性的设计艺术学科，被广泛应用到城市建设中。营造富有审美情趣的景观环境，是改善人类户外活动空间，丰富及提升生活品质的关键。随着人类对景观感受和认识关注度的提升，普通人也将参与到景观设计中来。公众参与景观设计对于今后人类户外空间的可持续发展具有重要的现实意义。因此，培养和提升普通人对于景观的感知力与鉴赏力是十分必要的。

二、园林——整合自然，再现美丽

在一定的地域空间环境中，运用工程技术以及艺术手法，通过改造地形（如筑山、叠石、理水工作）、配置绿化植物、营造建筑和布置园路等途径，创作、建筑成的具有审美趣味的自然环境和游憩环境，称为园林。园林同时具有实用性和观赏性。实用性体现在园林不只是为游人提供休息、游览和进行文化娱乐活动的场所，还能净化空气，减轻污染，具有保护和改善生活环境的功能。观赏性体现在园林组成要素本身的质地、形态、色彩等自然美的素质以及通过人工技术手段塑造出园林美，并通过欣赏这种美来获得身体的放松和心灵的愉悦。园林的产生和发展与历史文化、社会制度、社会生产力和社会经济等发展有不可分割的关系，它更多地凝聚了当时当地的人们对自然的一种态度以及对未来生存空间的一种向往。

中外园林在布置上呈现为两种截然不同的风格，大体上可以分为以自然式布置为主的中国园林和以规则式布置为主的西方园林。

1. 中国园林

中国造园始于商周，秦汉大建帝王苑囿行宫，完善规模形制成熟于唐宋，朝野兴盛精构高峰于明清，至今已有3000多年历史。中国园林追求"意在笔先"——"立意"，以追求自然——文化境界为最高目标。是"虽由人作，妙极自然，宛自天开"的自

图 1-3-3 颐和园内的佛香阁 / 郎世宁 / 1750

然式山水园林。是融传统建筑、文学、诗书字画、工艺雕刻等于一体的综合艺术，具有极高的文化艺术性和独特的民族风格，在世界园林史上占有极高的地位。中国园林还表现出较为明显的地方特性，北方皇家园林和江南私家园林就呈现出诸多差异。

（1）北方皇家园林：

北方皇家园林规模宏大，气魄雄伟，充分利用天然山水风景的自然美。受传统文化的影响，皇家园林一般都为园中套园的布局方式，且各小园重视用多姿多彩的建筑点缀，以突出园区的主题。北京的颐和园（图1-3-3至图1-3-5）是最典型的北方皇家园林，也是现存规模最大、保存最完整的中国古代皇家园林。它利用昆明湖、万寿山为基址，以杭州西湖风景为蓝本，汲取江南园林的某些设计手法和意境而建成，既有万寿山前排云殿和佛香阁的磅礴气势，又有后山后湖如江南园林般的优雅恬静，各有妙趣。

（2）江南私家园林：

江南私家园林常是住宅的延伸部分，由于基地范围较小，因而没有皇家园林那种宏大壮丽的规模，但这类园林往往能在有限空间内创造出较多的景致。园景中融入了园主的文心和修养，往往别有韵味，令人流连忘返。"小中见大""以一当十""借景对景"等造园手法，在江南私家园林中得到了十分灵活的运用。苏州的拙政园（图1-3-6、图1-3-7）、留园（图1-3-8）、网师园（图1-3-9）和环秀山庄等是江南私家园林的典型代表。

2. 西方园林

人们通常习惯将以法国宫廷园林为代表的规则式园林称为西方园林，西方园林的显著特点便是以"强迫自然接受匀称的法则"。

17世纪法国园林设计师勒·诺特（André Le Notre 1631—1700）吸收了意大利文艺复兴庄园的一些要素，如轴线、修剪植物、喷水、瀑布等，以一种开阔、华丽、宏伟、对称的方式创造了几何式的法式园林，有着非常严谨的几何秩序，均衡和谐，这些特点明确地体现在了凡尔赛宫花园（Palace and Park of Versailles）（图1-3-10）的设计上。

17、18世纪，英国在中国园林文化的影响下，绘画与文学两种艺术逐渐出现了热衷自然的倾向，在这样的环境下，英国诞生了自然风景园林。与法国规则式园林的设计理念相反，英国自然风景园林抛弃轴线对称、修剪植

图1-3-4　颐和园内的十七孔桥 / 郎世宁 / 清代 / 1750
图1-3-5　颐和园内的石舫 / 郎世宁 / 清代 / 1750

图1-3-6、图1-3-7　拙政园 / 王献臣 / 清代 / 16世纪

图1-3-8　留园 / 徐泰时 / 清代 / 1593
图1-3-9　网师园 / 史正志 / 清代 / 1770

图 1-3-10　凡尔赛宫花园 / 勒·诺特 / 法国 / 17 世纪

物、几何式花坛等生硬的直线或不自然的要素，以起伏开阔的草地、自然曲折的湖岸和自然生长的树木等大量曲线要素构成一种尽量模仿自然的自由式园林艺术。

3. 中西园林设计比较

中西园林由于文化、地域、自然、气候等的不同，在造园的理念、风格和表现上也截然不同。

（1）从空间形式上比较
中国园林讲究自然的曲线之美，西方园林讲究人工的直线之美。

（2）从空间体量上比较
中国园林讲究内敛玲珑，西方园林讲究张扬气度。

（3）从渲染气氛上比较
中国园林讲究曲径通幽，西方园林讲究宽敞明亮。

（4）从私密性方面比较
中国园林讲究神秘、节制，而西方园林讲究浪漫、张扬。
以上这些差距，形成了两种不同的园林文化，形成了各自的艺术特色。

三、公共绿地 —— 创造美学，愉悦身心

公共绿地的定义是指满足一定的日照要求，适合安排游憩活动设施、供居民共享的游憩绿地，具体应包括居住区域内的公园、小游园和组团绿地，同时也包括其他块状或带状绿地、城市街旁绿地等公共活动场所。绿地不仅能够保护城市环境、改善城市气候、降低城市噪声、减灾防火，同时也是休息、游憩、文化宣传及科普教育等活动的适宜场所。从美化城市的角度看，公共绿地能丰富城市建筑群体的轮廓线，增加建筑的艺术效果，使整个城市拥有优美、自然感强烈的景观环境。

1. 公园绿地

公园绿地具体来说，是指面向公众开放、以生活中游憩为主要功能，同时具有完善生态、

图 1-3-11　纽约中央公园 / 奥姆斯特德、沃克斯 / 美国 / 1856

美化景观以及防灾减灾等综合作用的城市绿化用地。纽约中央公园（Central Park）（图1-3-11）是美国第一座近代城市公园，也是整个现代景观设计史上最典型的案例之一。

在这个庞大的公园内，以大片的草地、树木、蓊郁的小森林为基础，融合池塘、小溪和人工创造的水景，辅以露天剧场、美术馆、运动场等空间，形成一种以开朗为基调的多变景观。纽约中央公园在周围城市高层建筑的包围下，向我们展现了公共绿地对于缓和城市环境问题、促进社会活动与人际交往的重要意义。

2. 其他公共绿地

除了公园绿地外，城市公共绿地还包括街头绿地、滨水绿地、内部专用绿地、居住区公共绿地等块状或带状绿地。这些公共绿地分散在城市空间中，被有机地组织在一起。它们不仅为人们提供户外活动场所，而且对延续城市的历史地域文脉、解决生态灾害问题、美化人类生活环境等具有重要的意义。

法国塞纳于行政长官奥斯曼（Haussmann 1809—1891）于19世纪中期开始"巴黎改造计划"，从塞纳河西佛公园开始，沿杜勒里公园至卢浮宫、香榭丽舍大街、凯旋门、戴高乐大街、台方斯中心公园广场，与布洛尼森林公园相衔接，建立了贯穿历史遗迹的街头绿道。

图 1-3-12　美国路易斯维尔河滨公园 / 乔治·哈格里夫斯 / 美国 / 1994

滨水绿地是指利用河、湖、海等水系沿岸用地，从而进一步形成城市的滨水绿带。城市滨水绿地多呈带状分布，由于所处地理位置的特殊性，滨水绿地对于解决防洪排涝这一生态问题具有重要的作用和意义，如美国路易斯维尔河滨公园（图1-3-12）。

图 1-3-13　波之场 / 林璎 / 美国 / 1993

其余附设在工厂、学校、医院、幼儿园等内部专用绿地，能够给人们提供户外活动空间，改善环境质量，提升景观欣赏层次。如林璎（Maya Lin，1959— ）为密歇根大学一个庭院设计的"波之场"（Wave field，图1-3-13），这里面只存在一种植物：绿茵；且只有一种形式：波浪状的造型。整件作品简单而生动，具有显著的大地艺术特点。

图 1-3-14　夏洛特公园 / 安德森 / 丹麦 / 2004

居住区公共绿地，指居住区内居民公共使用的绿地，是居住区环境中人类与自然之间唯一具有生态调节功能的环境因子。例如丹麦的夏洛特公园（Charlotte Garden，图1-3-14），植被主要由不同品种的草构成，如草地牧草、羊栎等。这些草的颜色全年都在变化，从夏天的蓝色、绿色到冬天的金色，形成了具有细微变化的空间，营造了自然、生动、活泼的居住氛围。

四、广场与街景
—— 都市风貌，尽显活力

在城市中，广场常常作为职能空间，是城市里生活的居民日常活动的中心，具有举办集会、交通集散、居民游憩、商业买卖、文化交流等功能。古今中外，广场在各自不同时代、不同文化环境中和不同的政治统治形式下也呈现出各自不同的形态，带给人不同的感受。

街道作为城市的线性空间，最基本的作用就是作为交通运输的通道，联系不同的空间节点，构成整个城市景观空间的支架。街道也是市民户外活动的主要公共场所之一，是城市生活的纽带。同时，街道是一座城市风貌以及文化与特色的最直接体现，是人们识别与认知城市的主要视觉场所。

一些具有纪念意义和文化内涵的建筑小品、公共艺术、环境设施等，配合广场与街道，共同构成了城市的广场街景，烘托了都市气氛。

1. 西方古典广场

（1）古希腊/古罗马的广场

古希腊的广场主要作为市场与集会的场所。古罗马城市广场继承了古希腊广场的功能，同时还用于审判、庆祝等活动。到了帝国时期，广场便成为了帝王权力的象征，形式也由开敞式转为封闭式，自由式转为规整式，如恺撒广场、奥古斯都广场、图拉真广场（图1-3-15）。

（2）中世纪的广场

中世纪的广场类型要比古罗马广场的更加丰富，出现了市政广场、商业广场、宗教广场以及综合性广场。由于宗教生活成为城市生活的中心，广场成了教堂和市政厅的前庭，广场周围的建筑物一般具有良好的尺度和视觉连续性，较著名的有佛罗伦萨市政广场、锡耶纳坎波广场（图1-3-16、图1-3-17）。

（3）文艺复兴时期的广场

文艺复兴时期的广场力图在城市建设和现存的中世纪广场中更多地体现人文主义的价值，注重符合比例和形式美原则的视觉与艺术效果。意大利威尼斯的圣马可广场（图1-3-18）和米开朗基罗设计的罗马市政广场（图1-3-19）是这一时期的典型。

（4）巴洛克时期的广场

巴洛克时期的广场以单纯的烘托主体建筑为主，广场的景观设计强调建筑要素的动态美感以及与地形、街道能够较好地形成对景。这一时期广场的著名实例有意大利罗马的波波罗广场和圣彼得广场（图1-3-20、图1-3-21）。

图 1-3-15 图拉真广场 / 阿波罗多罗斯 / 叙利亚 / 107

图 1-3-16 佛罗伦萨市政广场 / 意大利 / 13 世纪
图 1-3-17 锡耶纳坎波广场 / 意大利 / 13 世纪

图 1-3-18　圣马可广场 / 意大利 / 9 世纪
图 1-3-19　罗马市政广场 / 意大利 / 13 世纪

图 1-3-20　波波罗广场 / 意大利 / 1820
图 1-3-21　圣彼得广场 / 意大利 / 1656

图 1-3-22　旺多姆广场 / 法国 / 18 世纪
图 1-3-23　协和广场 / 法国 / 18 世纪

（5）新古典主义时期的城市广场

新古典主义时期的城市广场呈现为纯粹的几何特征。以巴黎为典型，其城市广场沿城市空间规划中的轴线分布，并把绿化配置、喷泉雕像、建筑小品与周围建筑组成和谐整体。新古典主义时期巴黎比较著名的城市广场有旺多姆广场、协和广场等。（图1-3-22、图1-3-23）

2. 中西现代广场

西方城市广场的发展经历了数千年的历史，伴随着不同的社会历史时期，广场的空间性质和特点呈现为动态发展的趋势，以古希腊 / 古罗马、中世纪、文艺复兴、巴洛克、新古典主义等风格为主。

现代城市广场是在众多的城市景观空间中最富有艺术魅力的一种公共空间环境。凭借着建筑物、构筑物、绿化配置、建筑小品、环境设施、公共艺术等的配置与组织，现代城市广场成为融自然性、艺术性于一体的开放性公共空间，不仅调整了整个城市的空间布局，促进了市民的户外活动，改善了城市环境质量，还彰显了城市的活力，体现了城市的文化。具体来说，根据广场的功能，现代城市广场又可以细分为文化广场、交通广场、游憩集会广场、纪念性广场、商业街道广场。整体上来说，现代城市广场是城市景观空间中最具有艺术魅力的一个公共空间。

3. 注重功能的广场

（1）文化广场

文化广场也称市民广场，一般位于城市核心区，是城市较大规模的文化、娱乐活动中心建筑群，为广大市民提供集会、公共活动、信息发布的公共空间，其周围一般围绕美术馆、博物馆、展览馆、体育馆、剧院、行政办公建筑以及银行、商场等公共服务型建筑（图1-3-24）。

（2）交通广场

交通广场是疏散、组织、引导城市交通的公共空间，它包括与城市道路相交的广场、车站广场、各种公共建筑前的广场等。这一类型的广场注重考虑交通的分流和疏散作用，对于防止交通堵塞、为车与行人的出行提供便捷等具有重要意义。例如巴黎戴高乐广场（原名星形广场）（图1-3-25），这里是十二条道路的交会点，向东南延伸的是香榭丽舍大街。

（3）游憩集会广场

游憩集会广场主要为市民提供休闲、娱乐的室外活动空间。这类广场既要有适宜活动的空间、各类公共服务设施等,还需要有自身的景观特色。鹿特丹舒乌伯格广场(图1-3-26)没有特定的使用功能,却通过灯光、喷泉等景观元素实现了广场舞台般的互动特色。

（4）纪念性广场
纪念性广场的意义在于重点突出政治意义与特殊的纪念意义,它一般是举行国家或城市重要庆典活动或纪念仪式的场所。莫斯科红场(图1-3-27)就是典型的纪念性广场。

（5）商业、街道广场
商业、街道广场大多位于城市人口相对集中的商业区域和居住、办公区域。商业广场伴随超市、餐厅、百货商场、购物中心等建筑同时出现,并设有相应的休息区。街道广场为行人提供休息、等候的场所,绿化与公共设施的辅助配置使街道广场充满生活气息。如洛克菲勒中心下沉广场(图1-3-28)、纽约时报广场(图1-3-29)等。

4. 街道景观
（1）街道的功能
城市里的街道是构成城市系统的框架和纽带,因此街道景观是城市风貌以及城市特色最为直接的代表,是人们认识城市的主要视觉和感觉的场所。构成城市街道景观的要素丰富多样,主要包括自然要素、人工要素。街道主要分为交通性干道、生活性街道以及特殊性质的街道。

a. 交通性干道
交通性干道属于城市中的大路,代表城市的形象。如法国巴黎的香榭丽舍大街(图1-3-30)位于卢浮宫与新凯旋门之间的中轴线上,东起协和广场,西至星形广场,既是典型的交通性干道,也是巴黎最美丽繁华的购物大街。

b. 生活性街道
生活性街道是与市民日常生活有密切关系的活动空间,比如商业街、小街巷等。这类生活性街道的人流

课程三 景观艺术

从左至右依次为
图 1-3-24 慕尼黑黑津森十字街道 / 德国 / 1968
图 1-3-25 戴高乐广场 / 法国 / 1836
图 1-3-26 鹿特丹舒乌伯格广场 / 荷兰 / 1996

从左至右依次为
图 1-3-27 莫斯科红场 / 俄罗斯 / 15 世纪末
图 1-3-28 洛克菲勒中心下沉广场 / 美国 / 1931
图 1-3-29 纽约时报广场 / 美国 / 1883

从左至右依次为
图 1-3-30 香榭丽舍大街 / 法国 / 1709
图 1-3-31 慕尼黑津森十字街道 / 德国 / 1968
图 1-3-32 日裔美籍人纪念园 / 美国 / 1998

从左至右依次为
图 1-3-33 美国加州格兰岱尔市象棋公园 / 美国 / 2005
图 1-3-34 芝加哥千禧公园AT&T广场上的"云门" / 美国 / 2006
图 1-3-35 北京今日美术馆 / 中国 / 2005

量、车流量都很小，根据不同的功能往往还分成行车道区、步行街区、绿化设施、停车区域、居民娱乐区等，有着多重功能的特征。德国慕尼黑的津森十字街道（图1-3-31）是驰名欧洲的商业与文化相结合的艺术型街道。

c. 特殊性质的街道

特殊性质的街道主要指公园的侧道或滨河道路。这种街道只在一侧设建筑物，而另一侧需要树木和水体等自然要素融入街道景观中来。因此，特殊性质的街道景观在形态、保护设施、植物配置方面都要考虑防洪排涝、亲水美观等因素。如美国波特兰市河滨公园内的日裔美籍人纪念园（图1-3-32），石块、文字、自然完美结合，以此作为对珍珠港战役中被关押的日裔美籍人的纪念。

（2）街道文化设计

具有文化内涵、城市特色的街道环境设施、街道公共艺术即街道文化设计，这也是构成街道景观的重要部分。街道环境设施通常指城市空间中除建筑外供人们使用的同时构成环境形象要素的内容，包括诸如垃圾桶、电话亭、座椅、路障、候车亭、广告亭、标识指示等公用设施。它们不仅是城市中某处具有装饰环境功能的点缀物，同时还起着实际的作用，将街道景观具体而真实化了。美国加州格兰岱尔市的街道公园（图1-3-33）经过改造后不仅布置了国际象棋桌，各种关于国际象棋的元素和细节也都渗透在公园的景观设计中。尤其是其中5个造型不一的灯塔，便是从棋子的形态抽象而来，象征棋子形态的历史演变过程。夜晚，灯具散发出温暖柔和的光线，渲染了公园的氛围，同时，它们也是公园的标志性设施。

（3）街道公共艺术

街道公共艺术通常指体现城市历史文化、社区文脉传承的装置。它们往往以独特的艺术形态以及语言，来引导和促进公众参与社会文化、公共事业和城市精神的建设。

芝加哥千禧公园AT&T广场上的"云门"（图1-3-34），通过表面光滑的镜面材料将四周的城市景观和"云门"下方穿过的人照映其上。镜面的影像具有哈哈镜的效果。当人们站在"云门"前，人们会感觉到自己正在以一种前所未有的亲切并且富有未来感的方式在体验自己与整个城市的关系。北京今日美术馆入口处宽大的"之"字形钢架楼梯、门前广场上十余个极富艺术表现力的金属人像群雕（图1-3-35），以十分夸张的神态呈现出浓烈的当代艺术风格。

5. 景观设计师举要

（1）极简主义景观大师：彼得·沃克（Peter Walker，1932—）

彼得·沃克，美国景观设计师，他是将极简主义的艺术风格运用到景观设计中的代表性人物。人们可以从他的作品中欣赏到简洁现代的形式，领略到浓重的古典元素和感受到神秘的原始气息，他将艺术与景观设计巧妙地结合起来并赋予项目全新的含义。（图1-3-36）

图 1-3-36　丰田美术馆庭院景观 / 彼得·沃克

（2）雕塑结合景观的主要代表：野口勇（Isamu Noguchi，1904—1988）

野口勇是日裔美国人，是20世纪最著名的雕塑家之一，也是最早尝试将雕塑和景观设计结合的人。"我喜欢想象把园林当做空间的雕塑。"他的园林设计作品更多地强调形式，尤其是雕塑作为空间的统治者，而非实用和宜人。（图1-3-37）

图 1-3-37　加州野口勇花园 / 野口勇

（3）现代景观艺术的综合代表：玛莎·施瓦茨（Martha Schwartz，1950—）

玛莎·施瓦茨，美国景观设计师，她是20世纪中后期现代景观艺术的标志性人物，拥有景观建筑师和艺术家双重身份。玛莎·施瓦茨的作品充满独特的艺术气息，常运用几何形式的抽象变形、廉价材料，突出景观艺术的大众意义以及城市空间的细微之处。（图1-3-38）

图 1-3-38　梅萨艺术中心 / 玛莎·施瓦茨

（4）风景过程主义之父：乔治·哈格里夫斯（George Hargreaves，1952—）

乔治·哈格里夫斯师从彼得·沃克，被风景园林设计界一致公认为"20世纪最后一位大师"。他的作品充满理性的设计逻辑，追求自然的而"非自然状"的设计风格，并在细微处表达出他丰富的情感和桀骜不驯的个性以及对自然和人类关系的理解。（图1-3-39）

图 1-3-39　辛辛那提大学校园景观 / 乔治·格里夫斯

（5）中国园林学大师：陈从周（Chen Congzhou，1918—2000）

陈从周对古建筑、古园林理论有着深入的研究、独到的见解，还参与了大量实际工程的设计建造，如设计修复了豫园东部、龙华塔、宁波天一阁、云南楠园等。著有《扬州园林》、《园林谈丛》、《说园》、《中国民居》等，其中《说园》最为精辟，"谈景言情、论虚说实、文笔清丽"，影响力之大，远及日、俄、英、美、法、意、西班牙等地。

图 1-3-40 《园林清议》/ 陈从周

（6）中国景观学专家：俞孔坚（Yu Kongjian，1963—）

北京大学俞孔坚教授的城市和景观设计作品遍布全国和海外，他的作品具有现代性和鲜明的中国特色，以生态和人文的精神赢得国际声誉。他把城市与景观设计作为"生存的艺术"，倡导白话景观，以"反规划"理论、大脚革命和大脚美学以及"天地—人—神"和谐的设计理念。形成了富有特色的景观学理论。

图 1-3-41 红飘带公园 / 俞孔坚

拓展阅读与参考信息

1. 图书资料
《世界景观设计》伊丽莎白·罗杰斯 / 中国林业出版社 / 2015
本书在展示一些特殊场景设计图时，还兼顾大量的文字描述。书中把景观作为对宇宙、自然、人性的态度来阐释，展示景观如何与其他艺术门类来共享艺术形式。

《景观设计学》 西蒙兹 / 中国建筑工业出版社 / 2014
这本著作的内容涵盖了景观设计理论、运用和实践过程中每个细小的方面。

2. 网站
http://www.landscape.cn/景观中国网
中国景观行业门户网站，以服务景观行业、传播先进景观理念为己任，创办于2003年。

3. 设计事务所及设计师
WEST8 荷兰建筑规划景观事务所。

加拿大克劳德布朗景观建筑与城市设计事务所。

彼得·拉茨
德国当代著名景观设计师，他用生态主义的思想和特有的艺术语言进行景观设计，在当今景观设计领域产生了广泛的影响。

4. 机构
美国景观设计师协会
美国景观设计师协会（美国风景园林师协会，ASLA）于1899年由数位杰出的美国景观设计师开创成立， 与中国有着深厚的历史渊源。

中国风景园林协会
中国风景园林学会（Chinese Society of Landscape Architecture，CHSLA），是由中国风景园林工作者自愿组成，经国家民政部正式登记注册的学术性、科普性、非盈利性的全国性法人社会团体，是中国科学技术协会和国际风景园林师联合会（IFLA）成员。

课程四　中国绘画艺术

课程概况： 本课程主要阐述绘画艺术的表现形式与特征，绘画的分类与中国传统绘画的基本形态。从岩画与彩陶探讨中国原始艺术的萌发；随着中国历史的进展，先秦绘画开创了中华文明的视觉华章；大一统的秦汉，奠定了"天人合一"的审美观念并创建了华夏民族的"核心文化"；魏晋南北朝涌现的思想解放，首次出现了伟大的艺术家与传世的名作；隋唐盛世构成开放格局与绘画华章；五代及两宋形成了"宋型文化"——精英文化的峰峦；元明清三代绘画，羽化蜕变而形成历史的视觉盛宴。

课程内容： 简括从中国原始艺术与上古先秦绘画、秦汉绘画、魏晋南北朝绘画、隋唐绘画、五代两宋绘画到元明清的中国绘画艺术发展史。

训练目的： 了解中国绘画艺术的发展历程，认识中国古代文化发展与创新的史实。

重点和难点： 教学重点：了解中国绘画艺术各历史阶段的精粹所在，通过学习建立对中国传统文化的充分认识与自信。
教学难点：深刻理解中国绘画各历史阶段的艺术观点与思想，找到推动各时期绘画发展的历史原因。

思考和作业题：（1）秦汉绘画的雄浑博大体现在哪里？
（2）论述绚丽开放的隋唐绘画的发展历史。
（3）讨论两宋绘画尤其是宋风雅韵的基本特征。
（4）中国绘画对人类发展的贡献是什么？对中国历史的进步意义体现在哪里？

阅读提示：《中外美术对比发展史》（张道森，辽宁美术出版社）

一、中国绘画概述

1. 定　　义

绘画（Painting），造形艺术主要表现形式之一，是指用画笔、墨、颜料、刷子、刀等工具材料，用色彩和线条在纸、纺织物、木板、墙壁等平面（二维空间）上塑造形象的艺术形式。现代可以通过计算机多种专业软件数码绘制或用手写绘画板进行绘图，实现无纸化数字绘画。

2. 特　　征

绘画艺术是对于客观物象的自然形态进行具象写实或变形抽象的描绘表现。它具有鲜明的形象、形式与形态特征，是对现实对象或真实、或高度概括、或取其一端（如光色、形态）、或简化与繁化、或变形与抽象、突出和夸张其本质要素的描绘。总之，是画家对客观物象经过主观选择后的个性表现。绘画之所以具有广阔的自由创造度，是因为它具有主观意识的可塑性，它不仅能让现实再现，也能体现超时空想象，人们可以用绘画的方式来再现生活与抒发情感。绘画是视觉静态的艺术作品，其美学性的形式和内容可长期让人欣赏、玩味、体验，是生活中最普遍、人们最易接受并喜爱的一种艺术样式。

绘画的基本元素是：线条、色彩。通过绘画表现为点、线、面、色调、体积等，再经造型和构图，依据一定的形式法则进行组合，形成绘画的视觉语言，达到传递主题与情感内涵的目的。对绘画的视觉语言运用的深度和广度以及个性与共性的把握，体现画家的艺术水准、艺术表现力。

3. 类　　型

绘画主要可分为与中国绘画与西方绘画两大类。

中国绘画又名国画。特指在中国文化传统中形成的具有中国传统价值观念与美学观念，以独有的工具材料（笔墨纸砚）创作的绘画。

西方绘画又名西洋画，西方绘画是在西方文化传统中形成的，具有西方人的价值观念与美学观念，包括油画、水彩画、水粉画、版画、素描等许多画种。

国际上有影响的画种还有埃及绘画、印度绘画、日本绘画、伊斯兰绘画和热带地区绘画等。

4. 中国绘画概述

中国绘画可以上溯到距今七千余年原始社会的石器时代。最初的中国绘画，是画在陶器、地面和岩壁上的，在两千多年前的战国时期出现了画在丝织品上的帛画，渐而发展到壁、绢和纸上。使用的基本工具是天然矿物质颜料以及毛笔和墨，因此中国绘画又称为"丹青"。在漫长的历史进程中，在无数画家的不断探究、创新之下，逐渐形成了鲜明的民族风格，并建立了独立的绘画美学理论体系。

中国画按表现内容可分为三大画科：人物画、山水画、花鸟画。

人物画可分为道释、仕女、肖像、风俗、历史故事画等。

山水画可分为三远：高远、深远、平远山水等。

花鸟画可分为花卉、翎毛、蔬果、草虫、畜兽、鳞介等。

按装裱形制可分：卷、轴、册、屏等多种装裱形制。画幅横向展开的称长卷（手卷）、横披。纵向展开的称：条幅、中堂。盈尺大小的有册页、斗方。画在扇面上面的有折扇、团扇等。

按描绘手法可分："工笔""写意""兼工带写"等。

按表现形式可分：人物有白描、水墨、设色（设色分为淡彩、重彩和泼彩）等。花鸟有水墨、设色、白描与没骨花鸟等。山水有青绿、浅绛、水墨、金碧、没骨山水等形式。又有界画、指画等。

按发展流派可分为：文人画、院体画、民间画等。

二、中国原始艺术与上古先秦绘画
——天真烂漫的茁壮萌发

1. 概　　述

据考古发掘，在中国的许多省份发现史前岩画，可以将绘画的起源推前至旧石器时代。具有充沛精力与敏锐观察力的先民们要宣泄自己的情感，除了舞蹈与歌唱，最好的表达就是把所见所闻所想画出来，于是，岩壁成为他们绝好的作画平台。大量直接呈现史前绘画的还有彩陶文化。而先秦时代绘画是中华文明开端的华章。

2. 上古绘画

（1）岩画 —— 无拘无束的抒写

全球共有6大史前洞穴壁画遗址。在中国发现的旧石器时代的史前岩画是内蒙古阴山岩画（图1-4-1），这条长达300公里的画廊连接整个山体，创作时间跨度长达万年。题材涉及动物、飞禽、人物、神灵、器物、天体、日月星辰以及大量符号、标记等，描绘了先民的狩猎、放牧、舞蹈、征战等。类似的还有连云港孔望山将军崖岩画。

新石器时代的史前岩画代表作如云南沧源岩画，包括狩猎、采集、舞蹈、祭祀和战争场面的图像现有1063个。

图 1-4-1　阴山岩画 / 中国内蒙古 / 旧石器时代晚期

（2）彩陶 —— 直观直感的描绘

先民们发现陶器本身是绝好的作画之处，他们的创造力和想象力，变成质朴明快的色彩和奇思妙想的纹样出现在器皿上。仰韶类型的彩陶以西安出土的半坡陶盆《人面鱼纹》（图1-4-2）最具特色与耐人寻味。在青海大通出土的马家窑类型的《舞蹈纹彩陶盆》（图1-4-3）描绘了氏族成员携手欢快起舞的景象，此陶器堪称新石器时代绘画艺术的杰作。庙底沟类型彩陶中尤其引人注目的是陶缸上的《鹳鸟石斧图》（图1-4-4），以写实手法所描绘的鸟、鱼及斧，据说代表了鹳氏族兼并鱼氏族的历史事件。彩陶上的绘画，都是先民们直接观察、直接感受、直接表达的艺术行为。

图 1-4-2　人面鱼纹盆（西安半坡陶盆）/ 新石器时代前期仰韶文化 / 中国国家博物馆藏

图 1-4-3　舞蹈纹彩陶盆 / 马家窑类型（新石器时代）/ 中国历史博物馆藏

3. 中国先秦时代绘画 —— 中华文明开端的视觉华章

有学者将先秦文化比作中华文明的头颅。先秦时代，我们的祖先创造了灿烂辉煌的历史文明。诞生了中国历史上伟大的思想家 —— 孔子及其《论语》，伟大的哲学家 —— 老子及其《道德经》，伟大的军事家 —— 被誉为"百世兵家之师""东方兵学鼻祖"的孙武及其《孙子兵法》，被誉为"中华诗祖""辞赋之祖"的伟大的爱国诗人屈原。此外还有法家、墨家、名家、医家等诸子百家及其论著，开创了中国古代历史上第一波文化学术的繁荣。

先秦时代产生了与绘画相关的人类文明标志性事件是：图画转化为符号，形成成熟的文字 —— 甲骨文；图画发展为纹饰，形成成熟的图形 —— 青铜器器型及装饰纹样（图1-4-5）。

（1）《人物龙凤帛画》（图1-4-6）

画中描绘一端庄垂髻的妇女侧身而立，身着云纹广袖长袍，双手合十，作祈祷状。腰身纤细，腰束白色宽腰带；曳地长裙，裙角向上翻起。妇女的上方画一只展翅翱翔的凤和一条蜿蜒腾越的龙（一足夔龙）。人物合掌祈祷，神态庄重虔诚，与画面的龙腾凤舞形成强烈对比，整个画面构成对比中有和谐。

从左至右依次为
图 1-4-4　鹳鸟石斧图（庙底沟类型）/ 新石器时期 / 河南省博物馆藏
图 1-4-5　采桑宴乐攻战纹铜壶 / 成都百花潭 / 战国时期 / 1965 年出土
图 1-4-6　人物龙凤帛画 / 湖南长沙东南郊楚墓 / 战国时期 / 1949 年出土
图 1-4-7　人物御龙帛画 / 湖南长沙子弹库楚墓 / 战国中晚期 / 1973 年出土
图 1-4-8　楠木主棺彩绘神像和鸾凤 / 湖北随州曾侯乙墓 / 战国早期 / 1978 年出土

（2）《人物御龙帛画》（图1-4-7）

画面中描绘一贵族中年男子，应是墓主人的肖像：危冠长袍、头顶华盖、侧身拥剑、仪态肃穆、神情自若、驾驭巨龙，遨游飞驰，龙下绘有一条游鱼，龙尾画一引颈放歌之孤鹤。此画人物比例匀称，线条勾勒流畅，再施以平涂和渲染，格局庄重典雅。

（3）漆器漆画

中国是世界上最早发明漆器、漆画的国家，据考古发现可以推溯到商代。先秦漆画有：曾侯乙墓青铜架楠木主棺彩绘（图1-4-8），内外层棺椁为迄今出土的中国古代最大的漆器，器身满饰各种形态的龙、蛇、鸟、兽、神等彩绘图像九百多个，还有彩漆龙凤纹盾、彩漆木雕龙纹盖豆、彩漆木雕鸳鸯形盒、漆器圆盘等。我国现存最早的纪实性、带有情节的通景漆画，是湖北荆门包山2号楚墓出土的《迎宾出行图》（图1-4-9），在中国美术史上具有重要的地位。

图1-4-9　迎宾出行图 / 湖北荆门包山2号楚墓 / 战国早期 / 1987 年出土

三、秦汉绘画 —— 一统天下的雄浑博大

1. 概　述
秦代（公元前221年 — 前206年），是由战国后期的秦国发展起来的中国历史上第一个大一统王朝。

秦代创立帝制及中央官制，推行"车同轨、书同文、行同伦"，强力维护国家统一，奠定中国大一统王朝的统治基础与凝聚力，故称"百代都行秦政法"。

2. 秦 —— 中国历史上第一个大一统王朝
（1）中华文化源远流长，中国绘画从秦汉开始一脉相承

从世界文化发展历程来看，中华文明虽然历经沧桑，但却是人类历史上唯一没有中断而延续至今的文明。古代的中华文化始终在世界东方走着自己开辟的路，用坚韧的步伐穿越历史的春秋，形成自身的魅力。

一脉相承，是指从同一血统、同一源流世代相承，流传下来，也是指思想、文化、行为或学说之间的继承关系。一脉相承，使传承有序，使系统内部充实、完善、庞大，但相对也更易造成闭塞、保守、缺乏创新。

（2）秦 —— 奠定了中国"天人合一"的审美观念
秦代的思维意识与行为模式，是基于大一统的国家意识与《周易》奠定的儒道天命观。秦得水德，水德尚黑，在五行中水德对应的标志颜色是黑色，所以秦人崇尚黑色。与水德相应的数是六，所以秦人规定符传长度、法冠高度各为六寸，车轨宽六尺，以适符战国阴阳家的终始五德说与先秦儒道天命观。因此，决定了秦人的审美意识、审美观念是"天人合一"的，秦代奠定了中华民族、中国文化"天人合一"、一以贯之的审美观念。

3. 汉 —— 开创了华夏民族"核心文化" —— 汉代文化
汉代（前206 — 220）是继秦朝之后繁盛的大一统时期。汉朝分为西汉（前206 — 25）和东汉（25 — 220）两个历史时期，合称两汉。汉代农业、手工业发展迅速，人口大量增长，城市化提升，商业贸易和中央集权制都得到了前所未有的发展，科技、天文历法、医学、数学领域成就卓著。

（1）两汉文化是八方百族文化精粹的汇聚
汉代文化是融合和吸取了各类文化精髓的"大一统"。"汉乐府"是继《诗经》《楚辞》后的第三个光辉的文学巅峰；《史记》是中国第一部史书。汉代是使多民族、多元文化走向大一统的时代，形成了华夏民族奋发向上、自强不息的"核心文化"。

"无为而治"奠定了汉王朝的立国之本；"独尊儒术"造就了汉王朝的长治久安；"龙凤文化"在汉代成为中华民族的精神图腾。中国古代文化经汉朝凝聚成为中华民族的主导文化 —— 汉文化，华夏族因此被称为"汉族"，继而有了汉语、汉文、汉字、汉医、汉服……汉朝和约略同时期的欧洲罗马帝国并列为当时世界上最先进和文明的强大帝国。

（2）舆服：汉代绘画灿烂的篇章
在汉代形成了舆服制度。秦汉服装面料重锦绣。锦绣纹样主要是：山纹、云纹、鸟兽纹、藤蔓花纹、织锦则多用各种几何纹为主体纹饰，并有以文字为通幅纹样的。

（3）造形意识
因佛教的传入和佛教艺术的发展，造像需要造形，造形意识从汉代萌芽并逐渐趋于成熟。

西汉时，"天人感应论"及"符瑞说"决定了中国绘画的主题取向。汉代绘画有"礼教画"之称。祥瑞图像及标榜忠、孝、节、义的历史故事，也成为宫廷和民间画家的基本题材。可从后期发现的墓壁画、画像石及画像砖中见到当时绘画的主题取向。

汉代"龙凤文化"一脉相承继承和发展了夏商文化。时至今日，"龙的精神"依然在每个人的心中徜徉，激励着人们奋发向上，拼搏进取。成为中华民族的精神象征。

秦汉绘画艺术主要体现在宫殿寺观壁画、墓室壁画、帛画等方面。

4. 代表作品
汉代帛画：汉代画在缣帛上的画作很多，但历经千年遗存的却极少。1972至1974年间，湖南长沙马王堆两座汉墓以及山东临沂金雀山九号汉墓的几幅西汉帛

画的相继出土，弥补了汉初绘画遗存的空白。

马王堆一号墓彩绘帛画（图1-4-10）是迄今发现的我国最早的工笔重彩画珍品。帛画的上部和底部分别描画的是天界和阴间，中间两部分则表现的是死者轪侯夫人的生活景象。各种天上人间神禽异兽的刻画源自上古神话传说，通幅设色浓艳神秘典雅。此外，马王堆3号墓中的三幅帛画，其中一件藏在漆奁之内的气功强身图解，人物单个排列，以显示各自的健身体态，形貌服饰各个不同。另两幅分别张挂在棺室东西壁上，描绘有"导引""耕祠"活动，有车马仪仗数以百计，这是最早的记录现实生活的大型绘画作品。

墓室壁画：汉代的墓室壁画也表现出了很高的艺术水准，同时也是研究汉代社会生活、文化的重要、珍贵资料。（图1-4-11）

四、魏晋南北朝绘画 —— 乱世觉醒的艺文勃兴

1. 概　　述

魏晋南北朝（220 — 589），又称三国两晋十六国南北朝，这个时期从220年曹丕称帝到589年隋朝灭南朝陈而统一中国，共369年。是中国历史上政权更迭最频繁、多国并存的时代。

（1）魏晋南北朝的文化：名士玄谈、道说佛争
魏晋南北朝时期寺院经济和士族庄园占有重要地位，商品经济总体水平较低，思想界却异常活跃，突出表现是玄学的兴起、道教的勃兴、佛教和反佛斗争激烈，文学、绘画、石窟艺术等都打上了佛教的烙印。文化也因分裂割据，不同的地域文化，存在明显的差别，尤其是南北文化差异显著。

（2）魏晋南北朝的绘画：思想解放、绘画活跃
魏晋南北朝延绵369年的乱世，导致士人的言论大活跃与思想大解放，使魏晋南北朝成为中国绘画的活跃期。纸绢卷轴画出现，且多出自士大夫画家之手，利于收藏和流传，从而拉开了我国早期皇室和私家鉴定收藏史的帷幕，并开始了中国绘画的分科意识。自觉赏画群体的出现，观者的品评成为画家必须考量的要素，魏晋南北朝是我国绘画艺术初步成熟的阶段。

魏晋南北朝同时是一个名士迭出、皇帝参与的绘画时代。士大夫阶层最领风骚的人物画家是东晋的顾恺之、刘宋的陆探微、南齐的张僧繇、北齐的杨子华和曹仲达等。另外，根据史载，南朝梁元帝萧绎（约508 — 554）是中国历史上有作品传世的第一位皇帝画家。其所作《职贡图》，描绘滑国、波斯、百济等十二国使臣像，并有题记尽述各国风情及外交关系。

此时，我国绘画史上第一部绘画品评的画论专著 —— 谢赫的《古画品

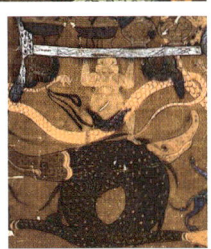

图 1-4-10　马王堆一号汉墓彩绘帛画（上部描绘天界图、中部墓主人升天儿孙祭祀图、下部地下世界图）/ 湖南长沙东郊东屯渡乡 / 西汉 / 1972年出土

图 1-4-11　迎宾拜谒图 / 西汉 / 洛阳八里台西汉墓 / 20 世纪 20 年代出土

图 1-4-12　女史箴图（唐代摹本 局部）/ 顾恺之 / 东晋 / 大英博物馆藏
图 1-4-13　洛神赋图（宋代摹本 局部）/ 顾恺之 / 东晋 / 美国弗利尔美术馆、北京故宫博物院、辽宁省博物馆藏

图 1-4-14　竹林七贤与荣启期图 / 画像砖 / 南朝 / 南京博物院藏

录》诞生，其中论及六法，成为此后画坛绘画评论的基本准则。中国绘画从此出现了高层次的美学追求。

（3）伟大的艺术家与传史名作

主要代表人物是顾恺之，代表作是《女史箴图》《洛神赋图》（图1-4-12、图1-4-13）。另外《竹林七贤与荣启期图》（图1-4-14）虽为墓葬图像，却同样体现出这一时期的名作风范。作为这一时期的伟大杰作主要保存在魏晋时期开凿的新疆克孜尔千佛洞，尤其是敦煌莫高窟魏晋南北朝时期36个洞窟的佛传、佛本生、因缘故事壁画及大量的菩萨、飞天、伎乐天、夜叉等形象。

2. 画坛代表人物 —— 顾恺之

顾恺之（约345 — 406）字长康，小字虎头，人称虎头将军，东晋无锡（今江苏无锡）人。顾恺之出身望族，关于他的生平，曾留传下种种奇闻佚事，例如"尽在阿堵"与"颊上三毫"等。他的率真、任性、单纯、专注、充满真性情的生活态度，被喻为"痴"。他博学多才，才艺过人，工诗赋、书画，曾被当时人称为"才绝、画绝、痴绝"。

顾恺之痴迷专注于他最擅长的人物画，提出了"以形写神""迁想妙得"等画论，是中国美术史、美学史上极其关键的思想。史以顾恺之、曹不兴、陆探微、张僧繇合称"六朝四大家"。

3. 代表作品

（1）《女史箴图》：箴言警世的名作

顾恺之的作品真迹，今已无传。其中最精美的是现藏于大英博物馆的唐代摹本。此图依据西晋张华《女史箴》一文标榜与规范古代宫廷妇女"女德"与节义行为而画，分十二段，每段一个故事，现存自"冯媛挡熊"至"女史司箴敢告庶姬"共9段。作品注重故事情节与人物"以形写神"的表现，用笔如"春蚕吐丝"一气贯之，用色红黑，精致雅丽。故宫博物院另藏有宋代摹本。《女史箴图》中"女史"指宫廷妇女，画中可见她们的身姿仪态，透露出了这些古代宫廷妇女的身份和丰采。

(2)《洛神赋图》：爱情苦恋的名作
《洛神赋图》是顾恺之根据魏国诗人曹植所作《洛神赋》中描写的爱情故事所绘，画作形式为长卷，采用连环画的形式逐层展示，随着情景转换让曹植和洛神三复其形。全卷分为三个部分，在不同的时空中出现梦幻般的山川，诗人与洛神及车马侍从交替出现，极尽诗境之美。原赋中对洛神的描写，如"翩若惊鸿，婉若游龙""仿佛兮若轻云之蔽月"等，在画中都有生动传神的体现。

魏晋南北朝是我国绘画艺术渐趋繁荣的初步成熟阶段。士大夫阶层活跃的思想宣泄，形成了士大夫画家群体。尤其是对绘画的功能、目的、技法、品评标准有了整体的见解，使中国绘画从此出现了高层次的美学追求。

五、隋唐绘画
—— 绚丽开放的盛世华章

1. 概 述
隋唐时期是中国历史上最繁盛的时期。经历长期动荡后，隋唐两朝君主采取了开明与开放的国策，使国力在政治、军事、文化、经济、科技上达到前所未有的强盛。经济上，唐代是当时亚洲各国经济文化交流的中心。文化上，隋唐文学艺术百花齐放、绚丽多彩，中外文化交流频繁。

（1）隋唐人物画：帝王将相、宫苑佛道盛极一时
人物画在隋唐占主要地位。阎立本绘《太宗真容》《历代帝王图》名重一时。又奉诏在凌烟阁画《二十四功臣图》，开启历代画功臣勋将的先例。阎立德、阎立本及尉迟乙僧的人物画，吴道子的道释壁画，张萱、周昉的宫苑仕女画以及以敦煌220窟为代表的壁画，构成了这一时期绘画艺术的最高成就。

（2）隋唐山水画：南北两宗、青绿水墨各美其美
隋唐时期山水画发展成为一门独立的画种。唐代李思训、李昭道父子继隋代展子虔之后将青绿山水画形式、题材、技法提高到新的层次。王维的水墨山水画别开生面，影响了之后中国山水画的发展历史。

（3）隋唐花鸟画：花姿羽态、无所不画、生机勃勃
花鸟画在隋唐时代多流行于宫廷及上流社会，用以对环境的装饰及满足欣赏的需要。如唐贞观时，有太宗召阎立本写生鸳鸯于春苑池的记载；高宗时，薛稷以画鹤著称，尝创六鹤屏风，以后"六鹤图"成为一种定格。唐德宗时边鸾善画折枝花鸟，暹罗国进献孔雀，诏令边鸾图写其貌，翠彩生动。隋唐花鸟画开辟了人与生态互融共处的中国传统绘画意识。

（4）隋唐壁画：功臣佛道、石窟墓室、有壁皆绘
隋唐时宫殿、衙署、厅堂、寺观、石窟、墓室几乎无壁不画。考古发现了大量唐代墓室壁画。其中李贤墓墓道《马球图》形象记录了唐代流行的体育活动及人物风采与氛围。唐李仙蕙墓中的《宫女图》几乎是唐代的选美图与时装发布会。石窟壁画在唐代达到顶峰，敦煌遗存的420窟、329窟、112窟和320窟等，是隋唐壁画的典范。

2. 画坛代表人物及其代表作
人物画代表人物：阎立本、吴道子、张萱、周昉、孙位等。山水画代表人物：展子虔、王维、李思训、李昭道、郑虔等。花鸟画代表人物：李元昌、李元婴、李湛然、冯绍正等。又有曹霸、韩幹画马，韩滉画牛，薛稷画鹤，边鸾画孔雀、刁光胤画花竹等。

（1）展子虔："唐画之祖"青绿山水开门立宗的祖师
展子虔（约545—618），唯一有画迹可考的隋代著名画家，在中国绘画史上占据重要位置。

代表作品《游春图》（图1-4-15）：现存最早的卷轴山水画，乃青绿山水之滥觞，画作上有宋徽宗题签。此图描绘了良辰（早春二月）美景（江南山色水光、花团锦簇、青山佛寺）佳人（贵族）行乐（春游）。全图工整细腻，青绿重彩，情景人物合度，用笔纤细遒劲。画激滟的早春，丰谐而单纯，富丽而天然，已脱离了山水作为人物画背景的地位，独立成幅。

（2）阎立本：传承家学，富于巧思
阎立本（约601—673），贵族世家，唐朝建立后，阎立本和其兄阎立德任将作大匠，后阎立本又迁升为工部尚书。兄阎立德及其父，父子三人并以工艺、绘画闻名于世。

《历代帝王图》（图1-4-16、图1-4-17）为绢本设色，纵51.3厘米，横531厘米。全图共描绘了汉光武帝刘秀、魏文帝曹丕、蜀主刘备、吴主孙权、隋文帝杨坚、隋炀帝杨广等十三位帝王形象。阎立本力求描绘出不同气质特征的帝王，表现其潜在的性格与精神特质，如曹丕锐利而富有挑战性的目光，显露出逼人气势；陈叔宝两眼无神，心灵空虚；杨坚头部微微向下，眼光却向上，呈现出深有城府的自得。画家刻画最具特征的细节，集中在脸部，尤其是最能传递内心的双目和构成表情的嘴。全卷用铁线描，衣纹胡须等匀细而挺拔，用色浓重、晕染周到，技法上已大大发展了单线勾勒的表现能力。

阎立本的人物画还有描绘李世民的《太宗真容》，形象逼真传神，时人誉之为"丹青神化"，被列为"神品"；《秦府十八学士图》是描绘房玄龄、杜如晦等18位文人谋士的肖像，真实生动具体刻画了他们的长相、体形、职服，无不形神毕肖。阎立本的绘画作品今另存有《萧翼赚兰亭图》《步辇图》《职贡图》等。此外，他还设计和主持营造了大明宫。

（3）"画圣"吴道子

古人云：

吴道子（约680—759）又名道玄，唐代著名画家，画史与民间都尊其为"画圣"。其人物画用线风神飘逸，被称作"吴带当风"。

吴道子的作品成为历代画学的范本。他擅长把复杂

图 1-4-15　游春图（绢本绘画）/ 展子虔 / 中国 / 隋代 / 北京故宫博物院绘画馆藏

图 1-4-16　历代帝王图（绢本绘画）局部图 / 阎立本 / 唐代 / 美国波士顿博物馆藏

图 1-4-17　历代帝王图（绢本绘画）/ 阎立本 / 中国 / 唐代 / 美国波士顿博物馆藏

的物体形态归纳成为十分简约的"线"来表达，如衣纹的高、侧、深、斜、卷、折、飘、举的姿势，完全基于线条的真切而传神。创造线的"兰叶描"，充满了韵律美。

吴道子一生，主要画宗教卷轴画和寺庙壁画，其作品遍及全国各大宫观。见于记录有:故事人物《天王送子图》、人物写真《孔圣像》、宗教壁画《地狱变相图》《八十七神仙图》等。

图1-4-18 天王送子图／吴道子／唐代／日本大阪市立博物馆藏

《天王送子图》（图1-4-18）是吴道子的代表作，据记载现存的是宋人李公麟的摹本。这幅画体现了吴道子的基本画风，将历代沿袭顾恺之的游丝描打破，开创兰叶描，用笔讲究起伏变化和内敛的精神力量。

《维摩诘像》是敦煌壁画中生动传神、最具代表性的杰作，传为吴道子所作。此画有"虬须云鬓，数尺飞动，毛根出肉，力健有余"之感，描绘维摩诘坐姿雍容、目光炯炯、聚神凝思之态。（图1-4-19）

图1-4-19 维摩诘像（传）／吴道子／敦煌壁画／唐代

（4）王维：文人画南宗之祖：
王维（701—761），唐朝著名诗人、画家，字摩诘，号摩诘居士。王维才华早显，十五岁时去京城应试，可以写一手好诗，又工于书画，而且还有音乐天赋。于开元十九年（731）状元及第。历官至尚书右丞，故世称"王右丞"。著作有《王右丞集》《画学秘诀》《山水论》《山水诀》。王维参禅悟性，读庄研道，他是文学、诗歌、绘画、音乐全才，以诗名盛于开元、天宝间。昔人曾誉王维为"诗佛"，与"诗圣"杜甫、"诗仙"李白并提。

无论诗画，王维都以天人本真、天然去雕饰的风格创造出"诗中有画，画中有诗""诗中有禅"的意境，既在诗坛开宗立派，也在画坛也树起了一面独特的旗帜。

王维在绘画史上最重要的价值在于他的美学影响。苏轼说："味摩诘之诗，诗中有画；观摩诘之画，画中有诗。"因而他笔下的山水极其富有神韵，表现出悠远深长的诗境，代表作如《江干雪霁图》《千岩万壑图》《雪溪图》等。王维追求的画义、画境、画风，影响了中国绘画史的发展取向，尤其是开创了山水画发展的新方向。（图1-4-20）明朝董其昌创文人画学说，以禅喻画，对王维推崇备至，奉王维为文人画南宗之祖。

图1-4-20 江干雪霁图（宋摹本）／王维／唐代／现藏于日本

（5）李思训：山水画"北宗"之祖
李思训（651—716），字建睍，陇西成纪（今甘肃秦安）人，世称"大李将军"。善画山水、楼阁、佛道等，尤以金碧山水著称。《唐朝名画录》称他为"国朝山水第一"。其代表作《江帆楼阁图》描绘了一幅游春情景，近景山岭间松桃竹相互掩映，山外江天空阔，烟水浩淼，意境深远。作者以劲利遒韧的线条，古雅绚丽的金碧设色，山石林木以曲折的细笔勾勒，画树交叉取势，变化多姿。整个画面山势起伏，江天辽阔，气势非凡。（图1-4-21）。

（6）张萱：擅长绘宫廷贵妇、鞍马名冠的画家

张萱（生卒年不详），长安（今西安）人，玄宗开元十一年任史馆画直。张萱两件重要的代表作即《虢国夫人游春图》和《捣练图》。

《虢国夫人游春图》（图1-4-22）描绘杨贵妃之姊虢国夫人乘宫马春游之情景，人马、服饰尽显唐人风致，真实地描绘了唐代上层贵妇的闲散享乐。虢国夫人与其妹头上所梳的堕马髻，慵闲华贵，很好地揭示了人物所处的社会阶层与相应气质。全卷以细劲圆活的线条描绘，端凝中显出柔婉，体现大唐盛世的雍容繁华。

《捣练图》（图1-4-23）描绘了从捣练到熨练全部劳作中的情态及场面，人物间的相互关系谐调而自然。最成功在于人物形象与动态的刻画，记录了盛唐宫中贵妇的生活情状与装扮模样，她们体态丰腴、面若满月，服饰华丽、艳而不俗。画家以生动的笔触抓住了宫中贵妇的动态，如捣练间歇的挽袖、扯绢因用力而使身体微微后仰、缝制中灵巧地理线等，小女孩看熨练时和嬉戏、顾盼等细节更增添了画面欢快真实的情调。

（7）周昉：一个虚心听取大众点赞与拍砖的画家、一个描绘皇家生活奢靡浪漫的画家

周昉（公元8世纪—9世纪初），字仲朗、景玄，京兆（今陕西西安）人。擅画人物、佛像，尤其擅长画贵族妇女。因为亲近皇室，他能具体地描绘唐明皇和杨贵妃的私生活，作品如《明皇纳凉图》《杨妃出浴图》《太真教鹦鹉图》。这些作品直接表现唐朝皇家私生活的真实情景。周昉创造的最著名的佛教形象是体态端严的"水月观音"，形成了自己的独特艺术范式——水月体。后人将周昉人物画的造型尊为"周家样"，与"曹家样"（北齐曹仲达创）、"张家样"（南朝梁张僧繇创）、"吴家样"（唐代吴道子创）并立，合称"四家样"。

周昉的代表作品《簪花仕女图卷》（图1-4-24）取材宫廷装饰、华丽娇艳的嫔妃们在庭园中闲步的情景。恰如唐朝宫廷T台的时装发布。人物雍容丰腴，步态悠缓规范，表情不时亮相，充分显示出身份感与

从左至右依次为
图 1-4-21　江帆楼阁图 / 李思训 / 唐代 / 台北博物馆藏
图 1-4-22　虢国夫人游春图（宋摹本）/ 张萱 / 唐代 / 辽宁省博物馆藏
图 1-4-23　捣练图 / 张萱 / 唐代 / 美国波士顿美术馆藏
图 1-4-24　簪花仕女图 / 周昉 / 唐代 / 辽宁省博物馆藏

图 1-4-25　牧马图、照夜白图 / 韩幹 / 唐代 / 台北故宫博物院藏、美国大都会博物馆藏
图 1-4-26　宫乐图 绢本没色 / 佚名 / 台北故宫博物院藏

图 1-4-27　高逸图卷 / 孙位 / 唐代 / 上海博物馆藏

舞台感。这幅画重在对人物形象及动态的刻画，描绘了她们华丽的外表，生活中的寂寞、闲散。周昉主导了中唐仕女画的风格，笔下的女性形象体现出典型的唐人审美标准：以体态丰腴为美，丰颊广眉，高髻簪花，服饰华丽，色彩浓艳。

（8）韩幹：古代画马第一名家。
韩幹（约706—783），以画马著称，陕西蓝田人。韩幹少年时当过酒店的雇工，后来被王维发现而赏识，带入绘画之门，学而有成被召为宫廷画师。因喜欢画马，代宗李豫命他拜当时画马名家陈闳为师，他说"不"："臣自有师，陛下内厩之马，皆臣师也。"他是一个进入马厩，开创为画马而实地体验的画家，被誉为"唐朝画马第一"。

韩幹的代表作品《牧马图》（图1-4-25）：图中画黑白二马，胡人奚官虬髯头巾骑一控二，手执缰缓行。此图让人看到健硕伟岸的黑白两马与牧马奚官，黑马配朱地花纹锦鞍，奚官虬髯踞中，画面虚实对比，疏密有致，通幅神彩奕奕。

"照夜白"是唐玄宗最宠爱的一匹名马。好马是不甘羁束的，《照夜白图》中被栓的照夜白仰天长嘶，犹如不忘扬蹄疆场的岁月，充分展示骏马生命的本质。照夜白的体态饱满矫健，动态昂首扬蹄呼应相照。

隋唐是中国历史上继西汉之后中外经济文化交流的第二个高峰，也是政治、经济、文化的盛世，更是绘画的盛世，绘画艺术成就空前。

六、五代两宋绘画
—— 宋风雅韵的精英峰峦

1. 概　述
五代十国是对五代与十国的合称，指唐朝灭亡到宋朝建立间的割据、战争时期，战争、征赋不断使社会经济、文化受到极大影响，但在绘画创作方面却呈现异样的风采。

两宋分为两个阶段：北宋（960—1127）和南宋（1127—1279）。宋代开国"以唐为鉴"，采取重文轻武，文人治国方略，经济繁荣可谓前所未有，百业兴隆，对外通商，开发江南，各种学术成就令人瞩目。

"宋型文化"是精英文化、雅文化的一座峰峦。宋代是中华文化发展史上的又一高峰期，形成了独具风采的"宋型文化"。儒学复兴,理学崇行,尊师重教,书院成型,佛道发展。出现了"古文运动","词盛于宋",兴起了话本,史学、方志学、金石学等。宋朝服饰简洁质朴、淡雅恬静,创一时风尚。五大名窑盛誉天下,成为一个时代的文化经典。纸张的生产与活字印刷术为文化繁荣提供了基础,宋刻书堪称后世典范,书法绘画开创了一代新风,在士大夫文化全面发展的同时,俚俗文化、市井文化也进入大发展阶段。

2. 五代画坛

（1）五代人物画

代表人物有：顾闳中（910—980），江南人，南唐画院待诏。周文矩（生卒年代不详），句容人，南唐后主时画院翰林待诏。贯休（832—912），俗姓姜，字德隐，婺州兰溪人，画承阎立本风格，后自成一家。代表作品如下。

①卧底偷拍式的人物画：顾闳中《韩熙载夜宴图》

出于政治原因，南唐后主李煜命顾闳中偷画韩熙载夜宴情状，成为绘画史上一大传奇。因此，我们今天能看到顾闳中唯一的传世作品《韩熙载夜宴图》长卷（图1-4-28）。该画真实地描绘了在封建乱世、坎坷宦途中官吏富豪韩熙载醉生梦死、纵情声色的夜宴作乐，为古代人物画目识心记默写的杰作。

图1-4-28 韩熙载夜宴图（宋摹本）局部图 / 顾闳中 / 五代南唐 / 北京故宫博物院藏

②屏风上画屏风：周文矩《重屏会棋图》

描绘南唐中主李璟与兄弟们在厅堂下围棋的场景，该作品的巧妙构思在于背景的屏风上又画有屏风，所以称为"重屏"。（图1-4-29）

图1-4-29 重屏会棋图 / 周文矩 / 五代南唐 / 北京故宫博物院藏

③风格奇崛古拙造像的画：贯休《十六罗汉像》

《十六罗汉像》（图1-4-30）为宋摹本。该系列画作均为绢本设色，画中罗汉皆用铁线描，运笔凝重，快慢顿挫，极富韵律。

（2）五代花鸟画："黄家富贵"和"徐家野逸"

五代花鸟画有以黄筌和徐熙为代表的两大派，黄筌的勾填法和徐熙的落墨法，表现不同的审美意趣。

徐熙（生卒年不详），金陵（今江苏南京）人。擅于向田野自然取材，无论"豆棚瓜架，花鸟禽鱼"，都寻求"野逸"之趣。他自称"落墨为格，杂彩副之"。上海博物馆藏《雪竹图》（图1-4-31）被认为是反映徐熙风格的代表画作。

黄筌（903—965），字要叔，成都人。北宋初年与子黄居宝、黄居寀、黄居实入宋代画院。黄筌花鸟取材于宫苑珍禽，他以精工细绘创造富丽堂皇、充满"富贵"之气的宫廷绘画。故宫博物院藏《写生珍禽图》（图1-4-32）是他的代表作。

图1-4-30 《十六罗汉图》之因揭陀尊者 / 贯休 / 五代 / 日本宫内厅藏

（3）五代山水画："荆关峻厚"和"董巨清润"

①北方山水画

五代山水画在意境和审美情趣上表现出各种不同的山川风貌和创造出富有个性的意境。如荆浩、关仝作品中出现的是"云中山顶，四面峻厚"的典型北方山水。荆浩，字浩然，沁水（今属山西）人，于唐末隐居太行山洪谷，自号洪谷子。他的画继承了大唐盛世的文化气度，开创了以描绘大山大水、大开大阖、气势皇皇的北方山水画派。《匡庐图》（图1-4-33）相传是他的作品。描绘庐山景象，气势宏大，结构严谨。《关山行旅图》是五代时期北方画家关仝创作的一幅绢本水墨画，描绘了北方山区深秋的景色，不仅绘制了人物的行旅活动，又带有一定的叙事性。既表现出了山川的雄奇，又反映了人们生活的艰辛。作品布景兼"高远"与"平远"二法，用笔简练，苍劲老辣，墨韵跌宕起伏。

②江南山水画

董源、巨然作品中出现的是"溪桥渔浦，洲渚掩映"的南方山水。董源（？—约962），字叔达，锺陵（今江西进贤）人。他的山水画以江南景色居多，草木丰茂，秀润多姿，平淡天真。传世的《夏山图》《夏景山口待渡图》《潇湘图》（图1-4-36），都是描写江南山峦丘陵、风雨明晦中的平远景色，这是董源开创的一种新风范。

巨然，生卒年不详，是著名画僧，锺陵（今江西南昌）人，师法董源，擅山水，《秋山问道图》为巨然传世名作之一，以立幅构图画重峦迭起的山峰，下部清澈的溪流，曲折小路蜿蜒通向山中，山坳处见茅舍，其中一人正坐于蒲团之上与侧身坐着的人侃侃"问道"。画面下部画有曲折的岸堤，坡岸上草木丛生，水边蒲草轻曳，尽显秋高气爽的意境。

3. 两宋画坛

（1）两宋画坛概况：皇帝画家领导宫廷画院，文人书画、民间职业画家、绘画市场空前繁荣

徽宗赵佶、高宗赵构时代，是宋代宫廷画院最为鼎盛的时期，画院规范，画师汇聚。此时期将画家的地位提到历史上最高的位置，发展了宫廷绘画，赵佶个人的书画也独树一帜。文人士大夫中涌现了仲仁、扬无咎、文同、苏轼、米芾、米友仁、赵孟坚等绘画大家，成为后世文人画家追随学习的典范。北宋民间

图1-4-31 雪竹图轴/徐熙/五代/上海博物馆藏

图1-4-32 写生珍禽图/黄筌/五代/北京故宫博物院藏

图1-4-33 匡庐图/荆浩/五代/台北故宫博物院藏
图1-4-34 关山行旅图/关仝/五代/台北故宫博物院藏
图1-4-35 秋山问道图/巨然/五代/台北故宫博物院藏

有善画"照盆孩儿"的刘宗道，画楼阁建筑的"赵楼台"，画婴儿的"杜孩儿"，在汴京享有盛名。

①两宋人物画：市井世俗成了人物画主题

人物画面向现实生活，反映现实生活。题材扩展到描绘城乡市井人世习俗的方方面面：如李嵩《货郎图》、燕文贵《七夕夜市图》等，描绘民俗节令画如《岁朝图》《五瑞图》。描绘贵族文人生活如李公麟

图1-4-36　潇湘图（局部）/ 董源 / 五代南唐 / 北京故宫博物院藏

《西园雅集图》、赵佶《听琴图》。宋代道释壁画的风范仍然保持了相当规模。

② 两宋花鸟画：观察入微、注重写生、开创新风的花鸟画

宋徽宗赵佶本人是个出色的花鸟画能手，他的画院拥有一批技艺高超的花鸟画专家，强调写生与精细的观察，使花鸟画达到了形神兼备的境界。

③ 两宋山水画：从溪山行旅到一角半边的山水画

此时山水画逐渐跃居绘画的主体地位，呈现出巨匠辈出、异彩纷呈的繁荣景象。从北宋到南宋，国家格局的变故，或许是使画家们取材从全景式到一角半边的一种内因。

两宋宫廷绘画的皇室亲力，士大夫绘画的逸兴遄飞，民间绘画的崛起勃兴，呈现出绘画史上空前的繁荣局面。

（2）两宋画坛代表人物及作品

① 范宽："北宋三大家"之一

范宽（950—1032），又名中正，字中立，陕西华原（今陕西铜川）人。其代表作品《溪山行旅图》（图1-4-37）是台北故宫三宝之首。画中巨嶂直面耸矗，涧中长瀑直泻而下，具有大开大阖、峰峦压顶逼人的磅礴气势。山下杂树丛生，溪水潺潺。山路上有旅人赶着驮队，犹如能闻驴蹄之声。范宽的山水，峰峦浑厚端庄，气势壮阔伟岸，雄奇险峻，境界浩莽，笔墨厚实而滋润，被称为"宋代绘画第一神品"。这是画史上第一幅有画家署名隐藏在树丛中的作品。

② 郭熙：绘画和画论在中国画史上地位极其重要

郭熙（约1000—约1090），字淳夫，河阳温县（今河南孟县东）人。熙宁元年召入画院任翰林待诏。经常在硕大壁面作长松大树，曲溪断崖，但山水委婉，境界幽深而灵动飘渺。著有画论《林泉高致》。其代表作品《幽谷图》（图1-4-38）构图别致，在狭长的立幅上累积变幻的山石，寒树数株，石罅中泻出清泉一股，沉寂中显示出生机，通幅凸显谷中之幽，用笔简约，幽深冷峻，有景藏意深之妙。

③ 苏汉臣：天真和乐的儿童画、风俗画翘楚

苏汉臣（1094年—1172年）是北宋宣和年间的画院待诏，以画儿童题材的作品见长，他下笔纤细、准确，善于把握特定环境下儿童的心理和动态，并通过儿童的活动来反映风土民情。其代表作《长春百子图卷》幅描绘春、夏、秋、冬四时百童嬉戏的情景，有荡秋千、骑木马、下棋、钓鱼、采荷、扑蝶、斗蟋蟀、踢球等各种游戏。户外庭院，四季景色分明，孩童尽兴玩耍，个个天真活泼，成功地表现了儿童形象及其游戏时天真活泼的情趣，笔法简洁劲利，色彩明丽典雅。（图1-4-39）

④ 马远：与李唐、刘松年、夏圭并称"南宋四大家"

马远（约1140—约1225），字遥父，号钦山，原籍

图1-4-37　溪山行旅图 / 范宽 / 北宋 / 台北故宫博物院藏

图1-4-38　幽谷图 / 郭熙 / 北宋 / 上海博物馆藏

图1-4-39 长春百子图(局部)/苏汉臣/南宋/台北故宫博物院藏

河中（今山西永济）。南宋光宁两朝画院待诏。马远山水用大斧劈皴，气度开阔。但常取景一涯一角，世称"马一角"，是绘画史上富有独创性的大家。其代表作品《踏歌图》（图1-4-40）是一幅民俗山水画：清旷的空间，挺拔的山峰，隐现的宫阙，如幻的雾岚，欢笑的踏歌；近处田垅溪桥，疏柳翠竹掩映，几位老农边歌边舞，庆丰年于垅上，是中外画史上反映时代风貌的罕见杰作。其《水图》（图1-4-42）为十二幅册页，表现了江河湖海水的奇幻多姿，取材独特。作品用各种灵动多变的笔法，表现了洞庭风细、层波叠浪、寒塘清浅、长江万顷、黄河逆流、秋水回波、云生沧海、湖光潋滟、云舒浪卷、晓日烘山、细浪漂漂；把水的状态分析描绘得淋漓尽致。

图1-4-40 踏歌图/马远/南宋/北京故宫博物院藏
图1-4-41 瑞鹤图/赵佶/北宋/辽宁省博物馆藏

⑤赵佶：出色的艺术家，失败的宋徽宗
赵佶（1082—1135），宋朝第八位皇帝。自幼爱好兴趣广泛，在书法绘画方面更表现出非凡天赋，以"瘦金体"传世，并创建翰林书画院"宣和画院"。

其代表作品有签押"天下一人"的传世作品《瑞鹤图》（图1-4-41），此图是赵佶的"御笔画"，画上题跋："政和壬辰上元之次夕，忽有祥云拂来，低映端门，众皆昂而视之，倏有群鹤，飞鸣于空中，仍有二鹤，对止于鸱吻之端，余皆翱翔，如应节奏"。赵佶用他天赋的绘画技能，留下中国绘画史上装饰象征主义绘画的杰作，开创了后世祥瑞主题的画风。

图1-4-42 水图/马远/南宋/北京故宫博物院藏

⑥梁楷：参禅入画、视画非画、离经叛道、穿越时空
梁楷，南宋人，生卒年不详，祖籍山东，曾任南宋画院待诏。他是一个行径相当特异的画家，喜好饮酒，酒后行为不拘礼法，人称是"梁风

（疯）子"。其代表作品《泼墨仙人图》（图1-4-43）

画一位仙人大肚能容，宽衣敞怀，袒腹而行，步履蹒跚，憨态可亲。是一副既坦荡天真又莫测高深的滑稽相，使仙人有既不同凡人又一副玩世不恭的形象。大片泼墨，淋漓酣畅、笔简神具、自然潇洒，绝妙地表现出仙人貌似颠顶而心中洞察万物的精神状态。自此，写意画由梁楷推上了一个新的高度。

⑦武宗元：擅画道释人物

武宗元（约980—1050）初名宗道，字总之。河南白波（今河南洛阳）人。真宗景德年间，建玉清昭应宫，征全国画师，武宗元被征为玉清宫左部之长，曾为开封、洛阳各寺观作大量壁画。

其代表作品《朝元仙仗图》（图1-4-44）人物形象端庄丰满，仪态万方，气象不凡。这是一幅道教壁画的稿本，画的是道教诸天神仙朝谒天帝的仪仗行列，共81人，神仙姿容脱俗，风吹衣袂，线条高古游丝，气象非凡。

图 1-4-43　泼墨仙人图 / 梁楷 / 南宋 / 台北故宫博物院藏

⑧张择端：仅有71个字记载身世的难解之谜

张择端，生卒年不详，字正道，琅琊东武（今山东诸城）人。早年游学汴京，后习绘画，宋徽宗北宋宣和年间任翰林图画院待诏。张择端的身世，现存史料中有关信息即《石渠宝笈三编本》中的跋文："翰林张择端，字正道，东武人也。幼读书，游学于京师，后习绘事。本工其界画，尤嗜于舟车、市桥郭径，别成家数也。按向氏《评论图画记》云:《西湖争标图》《清明上河图》选入神品，藏者宜宝之"。

其代表作品是世界绘画史上独一无二的、现场录像式的北宋都市风俗画《清明上河图》（图1-4-45）。《清明上河图》是中国十大传世名画之一。全景式记录了中国12世纪北宋都城汴京的繁华，让我们看到当时的城乡面貌和各阶层人士的衣食住行与礼仪习俗，是北宋社会生活的写照。其特点是广阔而详尽地展示了现状和动态，有极高的观赏价值与研究价值。

《清明上河图》为绢本设色，纵长528.7厘米，宽25.2厘米，全图规模宏大，结构严密。用笔兼工带写，设色淡雅，构图采用鸟瞰式全景法，以不断移动的散点透视来摄取景象，繁而不乱，长而不冗，段落分明，主从相适，首尾呼应，全卷浑然一体。画中每个人物、景象都安排得恰到好处，居住、劳作、交往、交易无不如在目前。整幅画作气势宏大，以高超的写实技艺作了极其出色的细节描绘。

图 1-4-44　朝元仙仗图（局部）/ 武宗元 / 北宋 /（美）王季迁收藏

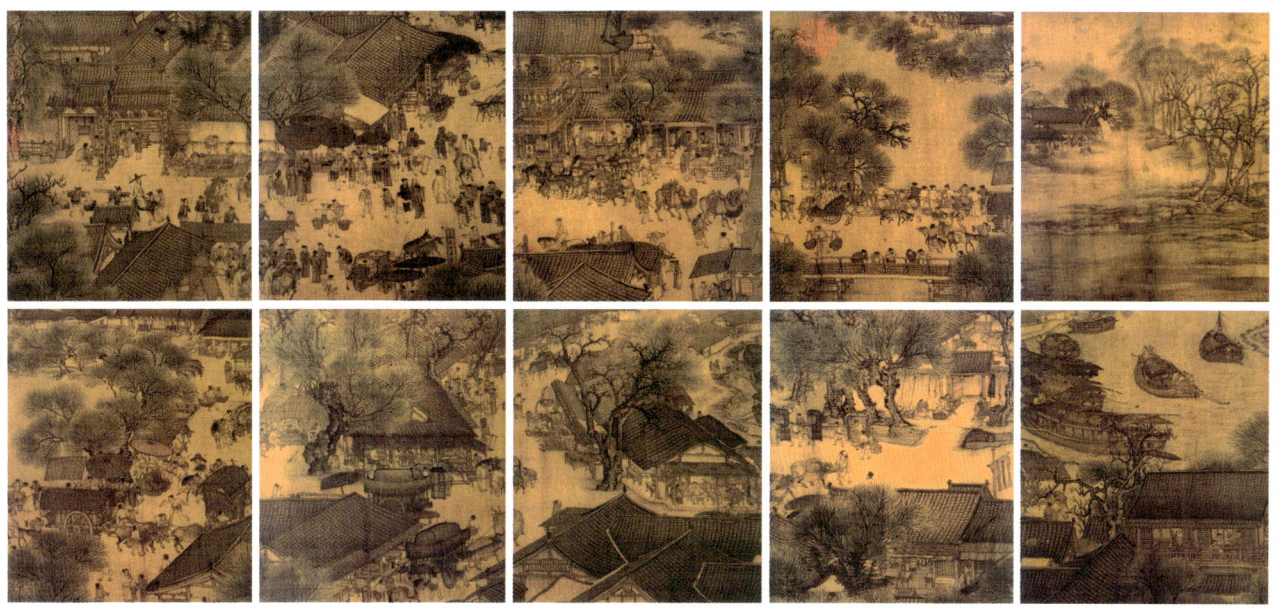

图 1-4-45　清明上河图（局部）/ 张择端 / 北宋 / 北京故宫博物院藏

图 1-4-46　潇湘竹石图、枯木竹石图 / 苏轼 / 北宋 / 中国美术馆藏、日本私人藏

⑨苏东坡：一个时代的文化代表人物

苏轼（1037—1101），字子瞻，号东坡居士，眉州眉山（今四川眉山市）人。苏轼在诗、词、散文、书画等方面都留下了出类拔萃的作品。其诗题材广阔，清新豪迈，与黄庭坚并称"苏黄"；其词开豪放一派，与辛弃疾并称"苏辛"；其散文纵论今古，开阖自如，与欧阳修并称"欧苏"，为"唐宋八大家"之一。苏轼善书，为书法"宋四家"之一；苏轼画擅墨竹、怪石、枯木等。苏轼的创造性活动不局限于文学、书法、绘画，对医药、烹饪、水利等均有所贡献。苏轼体现着典型的宋代文化精神。

林语堂《苏东坡传》中说：苏轼的意义主要有两点，首先，苏轼的人生态度成为后代文人景仰的范式：进退自如，宠辱不惊。他能处变不惊，无往而不可。其次，苏轼的审美态度为后人提供了富有启迪意义的审美范式，他以宽广的审美眼光去拥抱大千世界，所以凡物皆有可观，到处都能发现美的存在。这种范式在题材内容和表现手法两方面为后人开辟了新的世界。

苏轼的代表作品如《潇湘竹石图》（图1-4-46），此图诗画合璧手卷构图，竹石之后隐现潇、湘二水在此汇合，遥接茫茫无际洞庭。远水近山，烟云竹石，是心灵情绪的挥洒，堪称中国艺术的印象派。

⑩李公麟：用线的白描大师

李公麟（1049—1106），字伯时，号龙眠居士，北宋舒州（今安徽桐城）人。擅画人物、释道、鞍马，在宋代享有"白描当世第一""独步画坛""宋画第一"等美誉。李公麟纯用线条和浓淡墨色描绘实物的白描画法成为后人学画的典范。其代表作品《五马图》（图1-4-47）以白描画了五匹西域进贡的骏马。五匹骏马，美名为：凤头骢、锦膊骢、好头赤、照夜白、满川花，各具其美，五种姿态，五种神采，

图 1-4-47　五马图 / 李公麟 / 北宋 / 故宫博物院藏

五个奚官，五种历练，五种表情，或骄横，或气盛，或谨慎，或老成，或颟顸，各具其态。李公麟用笔简练，用线抓形抓神极具表现力。

综上所述，五代两宋绘画是中国古代绘画发展的一个重要时期，它所反映的广泛现实生活内容，在古代绘画史上是极为突出的，以两宋绘画为代表的宋风雅韵的"宋型文化"，是精英文化、雅文化的一座峰峦。

七、元明清三代绘画 —— 羽化蜕变的笔墨逸姿

1. 元代概述

元代（1271—1368）统一后持续对外扩张，元中期政变频繁，后期政治腐败，经济以农业为主，整体生产力低于宋。元曲、杂剧开创了中国戏剧文化的历史高峰。元曲与汉赋、唐诗、宋词并称为中国优秀文学遗产。元代绘画是中国文人画的重要时代。

（1）元代画坛概况

元代未设画院，士大夫尤其是在野的文人画家成为画坛主流。元代文人绘画崇尚古意简逸和士夫书卷气。他们追求笔情墨趣、逸笔草草，提出以书法用笔入画，诗、书、画三结合的文人画表现形式备受推崇。元代绘画以山水画为盛，山水最体现文人画意味，其创作思想、艺术追求、风格面貌对后世影响深远。

图 1-4-48　秋郊饮马图（局部）/ 赵孟頫 / 元代 / 北京故宫博物院藏

图 1-4-49　永乐宫壁画（局部）/ 元代 / 山西芮城

（2）元代画坛代表人物

①赵孟頫："元人冠冕"开创元一代画风

赵孟頫（1254—1322），字子昂，号松雪道人，生于吴兴（今浙江湖州）。他是宋太祖赵匡胤的第11世孙。宋亡后，元世祖对他颇为礼敬，直至延祐三年（1316），官居一品，名满天下。赵孟頫具有经世济民的才能，博学又能诗善文，工书法绘画，擅金石，通律吕，精于鉴赏，特别是书法和绘画成就最高，精于篆、隶、真、行、草各种书体，他的楷书、行书作为模版传承后世。赵孟頫上承唐宋绘画创导的文学化造境，下启元以后的文人画运动，与唐代欧阳询、颜真卿、柳公权并称"楷书四大家"。其代表作品《秋郊饮马图》（图1-4-48）绘江南初秋郊外牧马的情景，岸边林木秋色，湖水平静如镜，一红衣奚官骑马持鞭，正侧首看着嬉戏的二马。十匹马有的步入河中饮水，有的在岸边嚼草，有的互相追逐，有的引颈长鸣，动态各异。整个画面绿岸、丹枫、红衣，淳厚而富韵致，严谨而蕴隽秀；浓郁

中透着清润，工整中不乏飘逸。

② 黄公望：中国山水画百代之师
黄公望（1269—1354），字子久，号一峰，常熟人。中年隐居江湖，皈依"全真教"，是元代著名全真派道士，别号大痴道人。他留恋山水，如痴如醉，终日在山中静观默悟，废寝忘食。观察朝暮变幻，得之于心，运之于笔。晚年居富春江时，经常对景写生。晚年变法，自成一家，被后世推崇为中国山水画百代之师，其作品水墨纷披，苍率潇洒，境界高旷。其代表作品《富春山居图》（图1-4-50）是元代的绘画杰作，也被称为"中国十大传世名画"之一。此图为纸本长卷水墨画，长636.9厘米，高33厘米，描绘了富春江两岸初秋的景色，山峰起伏，林峦蜿蜒，平岗连绵，江水连绵，云山烟树，沙汀村舍；境界辽阔舒展，布局疏密跌宕，伟岸气势中透一脉秀逸，苍莽山川中见笔清墨润；把浩渺连绵的"山川浑厚，草木华滋"的境界表现得形容尽致。构图上，删繁择要，淡远空阔；技巧上，用笔简约利落，用墨韵律滋润；平中见隽，一股仙风道骨神韵。该画作被称为南宗文人画第一神品。

两画合璧 盛世轶事
黄公望《富春山居图》被誉为"画中兰亭"，但历史上历经辗转珍藏，又被焚烧殉葬，分为两截，遭遇种种坎坷离合故事。后又长期分隔于大陆和台湾。终于2011年6月，两部分画作在台湾同时展出，实现了"山水合璧"。

③ 倪云林：格调高逸 文人经典
倪瓒（1301—1374），元末画家、诗人。初名珽，字泰宇，后字元镇，号云林子等。江苏无锡人。倪瓒少年家富，家中有藏书楼"清闷阁"，内藏典籍，每日精心研读，亲手勘定。阁内还藏有三国钟繇、宋代米芾、董源、李成、荆浩的名作，倪瓒朝夕把玩，心摹手追，常外出游览写生，画卷盈笥。他一生未仕，元顺帝至正初忽散尽家财，浪迹太湖20年，行踪漂泊无定，以诗画自遣。

倪瓒以他的学养、品性开创了中国文人画的经典时代。他的画作境界旷远、静谧恬淡，画境极简，章法极简，笔墨极简，"有意无意，若淡若疏"的画，融入他古淡天真的书法题咏、自然清隽的诗作，格调境界，前所未有，形成简约、疏淡、高逸的一派画风，把文人画推向极致。其代表作品《渔庄秋霁图》（图1-4-51）

呈现出文人气质山水画的典型风格。坡峦平远、意境空旷、杂树几枝，空白一片寓意为湖水浩淼。倪瓒性格孤僻狷介，史料记载其有"洁癖"，时人称为"倪迂"。倪瓒提出绘画当抒自己情怀，反对刻意求工、求似，曾云："仆之所谓画者，不过逸笔草草，不求形似，聊以自娱耳"。"余之竹聊以写胸中之逸气耳！"他是文人画"高逸"概念的奠基者。

④ 王蒙："元气磅礴""纵横离奇，莫辨端倪"
王蒙（1308—1385），元末画家，字叔明，号黄鹤山樵。赵孟頫外孙。年轻时隐居黄鹤山几十年，作品写景以繁密见胜，布局多重山复水，重峦叠嶂，长松茂树，气象蓊蒙，生气充沛，变幻万端；自创"水晕墨章"，寄秀润清新于厚重浑穆之中。作品对明、清山水画影响甚大。其代表作品《青卞隐居图》（图1-4-52）绘重山累峰，用笔苍茫，有蓊蒙蕴秀、浑厚华滋的美感，被董其昌誉为"天下第一"。

⑤ 吴镇：苍茫沉郁，古厚纯朴
吴镇（1280—1354）字仲圭，号梅花道人，浙江嘉善人，擅画精书工诗文。吴镇修炼三教（儒、道、释），达生知命，隐居不仕，清贫以诗画自乐，曾在村塾中教书，于钱塘等地卖卜。多画乡间渔父、古木、竹石等寻常物，画山水、梅花境界独出心裁，有深沉浑朦、古朴纯净的气息。代表作品有《松泉图》（图1-4-53）等。

2. 明代概述
明代（1368—1644）商品经济发达，工商业繁荣，城市化、手工业崛起，是当时世界上经济最繁荣的国家之一。

（1）明代画坛概况
明代是画风迭变，画派繁兴的时代。绘画的门类、题材日趋丰富，文人墨戏成流行风尚。绘画派系林立，但主要是师承南宋院体风格的宫廷绘画和浙派以及传承文人画气质与画风的吴门派和松江派、苏松派等。水墨山水和写意花鸟流行，人物画开始出现了写真肖像画，开创了变形人物画。明代也是民间绘画、版画

 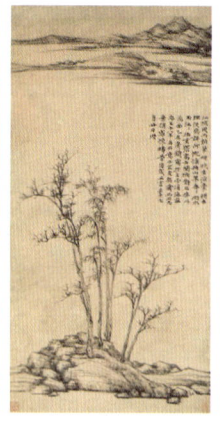  

从左至右依次为
图 1-4-50 富春山居图 / 黄公望 / 元代 / 浙江省博物馆、台北故宫博物院藏
图 1-4-51 渔庄秋霁图 / 倪瓒 / 元代 / 上海博物馆藏
图 1-4-52 青卞隐居图 / 王蒙 / 元代 / 上海博物馆藏
图 1-4-53 松泉图 / 吴镇 / 元代 / 南京博物馆藏

崛起的阶段。

（2）明代画坛早期代表人物：继承南宋院体画风的浙派为主流
明初自宣德至正德年间，宫廷绘画与浙派并列雄踞，呈双峰之势，成为绘画的主流。

明代宫廷绘画得到皇室参与，如明宣宗、宪宗、孝宗都喜好绘画，盛行山水、花鸟，人物画以描绘明室宫廷帝后的肖像和行乐生活图景为主。

主要代表画家有："浙派三大家"之称的戴进、吴伟、蓝瑛，被称为"明代马远"的王谔、擅长工笔重彩的边景昭，以水墨写意花鸟著称的林良，工写结合的吕纪，等人。

代表作品有如戴进的《风雨归舟图》（图1-4-54），描绘风雨交加降临的山河，舟船颠簸，行者逆风，风雨滂沱、气势撼人，凸显的是运用宽阔的湿笔，斜扫过画面，化无形为有形，构图动势强烈，笔墨奔放纵恣，如此画风雨的表现方式，为此前所未有，成为后来画家描绘风雨山水图的典范。

（3）明代画坛中期代表人物：有作品有故事的吴门四家——沈周、文徵明、唐寅、仇英

① 沈周：吴门画派领袖
沈周（1427—1509），字启南，号石田、白石翁、有竹居主人等。长洲（今江苏苏州）人。一生不应科举，专事诗文、书画，是明代中期"吴门画派"的开创者。纵观沈周绘画，功力深厚，用笔沉着稳练，内藏筋骨。晚年笔墨粗简豪放，融南入北，气势雄浑。其代表作品《庐山高图》（图1-4-55）是为祝贺老师陈宽七十寿辰的精心创作。陈宽祖籍江西，所以描绘江西庐山之高，隐喻老师的人格高尚，"高山仰止，景行行止"表达对老师的无上敬意。《庐山高图》以高远全景式构图，包涵名山大川飞瀑，气势庄重。主峰给人以崇高雄浑，厚重质朴之感。此图构图自下而上，由近及远，一气呵成，整体贯串而曲折婉转。笔法稳健，充满着坚定的节奏和力感，细节之处画得一丝不苟。

② 文徵明：大器晚成的吴门大才子
文徵明（1470—1559），原名壁，字征明。更字徵仲。号衡山居士，世称"文衡山"，长州（今江苏苏州）人。他性情温和而儒雅，为人谦和而耿介，正德末年授翰林待诏。他不事权贵，不久便辞官归乡。文徵明文化造诣超群绝伦，人称诗、文、书、画"四绝"全才。作品以细腻的心态、细致的笔墨画山水为主，与沈周的雄健厚敦、粗犷疏略的画风不同。收藏界历来有"粗文细沈"之说，文徵明书画的美学价值在于确立了"雅饬"与"逸韵"之美。

其代表作品《兰亭修禊图》（图1-4-56）体现的是晋朝王羲之"兰亭序"文中记录的实况——王羲之与谢安、孙绰等四十一位文士名流曲水流觞的雅集。这幅作品之中，以兼工带写的方法描绘了临流水而坐的文人，动态刻画相互呼应，交谈状，吟诗状，顾盼状，情态各具。图中如王羲之"兰亭序"所写：此地

有崇山峻岭，茂林修竹，又有清流激湍，映带左右。建筑人物刻画皆极精工，全图于绚烂精微之中不失"雅饬"与"逸韵"之美。

③唐寅：内心郁闷的一代风流才子

唐寅（1470—1524），字伯虎，后改字子畏，号六如居士、桃花庵主等，苏州府吴县人。弘治十一年唐寅中应天府乡试第一。弘治十二年唐寅入京参加会试，因牵连徐经科场案下狱，后被罢黜为吏。妻子改嫁，一生坎坷。后寻访名山高士，卖文鬻画，纵情酒色，驰名天下，与祝允明、文徵明、徐祯卿并称"吴中四才子"。

唐寅山水画打破门户之见，对南宋院体及元文人山水画兼收并蓄。水墨写意花鸟明净洒脱，笔墨疏简精当。人物、仕女画形象准确而神韵独具，线条抑扬起伏，笔墨流动爽利，敷色妍丽，气象高华。其代表作品《秋风纨扇图》（图1-4-57）用洗练飘逸的线条，画了一位手持纨扇顾盼于秋风里的美人。明式的发髻，华丽的服饰，迟疑的姿态，忧郁的目光，怅然若失的轻愁，完全是一袭秋思。她的衣裙在萧瑟中飘动，点出"秋风"之意。全画纯用白描，用笔富有节律感，用墨浓淡枯湿，墨韵生动。

④仇英：由漆工而成为明代的全能绘画大师

仇英（约1494—1552）字实父，号十洲，原籍苏州太仓。仇英出身低微，初为漆匠，为人彩绘栋宇。由于其天资不凡，深谙画理，人物、山水、走兽、界画，无所不精，擅画人物，尤长仕女，既工设色，又善水墨、白描。仇英的绘画风格最为多样化，是明代的全能绘画大师。其代表作品《桃源仙境图》（图1-4-58）图中上部峰峦突兀呼应，山间白云，庙宇隐现。下部是流水木桥，奇松虬曲，坡上桃林掩映，体现一幅人间仙境。三位白衣高士临流"契阔谈讌"，白衣、白云、金碧的山石、青绿的林木，鲜明皎洁。全景章法，层次渺远；笔墨精逸艳丽，形象俏峻，人物神采飞扬，器宇轩昂。也有评论认为仇英画工出身，所以在文化修养方面略显不足，大多数作品缺少一种画外意境。

（4）明代画坛晚期代表人物

美国学者高居翰对晚明社会进行了精要的概括："这是一个充满矛盾与对立的时代，也是一个思想和艺术都走极端的时代。这种情况表现在艺术上，则是绘画风格史无前例的分裂，同时也迸发了持续百年的旺盛创造力。"绘画风格的分裂与创造力迸发旺盛在晚明绘画史中是历历可见的。

①徐渭：人生坎坷、品格高洁、绝世独立的一代大师

徐渭（1521—1593），绍兴府山阴（今浙江绍兴）人。初字文清，后改字文长，号天池山人、青藤老人等别号。他是从根本上完成水墨写意花鸟画变革的一代大家，画史称为青藤画派。

徐渭从军时是军事家、战略家；在士林中他是这一时代出色的诗人、画

图1-4-54 风雨归舟图 / 戴进 / 明代 / 台北故宫博物院藏
图1-4-55 庐山高图 / 沈周 / 明代 / 台北故宫博物院藏

图1-4-56 兰亭修禊图 / 文徵明 / 明代 / 故宫博物院藏

图1-4-57 秋风纨扇图 / 唐寅 / 明代 / 上海博物馆藏
图1-4-58 桃源仙境图 / 仇英 / 明代 / 天津艺术博物馆藏

家、书法家；在民间他是戏曲家、谑行者。他与解缙、杨慎并称"明代三大才子"。

明清两代出现过不少出类拔萃的文人，但在诗文、戏剧、书画等各方面都能独标高格，给当世及后代留下杰作和深远影响的，唯徐渭一人。他的泼墨大写意花鸟画，将中国大写意画推向了一个新的制高点，使中国画理念发生大转折。

徐渭书画的即兴性和不可重复性，首开中国绘画中最具张力的抽象表现意识。徐渭的写意画，无不一挥而就，不求形似，一切尽在似与不似之间。浓淡、徐疾、大小、干湿、疏密各异的笔踪墨韵形成独自的运动轨迹，以其横空出世的笔墨，为欣赏者营造出一片抽象表现的审美天地。徐渭少年时天才超逸，但一生命途多舛，屡试不中。后来为浙闽总督胡宗宪幕府，一切疏计，皆出其手，又出奇计大破徐海等倭寇。后来从戎幕到牢狱，经历潦倒的晚年。徐渭与凡·高有惊人的相似，一度发狂，三次自杀，精神几近失常，时呈癫狂。

其代表作品《墨葡萄图》（图1-4-59）

以草书之法画葡萄，用笔纵横驰骋，用墨挥洒点染，张狂任性，随心所欲。藤条错落低垂，枝叶纷披，以豪放泼辣的笔墨、动人气势纵贯通幅，葡萄晶莹欲滴，水墨酣畅。是文人画中豪放派的典型。作画不求形似，略得其意即可，重在抒情遣怀。表现出不受时空束缚、超越时空的主体解放。徐渭的题字，纵横不羁，洋洋洒洒，作品中，诗、画与书浑然一体，画面似原野莽苍苍，较之元代文人画纤细的逸笔草草，另具一种野性的生命力与洞穿力。

②陈洪绶：独树一帜的绘画奇才

（1598 — 1652）字章侯，号老莲，晚号老迟、悔迟，云门僧，浙江诸暨人。明末富有变革意识、个人气质和独特风格的画家。乡试不中，崇祯年间召入内廷供奉。由于生性怪僻，愤世嫉俗，从临摹规范的内府所藏古今名画、历代帝王像中独创出自己的风格。明朝覆没后，陈洪绶避难绍兴，削发为僧，学佛参禅，鬻画为业，所交师友多为卓著之士。

其代表作品《西厢记》插图（图1-4-61），描绘原作内容有《目成》《解围》《窥简》《惊梦》和《报捷》五幅，可以说没有文学修养的积累和独特的个人风格绝无此杰作。陈洪绶一生以画人物为主，与顺天崔子忠号称"南陈北崔"。名作《九歌》《西厢记》《水浒叶子》《博古叶子》等付诸版刻，影响极大。《屈子行吟图》（图1-4-62）被奉为屈原像经典之作。

③董其昌：创山水画"南北宗论"影响画坛300余年

董其昌（1555 — 1636），字玄宰，号思白、香光居士，松江华亭人，

图 1-4-59 墨葡萄图 / 徐渭 / 明代 / 北京故宫博物院藏

图 1-4-60 雪梅 / 徐渭 / 明代 / 北京故宫博物院藏

为"华亭画派"杰出代表。董其昌师法董源、巨然、黄公望、倪瓒，用笔节奏中和，恬静舒展；用墨墨分五色，明净协调。他所作山水，笔法皆柔中有骨，绵里藏针。墨色层次分明，清隽雅逸。意境深邃，韵味无穷，真气横溢，生机盎然。

董其昌作画强调写意，他兼长书法、诗文，书法有"颜骨赵姿"之美，出入晋唐，自成一格，画上题以诗文，诗、书、画相映，更富有文化格调。董其昌以佛家禅宗喻画，倡"南北宗"论，即把古今画家统以禅宗之"南北宗"分为境界、风格相异的南北两派，成为近三百余年影响绘画创作的宗主思想。虽然后人对"南北宗论"见解不同，但为后世提供了剖析绘画的哲学观念、审美意识、画家的文道修养及思想境界。

其代表作品《关山雪霁图》（图1-4-63），以平远和深远相结合的构图在一小卷内画连绵无际的山峦林壑，墨气鲜润，用笔苍劲，物象历历，密而不塞。作品有绚烂至极归于平淡的旨趣。董其昌的作品以格调高逸著称。可以说：一个腹有诗书、贯通三教的人，方能胸有丘壑而笔清墨润，宁静深邃，绝无尘垢，面目无俗。

图 1-4-61 《窥简》/ 陈洪绶 / 明末清初

3. 清代概述

清代（1644—1911）是中国历史最后一个封建王朝。清康雍乾三朝走向鼎盛，中后期政治僵化、文化专制、闭关锁国、思想禁锢、科技停滞，但西方文化意识渗入。鸦片战争后虽然也开启了洋务运动和戊戌变法，但甲午战争和八国联军侵华使得民族危机进一步加深，清朝后期彻底沦为半殖民地半封建社会。

（1）清代画坛概况

清代绘画呈现出特定的承上启下的时代风貌。有清一代，宫廷绘画（主要在康乾时期）与民间绘画并呈兴隆。清初，文人画意识成主流，在野画坛强悍卓立。清中，绘画意识与形态趋于活跃与多样。清末，受开埠与外来文化影响，构成画坛多元文化。

清代画坛始终有纷繁的风格和流派。民间绘画以年画和版画的成就呈现空前繁盛的局面。

图 1-4-62 屈子行吟图 / 陈洪绶 / 明末清初

（2）清代画坛早期代表人物及作品

清初，山水画兴盛，宫廷与在野形成两种截然不同的艺术追求。

① 王时敏、王鉴、王翚、王原祁、吴历、恽南田：以"四王吴恽"为代表的正统清初六家

他们奉董其昌的见解为金科玉律，推崇元四家文人画论及笔墨技法，认为不可无一笔无出处，摹古亦步亦趋，以追求蕴藉平和为美学宗旨，深受清廷赞赏，被奉为画坛正统，影响遍及朝野。

王时敏（1592—1680），字逊之，号烟客，太仓人。家富收藏，遍摹家藏的宋、元真迹。画作在立意、布局、运笔等方面继承传统并成一时之翘楚。

王鉴（1598—1677），字园照，号湘碧，太仓人。王世贞曾孙，家藏历代名画，从小打下摹古基础。倡导以元黄公望的山水为后世画家的"典范图式"，开启了清初画坛"家家大痴，人人一峰"的格局。

王翚（1632—1717），字石谷，号耕烟散人、清晖老人等，常熟人。被称为清初画圣。王翚自幼家学源渊，其画笔墨功底深厚，虽然技法摹古，但却自有华滋浑厚、生气勃发的风格，境界生趣盎然，名惊海内。他早期画风清丽工秀，晚期则形成苍茫浑厚的风格。

王原祁（1642—1715），字茂京，号麓台。山水继其祖王时敏。康熙四十四年任书画谱馆总裁，历三年主编《佩文斋书画谱》100卷，成中国绘画史上第一部画谱宝典。领袖画坛影响后世形成娄东派，为正统派的中坚人物。在"四王"中，王原祁后生，但成就最高。

吴历（1632—1718）字渔山，号墨井道人，常熟人。摹古而不拘囿古人，能融会诸家之长，甚至吸收天主教传教士的绘画方法、布局与明暗等。作品富有远近感、立体感，风格浑朴厚润。

恽南田（1633—1690），名格，字寿平。是清初享誉天下的花鸟画家，人称"写生正派"；所画花卉秀美雅致，工整细腻，明丽简洁，独得天趣，开创了没骨花卉画的独特技法与画风，有文人雅趣与闺阁情调。恽南田是常州画派的开山祖师。

当时，"仿""摹"古人是一种时尚。王翚的《虞山枫林图》（图1-4-64）仿黄公望画法，运用传承的中锋笔法勾、皴、点、染，浅绛清淡，力追黄公望《秋山图》之神韵，同时也较理想地刻画了家乡的胜景。

王原祁的《仿黄公望秋山图》（图1-4-65）描绘了

山间云气缭绕，屋舍错落，山川景物点缀其间。清初画坛为仿古之风笼罩，不讲求写生与创新意识。但人称此图得黄公望《秋山图》浑厚华滋、赋色高古的旨趣。

恽南田《抚北宋徐崇嗣没骨牡丹图》（图1-4-66）造型典雅，牡丹雍容华丽，枝叶舒展婀娜；神清骨秀，色泽润藉，笔法俊逸，意境幽淡，一派明丽清新的感觉，将"没骨法"发挥到极致，被后人誉为"逸品"。

② 朱耷、石涛、髡残、弘仁：烁古振今、奇肆豪放、个性张扬、目无绳墨、独具思想的"四僧"

"四僧"是明宗室后裔与遗民，他们始终难忘前朝，借笔墨以抒写身世之感。艺术上主张"借古开今"，标新立异，独抒个性，强调自身存在感，他们的画风对后世影响深远。

朱耷，号八大山人（1626—1705），籍贯南昌，明朝宁王朱权的后代。明亡后，削发为僧，后改作道士。他一生以明朝遗民自居。他的作品以象征手法脱略形迹，抒写心境，如画鱼、鸭、鸟等，皆以白眼向天，凸现一股逆叛之气。画山水，多取荒芜偏僻之剩山残水，表达对故明王朝的眷眷之情。笔墨任情恣纵，苍劲圆浑，内蕴清逸，无论巨幅尺页，都浑朴一体又情趣横生，章法在不完整中求完整。

图 1-4-63　关山雪霁图 / 董其昌 / 明代 / 北京故宫博物院藏

从左至右依次为　图1-4-64　虞山枫林图/王翚/清代/北京故宫博物院藏
　　　　　　　　图1-4-65　仿黄公望秋山图/王原祁/清代/台北故宫博物院藏
　　　　　　　　图1-4-66　抚北宋徐崇嗣没骨牡丹图/恽南田/清代

石涛（1642—1708），原姓朱，名若极，小字阿长，自称苦瓜和尚，游南京得长竿一枝，因号枝下叟，还有大涤子、清湘遗人、瞎尊者、零丁老人等号，明靖江王朱赞仪十世孙，明亡，父亨嘉自称监国，被处死于福州，时石涛年幼，由太监带走，后为僧。石涛在绘画上熔铸千古，独出手眼，其画构图奇妙，笔墨神化，题诗超逸，脱尽窠臼，风骨卓著。他是清初画坛具有革新精神的领军人物，食古而化之，提出"搜尽奇峰打草稿"，要"借古以开今"。其创造力从古人入、从造化出的别开生面，以恣意豪放、开阖狂逸、苍莽诡奇的个人风格而凸显示于画坛。

髡残（1612—1692），字石溪。武陵（今湖南常德）人。明亡，抗清失败后他削发云游。变故抗争的人生经历决定了髡残的画格。"性耽丘壑"，一生中驻足名山大川使他"师诸天地"，在稳重中求奇险，在繁复中寓浑穆，重山复水，柳暗花明，开合有序，深不可测。髡残喜用渴笔、秃毫，用笔苍劲凝重，用墨善于渲染，形成"奥境奇辟，缅邈幽深"的艺术境界，是一位意志奇逸、寄禅于画的书画巨匠。

弘仁（1610—1664），俗姓江，名韬，字六奇，又名渐江，号梅花古衲。明亡后曾参加反清复明斗争，后于武夷山落发为僧，其画山水笔法清纯浑朴，意趣高深悠远，高古简洁，回归静寂，创"新安画派"。

朱耷的《孔雀竹石图》（图1-4-67）画三翎危石，意味深长。画中一丛花竹，从山崖间倒挂下来，给人一种乾坤颠倒般的感觉。两块椭圆的石头摇摇欲坠，使人想起"危如累卵"。两只孔雀，正瞪着惊恐的眼睛窥视远方，一只不见尾，一只只有光秃秃的三根羽毛，暗喻当时顶戴"三眼花翎"的江西巡抚宋荦。画中正负颠倒，"铮铮有节"的竹，只画残叶而不画"节"。其画是讽刺宋荦为了头上的顶戴花翎而不顾节操。

石涛的《山水清音图》（图1-4-68）以奇制胜。画面山岩纵横，奇松突兀，瀑布直泻，穿越冲击，动人心魄。石涛用笔劲利沉着，用墨淋漓泼辣，夹水夹墨，笔与墨会，混沌氤氲，化机一片，画面体现了一种豪情奔放的壮美。

髡残的《松岩楼阁图》（图1-4-69）意境浑厚荒率，以淡赭作底，尽笔墨交融。髡残说"画和禅理共旨"，常借画谈禅。

弘仁的《西岩松雪图》（图1-4-70），画面大山兀立，山石如刀，险峻清朗，偃松静寂，借地为雪，气韵荒寒。画面构图繁密，笔法清健，意境高古，形象简洁，给人以伟峻、静穆、圣洁、一尘不染的美感。他的画让人心灵净化，平静清爽，远离喧嚣纷烦，回归静寂安宁。

（3）清代画坛中期代表人物

清廷于康乾年间罗致专业画手供奉内廷，有一批如意馆南书房行走的"臣"字款画家,最负盛名的有焦秉贞、冷枚、金廷标、丁观鹏、蒋廷锡、邹一桂等。还有一批外国画家,如郎世宁、王致诚、艾启蒙等。民间最负盛名的是以"扬州八怪"为代表的一批画家。

① 焦秉贞:"臣"字款的清宫十大画家之首

焦秉贞,字尔正,生卒年不详,山东济宁人,康熙时供奉内廷。擅画人物,重明暗,楼台界画,刻画精工,其透视和明暗的运用及空间处理,系"参用西法"。焦秉贞还开创了"西学派"肖像画,和明代曾鲸的"波臣派"、禹之鼎的"白描派"并称肖像画三大派。

② 郎世宁:探索西法中画的先驱

郎世宁(Giuseppe Castiglione 1688—1766),意大利人,生于米兰,清康熙五十四年作为天主教耶稣会的修道士来中国传教,却入宫进如意馆成为清代宫廷十大画家之一。郎世宁在中国宫廷从事绘画50多年,还于乾隆十二年参与了圆明园内长春园西洋楼的设计和施工。担任过掌管皇家园林的奉宸苑苑卿。郎世宁大胆探索西画中用,创造了一种前所未有的新画法——既有欧洲油画的写实,又有中国传统绘画的笔墨趣味,融中国工笔和西洋画三维要领为一体。

③ 郎世宁《百骏图》(图1-4-71)

长卷,画百匹骏马,立、奔、跪、卧,各尽其态;静、动、聚、散,各居其位,画面的首尾各有牧者数人。在表现手法上,郎世宁充分展现了欧洲明暗画法的技巧,使马匹与空间立体呈现,但用中国式散点透视。他运用中国的笔墨纸绢和颜料,却能以欧洲的绘画方法,注重表现马匹的解剖结构、体积感和皮毛的质感,使得笔下的马匹造型准确、比例恰当、表现真实。

④ 扬州八怪:狂放不羁、不拘一格、奇军崛起

清代扬州富商聚集,人文荟萃。"扬州八怪"是其间一批著名画家。八怪并非指八个人,而是指钦奇磊落、各具个性、在画坛上独树一帜的一批画家。主要有金农、黄慎、汪士慎、李鱓、郑燮、李方膺、高翔、罗聘以及华喦、高凤翰、边寿民、闵贞、陈撰等人。"扬州八怪"之"怪"在于别具一格的立意、我用我法的技法、率性如意的笔墨、我行我素的品行。

郑燮(1693—1765),字克柔,号板桥,江苏兴化人,乾隆元年进士。官山东范县、潍县知县,以饥荒为民请赈,得罪上司辞归。居扬州,以书画营生。画兰竹五十余年,取法于徐渭、八大,而自成一家,画貌清脱,风格劲峭。主张继承传统,但十分学七要抛三,不泥古法。

金农(1687—1764),字寿门,号冬心,浙江仁和人,久居扬州。博学多才,五十岁始作画,尤精墨梅。他精篆刻、鉴定,长于题咏。画作常参以古拙的金石笔意,风格高古又有离经叛道之美。

图 1-4-67　孔雀竹石图 / 朱耷 / 明末清初 / 上海刘海粟美术馆藏
图 1-4-68　山水清音图 / 石涛 / 清代 / 上海博物馆藏

图 1-4-69　松岩楼阁图 / 髡残 / 明末清初 / 南京博物院藏

图 1-4-70　西岩松雪图 / 弘仁 / 明末清初 / 北京故宫博物院藏

图1-4-71 百骏图/郎世宁/清代

黄慎（1687—约1770），字恭懋、躬懋，号瘿瓢、东海布衣等，福建宁化人。人物写意画最具特色，间作花鸟、山水，笔姿荒率，设色大胆。为"扬州八怪"中全才画家之一。

郑燮的《墨竹图》（图1-4-72）画中写修竹一丛，瘦石一柱，簇簇挺立，前迎后合，左倚右托，相映有情。竹石水墨勾画，用笔遒劲疏爽。全图风姿卓然，一派傲霜风骨。板桥的书法自称为"六分半书"，以撇兰捺竹画法入书，参以篆、隶、草、楷的字形，化幻变为一体，开创了别具一格的新书体。

金农的《墨梅图》（图1-4-73）取通贯画幅梅树老干一截，顶天立地，布局奇绝，又以疏枝横斜，繁花密萼，穿插上下，老树嫩萼，相映成趣。苍稚相融，进退相间，形态朴讷奇拙，细读隽永可品。书法别创一格，笔画横粗竖细，撇飘逸而捺厚重，字体长方，号称"漆书"，又称"冬心体"。

黄慎的《仙人醉扶图》（图1-4-74）创造出将狂草笔法入画的独特风格。画面跌宕粗犷，风格豪迈奇肆。行笔"挥洒迅疾如风"，点画如风卷落叶，气势贯穿如虹。黄慎的人物画，多取现实生活中樵夫渔翁、流民乞丐等平民形象。

（4）清代画坛晚期代表人物
清末辟为通商口岸的上海和广州，独领新的绘画风骚，涌现了"海上画派"和"岭南画派"。"海上画派"主要代表画家有赵之谦、虚谷、任熊、任伯年、吴昌硕、钱慧安、任熏、蒲华等。

吴昌硕（1844—1927），浙江安吉人，别号为"缶卢"、"苦铁"等。清末治印一代宗师，"西泠印社"的创始人，以书法、绘画等闻名。吴昌硕以书法、篆刻金石味入画，风格自然、沉着、雄浑。他以花卉名世，兼作人物山水，尤其题画诗文书法，求新求变，突破壁垒，提升了画境。

任伯年（1840—1895）为"四任"中最著，他善于画人物、花鸟，受陈洪绶影响，人物形象夸张奇宕，线描遒劲凝练；又吸收民间设色技法，色泽明朗。任伯年好以民间故事、历史人物入画，作品有海纳百川、雅俗共赏之趣。

吴昌硕的《芍药·四条屏之二》（图1-4-75）把书法、篆刻的行笔、运刀、章法融入绘画，形成大匠运斤的强悍画风，笔力敦厚老辣、纵横恣肆、布局大气、主题突出，用色强烈。青铜器全形拓是把器物原貌转移到平面拓纸上的一种特殊技艺。将青铜器全形拓结合到大写意花卉中，天工巧合，是一种大胆创造。

任伯年的《支遁爱马图》（图1-4-76）以东晋名僧支遁爱马为题材。画面一丛芭蕉，支遁扶杖其下凝视赏马，骏马回首扬蹄，人马相呼应，顾盼有情。其画法出自任薰，马的笔法，参以任熊的笔致，其画也远追陈洪绶的意趣。

虚谷的《紫藤金鱼图》（图1-4-77）以变形、简化、书写化写意为特点，形式感极强，别致之趣，用色清新，生动鲜活，无一笔滞相。金鱼别创一格，颇为个性化地以方写圆、以拙取巧、以逆取势，是艳色、枯笔与变形的交融。

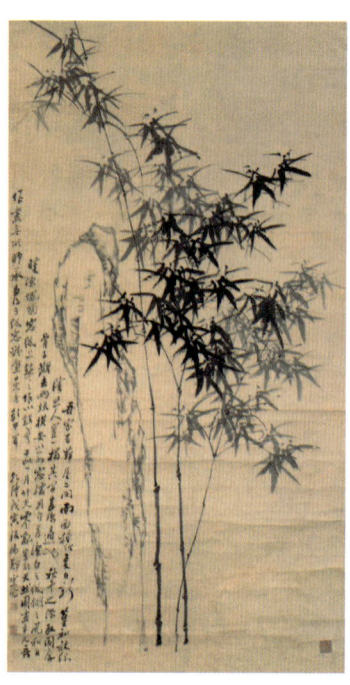  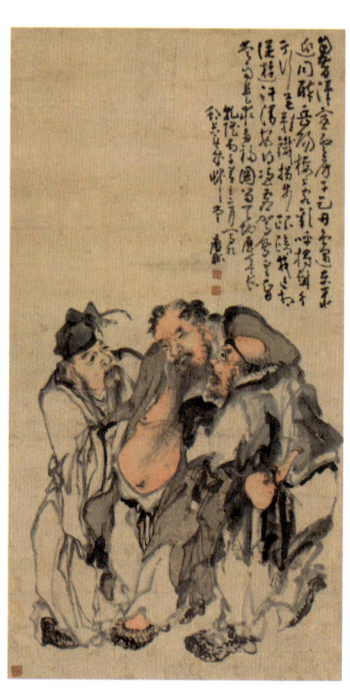

从左至右依次为
图 1-4-72　墨竹图 / 郑燮 / 清代
图 1-4-73　墨梅图 / 金农 / 清代
图 1-4-74　仙人醉扶图 / 黄慎 / 清代

从左至右依次为
图 1-4-75　芍药·四条屏之二 / 吴昌硕 / 清代 / 刘海粟美术馆 上海博物馆藏
图 1-4-76　支遁爱马图 / 任伯年 / 清代 / 上海博物馆藏
图 1-4-77　紫藤金鱼图 / 虚谷 / 清代 / 上海博物馆藏
图 1-4-78　仕女 / 钱慧安 / 清代 / 上海博物馆藏

拓展阅读与参考信息

1. 图书资料

《风格与世变》/ 石守谦 / 北京大学出版社 / 2008

本书以十篇论文探讨了中国传统绘画发展历程中重要转变之原因。作者一方面从传统的研究成果及材料中汲取精华，另一方面又能不囿于成规，充分挖掘了画家与文化环境的互动关系，并将其作为改变各阶段画风的重要因素。

《中国绘画三千年》/ 杨新、班宗华、高居翰、巫鸿、聂崇正、朗绍君 / 外文出版社 / 1997

一部首次由中、美两国学者共同执笔的中国绘画史，全书共30余万字，收录画作图片330幅，内容涵盖旧石器时代（约100万年前）到现代（二十世纪）的各个时期；融合中西美学观点及诸位研究专家权威论述。

2. 网站

http://huaban.com / 花瓣网

花瓣网是一家基于兴趣的社交分享网站，网站为用户提供了一个简单的采集工具，帮助用户将自己喜欢的图片重新组织和收藏。

3. 博物馆、美术馆

中国国家博物馆

中国国家博物馆（National Museum of China）简称国博，位于北京市中心天安门广场东侧，东长安街南侧，与人民大会堂东西相对称，是历史与艺术并重，集收藏、展览、研究、考古、公共教育、文化交流于一体的综合性博物馆。

美国弗利尔美术馆

美国弗利尔美术馆馆藏中国古画1200幅，数量是全美之最，它也是最早的、专业的亚洲艺术博物馆。

4. 纪录片

《故宫的至宝》

《故宫的至宝》一片是备受世界关注的北京和台湾故宫博物院藏宝的视频画卷集，由NHK拍摄。以纪录片的形式收录了在NHK特别节目中未及介绍的中国五千年的历史文物、陶瓷器、书画作品、皇帝藏宝等。

《当卢浮宫遇见紫禁城》

卢浮宫与紫禁城是东西方文明的两个有代表性的符号，本片以这两大博物馆为载体，从本土观众视角切入，强调文明之间并行同存的关系，把对不同文明的理解体现在艺术品的展示和欣赏上，体现博物馆对人类文明共享与弘扬的责任。

《中国绘画艺术》

在中国画家的眼中，究竟什么样的画才能奉为上品呢？中国绘画在其漫长历程中又形成了哪些与西方绘画不同的特征呢？此片一一作了解答。

《中国传世经典名画》

首部完整、系统记录从远古的原始岩画，新石器时代的地画、壁画和陶画，秦、汉、唐的绚丽绢帛画，宋、元、明、清代富有神韵的纸本水墨画，到近代的中国画和油画等的大型电视片。

课程五　西方绘画艺术

课程概况： 本课程主要介绍了西方绘画的基本概念与主要知识点：西方史前和上古时期的绘画，包括史前岩画到古代两河流域、古代埃及与孕育了西方美学艺术典范的古希腊与古罗马绘画；长期被忽略而被称为艺术"黑暗时期"的西方中世纪绘画；14-17世纪欧洲资产阶级思想和文化运动所开启的"文艺复兴"时期的艺术家与杰作。随着历史的进展，西方社会不断涌现出对传统艺术的反思：法国首先涌现出唯美与写实表现重大历史题材的新古典主义，英国的产业革命直接导致思想解放而重感情重形式的浪漫主义；而俄罗斯则产生了反映现实生活、批判专制制度、影响巨大的俄罗斯巡回展览画派，涌现出一批具有震撼力的画家与作品；随着西方现代艺术的起点 —— 印象主义的崛起与发展，西方绘画摆脱附庸于宗教而个性觉醒，绘画表现导入科学发现，同时开始了艺术的哲学探索。进入20世纪，泛文化思潮的兴起，对传统艺术的否定，涌现了前卫意识与叛逆精神从而追求"自我表现"的现代派绘画，其中包括野兽主义和立体主义、抽象主义、达达主义、波普艺术等林林总总的思潮与流派。现代派绘画改变了艺术语言，颠覆了传统观念。

课程内容： 简介西方从史前图画、上古绘画、中世纪绘画，到文艺复兴、新古典主义、浪漫主义、写实主义绘画与巡回展览画派，印象主义、新印象主义、后印象主义绘画，再到20世纪现代主义与后现代主义绘画艺术的发展史及各阶段的特点。

训练目的： 认识西方绘画艺术的发展及其对西方文化与社会的推动作用。

重点和难点： 教学重点：通过学习充分认识西方绘画艺术各历史阶段的艺术思潮与演变特征。
　　　　　　　教学难点：深刻认识西方绘画各种思潮与流派涌现的深层社会根源与文化背景。

思考和作业题： （1）谈谈古希腊、古罗马绘画的艺术特征与西方古典美学的主要观点。
　　　　　　　　（2）谈谈西方文艺复兴时期的主要代表人物、代表作品及文艺复兴的文化意义及影响。
　　　　　　　　（3）结合具体的作品分析印象主义、新印象主义、后印象主义绘画的风格特点。
　　　　　　　　（4）以不同观点深入探讨20世纪现代主义、后现代主义绘画的特征。具体选择各章节中感兴趣的画家与作品加以评论、阐述个人见解，500~1000字。

阅读提示：《中外美术对比发展史》（张道森 / 辽宁美术出版社）

一、西方绘画概述

1. 分　　类
（1）按表现内容分
人物画、风景画、静物画等
其中人物画又依据描绘题材内容的不同可分为肖像画、历史画、宗教画、风俗画、军事画、人体画等。

（2）按表现形式分
素描、油画、版画、水粉画、水彩画等。

（3）按发展历史分
传统绘画、现代绘画

可以说，西方传统绘画与现代绘画的分水岭是印象派的诞生。西方传统绘画审美体系的确立是由希腊人完成的。把从古希腊起至19世纪中叶的绘画作简单的分期是：古希腊、古罗马绘画；中世纪绘画；文艺复兴至19世纪的绘画。以上均属西方传统绘画时期。印象派诞生后，西方开始进入现代绘画时期。

2. 西方传统绘画的两大主流
（1）古典主义
古典主义是17世纪流行于欧洲各国的一种文化思潮和美术倾向，有对古希腊、罗马艺术风格的怀旧与模仿之风。崇尚永恒和自然理性，保持古典的静穆、严峻、隽永之美是其美学思想。

（2）反古典主义
反古典主义以感性主导绘画，强调情感而忽略理性。标榜自在、开放，追求激情奔腾、艳丽豪华的动感。这种叛逆精神在反古典主义的巴洛克和浪漫主义艺术中充分体现出来。

3. 西方现代绘画与流派
西方社会20世纪出现了现代主义思潮，在艺术理论与观念上与传统绘画分道扬镳。现代主义强调艺术家主观情感的抒发，强调艺术的纯粹性及绘画语言不断创新，重视画面的形式与结构，营造超越、神秘的梦幻效果。其主要流派有：野兽主义、立体主义、表现主义、未来主义、维也纳分离派、风格主义、达达主义、超现实主义、抽象表现主义、波普主义、超级写实主义等。

西方现代主义绘画以开拓的热情和探索的勇气创新，让人类想象力和创造的无限可能性得以展示。

二、西方史前和上古绘画 —— 从博采广绘到美学典范

1. 概　　述
史前岩画，凡有人类处都会产生的人类童稚期的绘画创作，都具有儿童般的天真与无拘无束。目前全球共发现有六大史前洞穴壁画遗址。

西方上古绘画主要包括：古代两河流域绘画，古代埃及绘画，古代希腊绘画，古代罗马绘画。上古绘画对后世绘画的开创性及美学的典范性是不容忽视的。

2. 西方史前岩画：博采广纳的原始涂鸦

（1）法国南部的拉斯科洞窟（图1-5-1）

于1940年发现，描绘了大量野牛、驯鹿和野马等原始动物，线条粗壮而简练，气势雄壮，富有动感，充满粗犷的原始气息和野性的生命力。

（2）西班牙北部的阿尔塔米拉洞窟（图1-5-2）

1879年，一位西班牙工程师带着女儿在西班牙阿尔塔米拉洞考察，四岁的女儿发现了壁画。此洞窟长约300米，在其洞内顶部绘有动物20余只。最突出的是长达2米的壁画《受伤的野牛》。

图1-5-1 拉斯科洞窟壁画《中国马》《野牛·人》/ 法国南部 / 旧石器时代晚期

3. 古代两河流域绘画：历史上最早升起的绘画旗帜

两河流域文明从公元前3500年前已显露曙光。艺术作品主要体现为：苏美尔人的建筑、墙面镶嵌装饰、神庙、圆雕、表现战争狩猎的浮雕石板、工艺品牛头竖琴、亚述宫殿、巴比伦城、彩色陶砖组成的动物图案。

图1-5-2 阿尔塔米拉洞窟壁画《受伤的野牛》/ 西班牙北部 / 旧石器时代晚期

巴比伦时期（前1900 — 前1600）最著名的遗存是汉谟拉比法典石碑（图1-5-3）。法典由太阳神端坐宝座向汉谟拉比王宣读，用浮雕在黑色的玄武岩上记录了这一庄重场面，下部镌刻全部法典。

两河流域最早的绘画遗存是出土在乌尔城公元前2700年的军旗（图1-5-4），用贝壳、闪绿石、粉红色石灰石镶嵌出凯旋的画面，铺陈在刷有沥青的木版上。画面分三层并列，用几何纹装饰边框和分割空间，分别描绘欢庆的场面，排列有序，色泽分明。它被美术史认为是画在旗帜上的上古时代最早的绘画遗存。也有人认为它类似一幅装饰性的壁毯工艺品。

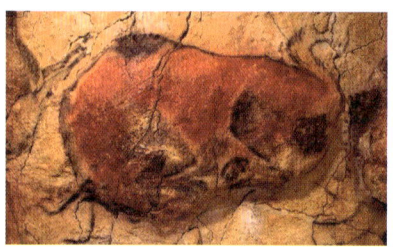

4. 古代埃及绘画：灵魂不灭、生命永恒、神秘崇高的来世艺术

历时三千多年法老王朝的古埃及艺术，充分体现出在宗教信仰中建构的艺术观念。埃及人信奉：人的身体是灵魂的安息处，要想获得永生，就必须把尸体保存好，灵魂才可以不灭，个人也才得以永生。现世的生命是短暂的瞬间，唯有来世永恒。因此有了防腐处理的尸体——木乃伊，并建造了存放、保护木乃伊和通向天宫的陵墓——金字塔。因此，古埃及艺术被认为是为了"来世的艺术"。

图1-5-3 石碑 / 汉谟拉比法典 / 巴比伦 / 公元前1700年

埃及人把大量的艺术创造与制作工艺化在陵墓上，对陵墓与木乃伊的装饰倾尽了创造力。古代埃及人制作木乃伊有繁复的步骤，施以精致的绘画装饰，还附有亡灵书，这是一些写在纸草上的咒语，配有插画，放在棺木中，让灵魂顺利进入永恒的来生。古代埃及绘画重点体现在法老陵墓墓室壁画及木乃伊的制作上。

图1-5-4 乌尔军旗帜 / 乌尔城出土 / 公元前2700年

古王国时期的墓室壁画为数稀少，其代表作《群雁图》（图1-5-5）是富有田园气息的画作，刻画写实、生动，设色和谐，构图匀称，线条流

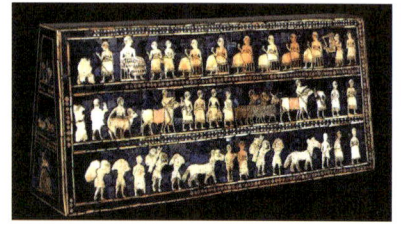

畅，富韵律感，六雁雌雄可辨，憨态可掬，羽毛及细节描绘细腻而富装饰味。

新王国时期绘画（前1071 — 前332）进入了埃及艺术史上的黄金时代。呈现出一批宏制巨作。如底比斯的纳赫特墓中壁画《三个女乐师》（图1-5-6），宴乐场面中有三个女乐师曼步缓移、挑动弦索、顾盼呼应，形象曼妙动人。透过轻盈透明的衣裳使躯体若隐若现，楚楚可人。庄重的色彩衬托流畅的线条，达到了极为和谐的视觉效果。

5. 古希腊古罗马绘画 —— 孕育了西方美学的艺术典范

西方有记载的文学、科技、艺术都是从古代希腊开始的。古希腊人在哲学思想、诗歌、建筑、科学、文学、戏剧、神话等诸多方面有很高很广泛的建树，尤其是在美学、艺术、绘画等领域富有开创性。这一文明遗产在古希腊灭亡后，又被古罗马人继承延续下去，成为整个西方文明的精神源泉。

（1）古希腊绘画

古希腊的绘画，因岁月沧桑，大多数的绘画作品已经消失殆尽。仅存的为挖掘出来的陶瓶装饰 —— "古希腊瓶画"（图1-5-7），从中能一窥古希腊绘画的面貌。陶器上的绘画有"黑绘"和"红绘"两种形式。瓶画的构图与陶器的形制起伏相互顺应，非常巧妙地用简练的线条、写实的手法，描绘出栩栩如生的人物与情节。

古希腊人在进行艺术创造的同时，不仅发现和创造美，还孕育了他们的美学观念与理想，孕育了西方美学。1820年被发现在爱琴海南部的雕像"米洛维纳斯"，被誉为是爱与美的化身。她的面部体现了希腊女性美的典型，袒露上半身形体的亭亭玉立姿出类拔萃，身体各部分的起伏变化富有音乐的节律，使观赏者获得纯洁与典雅的优美感。"维纳斯"的残缺，又形成特殊的魅力 —— "残缺美"，成为美学的一个看点。古希腊雕塑家按照人的裸体比例，创造和发现了黄金分割的美学秘密。希腊艺术的主要特点是整体的和谐与合乎规律，布局的庄严与美感的静穆。

（2）古罗马绘画

古罗马艺术在建筑、肖像雕刻方面具有突出成就。壁画和镶嵌画是绘画艺术的主要表现方式。

庞贝壁画（图1-5-8至1-5-10）是罗马时代的庞贝古城在公元79年由于维苏威火山爆发而被掩埋，因埋藏而保存了大量珍贵的壁画。18世纪40年代被发掘出来。庞贝壁画内容大多记载具体历史事件，用来装饰公共场所和住宅。题材包括人物、花木和风景等。画风多姿多彩，具有华丽的色彩以及空间感和动态感。考究的宫殿和华宅多以竞技、狩猎、农耕、宴乐等场面的工艺镶嵌画装饰。

图 1-5-5　群雁图 / 埃及古王国 / 约公元前 2600 年

图 1-5-6　三个女乐师 / 埃及新王国图特摩斯四世纳赫特墓壁画 / 公元前 1425 年

图 1-5-7　黑绘与红绘 / 瓶画 / 古希腊

庞贝壁画，人和物已经有了写实的表现。更有用光塑造空间的尝试，这是对古希腊绘画一次伟大的超越。

三、中世纪绘画和文艺复兴
—— 从黑暗时期到伟大时代

1. 概　述

中世纪（Middle Ages）（约476 — 1453）是欧洲历史上自西罗马帝国灭亡（476）到文艺复兴和大航海时代之前的这段时期。也是指古希腊、古罗马文化鼎盛时期和欧洲文艺复兴时期两个"高峰"之间承前启后的时代。文艺复兴是发生于14 — 17世纪的欧洲的资产阶级思想和文化的运动，导致发源于意大利以复兴古希腊、罗马古典文化为号召的文艺复兴运动，这一运动席卷西欧各国，得到广泛响应和深度发展。

2. 中世纪的西方绘画：中世纪并非艺术的"黑暗时期"

中世纪艺术主要表现在建筑的繁荣上。随着大教堂的兴起，雕刻、镶嵌画、壁画、插图画等也获得了不同形式的发展。公元313年，罗马皇帝君士坦丁颁布米兰敕令，宣布长期遭到罗马帝国镇压的基督教为国教。中世纪艺术是基督教艺术，地下墓室壁画是早期绘画的主要遗存。人们曾长时期对中世纪绘画没有充分的了解与认识，甚至称其为"黑暗时期"。直到20世纪，中世纪绘画才引起美术史研究的关注。

《三个在火窑中的人》（图1-5-11）是公元3世纪的作品，承袭了古希腊的绘画风格，作品是对圣经故事的图解。

乔托是中世纪绘画的革命性人物，也是意大利文艺复兴大师们的精神之父。画出了观者有如身临其境的真实感，画出了合理的空间关系和体量感，有了正确的透视。作品无不渗透着严谨、深沉与阔大的气质，无论在整体还是在人物中都得到淋漓尽致的表现。

乔托的代表作品是壁画《哀悼基督》（图1-5-12）《圣佛兰……结婚》（图1-5-13），在人物形象的编排上追求新的空间意识，由此产生了一种深层次的立体感。姿态和手势的多姿多样，绘画技术明显提升，远远超过了传统的描绘。

3. 意大利文艺复兴绘画：伟大时代的来临

15世纪，人文主义思潮在意大利日趋活跃，意大利也是欧洲资本主义最早的萌芽之地，16世纪时意大利佛罗伦萨、热那亚、威尼斯等地，文艺复兴进入全盛时期，绘画领域产生了三位伟大的艺术家：达·芬奇、米开朗琪罗和拉斐尔。

（1）达·芬奇

达·芬奇堪称全才、奇才，他是艺术创造者兼科学发明家，为当时"全

图 1-5-8　庞贝壁画：演员面具 / 古罗马庞贝城 / 公元前 82 年 — 公元 79 年

图 1-5-9　庞贝壁画：采花少女 / 古罗马庞贝城 / 公元前 82 年 — 公元 79 年

图 1-5-10　庞贝壁画：演奏家 / 古罗马庞贝城 / 公元前 82 年 — 公元 79 年

面发展的人"的完美典范（图1-5-14）。他的绘画体现了人文主义和现实主义的新精神，塑造了一系列前所未有的艺术典型。他将精湛的艺术创作与科学研究密切结合，使艺术达到前所未有的高度。他对许多学科都有重大发现，在解剖学、生理学、地质学、植物学、应用技术和机械设计方面创造尤多，是许多现代发明的先驱。

达·芬奇的《蒙娜丽莎》（肖像画）：被奉为世界美术作品中的皇冠，作品表现了艺术家对女性内心优雅莫名的微妙表情刻画；《最后的晚餐》（壁画）则展示了艺术家塑造人神重大情节性场面的表现力，刻画了基督与十二弟子各自的性格与瞬间表情，布局恢宏又富于戏剧性。（图1-5-15、图1-5-16）

（2）米开朗基罗
米开朗基罗是艺术登峰造极的大师，在建筑，雕刻、绘画、诗歌等方面都留有载入史册的杰作。

米开朗基罗的《创世纪》（穹顶画）《最后的审判》（图1-5-17）是他为罗马梵蒂冈西斯廷礼拜堂绘制的传世巨作，刻画了人与神、人与自然间的关系，展示的是人的精神和形体之美，虽为宗教题材，却充满人间活力，塑造了热力四射的英雄形象，被称为世界上最宏伟的艺术作品。他的许多雕塑，例如《大卫》《摩西》和《垂死的奴隶》等，在精神表现、形体雕刻、体量、理念上都是一个时代的典范。

（3）拉斐尔
拉斐尔被后世尊为"画圣"。他善于吸收各家之长，创造的艺术形象秀美、典雅，留下了许多一流的杰作。

拉斐尔的《花园中的圣母》、《西斯廷圣母》（图1-5-19）以及梵蒂冈教皇宫中的许多壁画，尤其是《雅典学派》（图1-5-18）《教义的争论》等，都达到构图完美和形象和谐的极致。

除这三位艺术大师之外，这一时期欧洲其他地区都

从左至右依次为　　图 1-5-11　三个在火窑中的人 / 佚名 / 早期基督教地下墓室壁画 / 罗马
　　　　　　　　　图 1-5-12　哀悼基督 / 乔托 / 意大利帕多瓦的阿雷那礼拜堂
　　　　　　　　　图 1-5-13　圣佛兰西斯与贫穷女神结婚 / 乔托 / 意大利佛罗萨大教堂

从左至右依次为　　图 1-5-14　自画像 / 达·芬奇 / 意大利都灵皇宫图书馆藏
　　　　　　　　　图 1-5-15　蒙娜丽莎 / 达·芬奇 / 法国巴黎卢浮宫藏
　　　　　　　　　图 1-5-16　最后的晚餐 / 达·芬奇 / 意大利米兰圣玛利亚感恩教堂藏

图 1-5-17 最后的审判 / 米开朗基罗 / 梵蒂冈西斯廷礼拜堂藏
图 1-5-18 雅典学院 / 拉斐尔 / 梵蒂冈博物馆

从左至右依次为

图 1-5-19 西斯廷圣母 / 拉斐尔 / 德国德累斯顿博物馆藏
图 1-5-20 绞刑架下的舞蹈 / 勃鲁盖尔 / 尼德兰
图 1-5-21 乌尔比诺的维纳斯 / 提香 / 佛罗伦萨乌菲兹博物馆藏
图 1-5-22 夜巡 / 伦勃朗 / 阿姆斯特丹国立博物馆藏

开始了文艺复兴运动，英国、法国、西班牙、德意志、尼德兰的文艺复兴产生了一批代表人物和作品，在绘画方面有：西班牙的委拉斯贵支、比利时画家鲁本斯、荷兰现实主义画家伦勃朗、德意志最具影响力的版画家丢勒等。

（4）文艺复兴的文化意义及影响

文艺复兴是"人类从来没有经历过的伟大的、进步的变革"，文艺复兴是一场伟大的思想解放运动，是欧洲从中世纪封建社会走向近代资本主义社会的转变，其丰硕成果深刻影响近现代。文艺复兴十分卓著的成果恰恰体现为一批绘画艺术上的伟大杰作。（图1-5-21、图1-5-22）

四、新古典主义、浪漫主义、写实主义绘画与巡回展览画派
—— 不断反思的人文精神

1. 概 述

新古典主义是相对于17世纪的古典主义而言的，是以复兴古希腊、古罗马艺术为旗号的美术运动。法国大革命失败后，人们对借助复古表达理性越来越感到失望，开始反对新古典主义模式，从而产生了浪漫主义。写实主义又译为现实主义，在艺术领域现实主义主张对自然或当代生活做最真实、具体和不加任何改变润饰的描绘。"巡回艺术展览协会"于1870年正式诞生，协会的宗旨是"让俄罗斯了解俄罗斯艺术"。

2. 新古典主义：复古开今、重振古希腊古罗马艺术范式

新古典主义，出于对巴洛克和洛可可艺术的否定与反思，希望重振古希腊、古罗马艺术的经典传统，追求古典式的宁静、凝重和精确。新古典主义的艺术家刻意从风格与题材模仿古代艺术，与衰落的巴洛克、罗可可美术相对，它代表着一股复古开今的潮流，并标志着一种新的美学观念诞生。

雅克·路易斯·大卫（Jacques-Louis David，1748—1825）是法国著名画家、新古典主义画派的奠基人。1794年是大卫艺术生涯中最光辉的年月，他的艺术充满了时代气息，具有鲜明的政治思想倾向性，并将古典主义艺术形式和现实时代生活相结合。（图1-5-23、图1-5-24）

安格尔被认为是当时独具风格的艺术家，并引领古典画风的潮流。新古典主义从大卫到安格尔是一个超越，开创了绘画从真实历史事件转化为理想中的神话和纯艺术；审美形式上从严谨的古典主义画风转身为华丽的东方色彩。安格尔一生的艺术创作极为丰盛，他的女性人体和肖像画成就最高。（图1-5-25、图1-5-26）

法国的新古典主义绘画对欧洲产生了重大影响，尤其是同时的英国绘画。新古典主义被19世纪的学院派视为典范，成为正统画派长期的标帜。但同时由于它唯美的倾向，也构成浪漫主义美术的先驱。

新古典主义绘画的特征是：表现重大的历史事件题材，在艺术形式上选择严格理性而不掺入感性的表述；在构图上强调宏大的完整性；在造型上重视形象的正确描绘，追求雕塑般的人物典型，不过分追求色彩。新古典主义绘画是唯美与写实的结合。

3. 浪漫主义：雨果说"浪漫主义归根结底是文学中的自由主义。"

浪漫应该出于艺术家的主观抒发和自我表现，即使以民族奋斗的历史事件为题材，也可以抒发对理想的憧憬，以无比浪漫的幻想、超越现实的手法表现真实的历史场景。浪漫主义的兴起与英国的产业革命直接相关，生产力的提高促使人们思想的大解放，促进了浪漫主义的诞生。作为一种美学思潮，浪漫主义以情感色彩压倒理性描绘，不满复古表达，强调主观、个性、感情和非理性。它是对古典主义艺术家旁观者一般冷眼审视的说教和形式上的固定模式的主动否定和扬弃。

英国文学是浪漫主义的孵化地，英国湖畔派诗人华尔华斯发表于1800年的《抒情歌谣序》被认为是浪漫主义宣言。19世纪是法国浪漫主义的鼎盛时期，文学上出现了雨果（1802—1885），美术上出现了籍里柯和德拉克洛瓦。

重视形式对比是浪漫主义提出的重要的美学观念，其"对比的原则"认为自然中一切皆相反相成、相对相存，一切事物都是两种不同要素在对

图1-5-23 拿破仑穿越大圣伯纳德山口／大卫／法国／19世纪／法国马尔梅松堡拿破仑纪念馆藏

图1-5-24 拿破仑一世及皇后加冕典礼／大卫／法国／19世纪／凡尔赛宫藏

图1-5-25 泉／安格尔／法国／1856年／卢浮宫博物馆藏
图1-5-26 布罗格利公主／安格尔／法国／1853年／纽约大都会博物馆

图 1-5-27　自由引导人民 / 德拉克洛瓦 / 法国 / 1830 / 卢浮宫博物馆藏
图 1-5-28　画室 / 古斯塔夫·库尔贝 / 法国 / 1855 / 卢浮宫博物馆藏

比中得以显现与存在，如雄浑与婉约、崇高与卑下、文明与野蛮、人性与兽行、光明与黑暗等。这与古典主义和谐至上是相悖的。

法国的德拉克洛瓦是最出色的体现浪漫精神的画家之一，在艺术上，他是一位个性卓立而耽于想象、拥有激情而敏于色彩的大师。《自由引导人民》（图1-5-27）描绘的是1830年7月法国的革命，工人、市民和小资产阶级知识分子涌上街头反对封建政权的激烈现场，作品描绘当代题材，却将真实的战斗氛围融于浪漫气息之中。

4. 写实主义：反映现实，描述一个真实存在的物质而不是抽象的符号

写实主义是19世纪的一场美术思潮，起源于法国，后波及欧洲各国。代表人物为画家G.库尔贝，最早的理论家为尚弗勒里。库尔贝是公认的写实主义美术运动的领袖人物，在1855年发表的著名写实主义宣言中，提出艺术应真实地表现当代生活。写实主义反对僵化的新古典主义，反对追求抽象理想的浪漫主义。他们满怀同情地描绘现实社会生态，以底层人物及其处境作为主题。

库尔贝（Gustave Courbet，1819—1877）

以画反映底层人民的生活著称，他有一句名言："我不会画天使，因为我从没有见过他。"法国现实主义美术运动的代表人物，他倡导写实的艺术形式。1855年，库尔贝创作大型油画《画室》，他在致友人的一封信中写道："在《画室》中我在中间作画。右边是我的同道，我的朋友……热爱世界和热爱艺术的人们。左边是另一个世界，日常生活的世界，人民、忧愁、贫困、财富以及那些损害他们的人，还有生活在死亡边缘的人们。"画中的人物和道具都有一定的寓意：画架后的石膏像是对僵化的学院艺术的讽喻。这幅画虽然寓意较为晦涩，但从整幅画的艺术处理和人物刻画来说，不愧为现实主义杰作。（图1-5-28）

米勒（Jean-Francois Millet，1814—1875）

19世纪法国最杰出的以表现农民题材而著称的现实主义画家、法国巴比松派画家。米勒对大自然和农村生活有一种特殊的深厚感情，他早起晚归，上午在田间劳动，下午就在不大通光的小屋子里作画。《拾穗者》（图1-5-29）这幅画描绘了一个农村中最普通的情景：秋天的田野看上去一望无际，麦收后的金色土地上，有三个农妇正弯着身子十分细心地拾取地上的麦穗。她们身后是那一个个堆积的麦垛。我们虽然看不清这三个农妇的相貌及脸部的表情，但米勒却将她们的身姿描绘出古典雕刻一般庄重的美。

杜米埃（Honoré Daumier，1808—1879）

法国19世纪伟大的现实主义绘画大师，也是杰出的讽刺艺术大师。他用绘画表现劳动人民的生活状态和思想感情、讽刺和揭露法国的政界和社会的黑暗和丑陋。《三等车厢》（图1-5-30）是画家在速写的基础上完成的油画，画面中的前景中，一位怀抱孩子的年轻母亲坐在左边，一位贫穷的老妇人坐在中部，她那满是皱纹、历经沧桑的面部，似乎充满愁思。杜米埃的这幅作品略施薄彩，颇有版画趣味，从一个场景的角度真实地反映出那个时代的平民生活，简练而具深意。

5. 巡回展览画派：让俄罗斯了解俄罗斯艺术

这个画派要打破由沙皇皇室和贵族控制思想、垄断艺

图 1-5-29　拾穗者 / 米勒 / 法国 / 1857 / 巴黎奥赛博物馆藏
图 1-5-30　三等车厢 / 杜米埃 / 法国 / 1862 / 纽约大都会博物馆藏

图 1-5-31　无名女郎 / 克拉姆斯柯依 / 俄国 / 1883 / 莫斯科特列恰科夫美术博物馆藏
图 1-5-32　伏尔加河上的纤夫 / 列宾 / 俄国 / 1873 / 圣彼得堡俄罗斯国立美术馆藏

术话语权的状况，把美术作品送到更广阔的民间去展出，让更多的人得以欣赏。巡回展览画派的创作倾向是民主主义、现实主义，通过作品反映现实生活，批判专制制度和农奴制残余。巡回画展的诞生带来现实主义绘画艺术的空前高涨。

1871年11月27日，巡回展览画派在彼得堡举行了首次画展，参加这次展览的作品包括瓦西里·格里高里耶维奇·彼罗夫的《猎人的休息》、萨符拉索夫的《白嘴鸦飞来了》、盖依的《彼得大帝审问王子阿历克赛》、克拉姆斯柯依（Ivan Nikolaevich Kramskoy 1837—1887）的《无名女郎》（图1-5-31）和伊凡·伊凡诺维奇·希施金的《松林的早晨》等46件作品。以后巡回艺术展览协会几乎每年都举行一次巡回画展，从1871—1923年共举行了48次展览。巡回展览画派受到广大民众热烈的赞扬，受到所有进步艺术家们的喝采和支持。热情支持他们的有乌斯宾斯基、陀思妥耶夫斯基、屠格涅夫、托尔斯泰、契诃夫和斯塔索夫等。协会主要成员有：克拉姆斯柯依、米亚索耶多夫、别罗夫、列宾、苏里柯夫、列维坦、马科夫斯基、萨维茨基、希什金、瓦斯涅佐夫、库英治、雅罗申柯等。俄国巡回展览画派在创作实践中完全遵循车尔尼雪夫斯基奠定的美学原则——"美是生活""艺术家的使命不在于追求那些不存在的美，也不在于去美化生活，而在于真实地再现生活"。

伊万·尼古拉耶维奇·克拉姆斯柯依是俄罗斯"巡回展览画派"的创始人和领导人之一。1837年出生在一个贫寒的市民家里。1857年考入彼得堡皇家美术学院，后因不满教学而退学。克拉姆斯柯依富于创造性，他的作品具有强烈的民族气质、民族风格、独创性和深刻的内涵。主要作品有《手持马勒的农夫》《无名女郎》《无法慰藉的悲痛》《托尔斯泰像》等。他还是社会活动中杰出的理论家。

伊里亚·叶菲莫维奇·列宾（Ilya Yafimovich Repin，1844—1930），其父是一个屯垦军军官。列宾从小随家人在屯垦地日出而作，自幼目睹农民生活的贫困和艰辛，他经常见到囚犯劳役跋涉的过程，这些都成为他日后作品的主题与素材。1868年他以优异的成绩毕业于彼得堡美术学院，并获得了大金质奖章，公费到意大利、法国留学。1876年回国后开始坚持不懈地创作。著名作品有《伏尔加河上的纤夫》（图1-5-32）、《伊凡雷帝杀子》等。

伊凡·伊凡诺维奇·希施金（Ivan Shishkin，1832—1898） 是19世纪俄国巡回展览画派最具代表性的风景画家之一。克拉姆斯柯依说他是"俄国风景画发展上的一个独立学派，一个里程碑式的人物。"希施金自幼就在森林中长大，森林犹如他成长的母亲的怀抱，从学画起就立志画大森林。20岁时他考入莫斯科绘画建筑专科学校，经过九年的学习后，他以优异成绩获得金奖，赴德国和法国深造。回国后为彼得堡美术学院院士，继被聘为教授。希施金的风景画以俄罗斯辽阔、深邃的森林为主题，俄罗斯是森林之国。森林显示的是俄罗斯精神与气质，犹如战斗民族英雄的形象。希施金从各种视角描绘了生态万象生机勃发的俄罗斯大森林。《松林的早晨》（图1-5-33）是希施金的代表作之一。其他作品有：《雾蒙蒙的早晨》《松树林》《在遥远的北方》等。

瓦伦丁·亚历山德罗维奇·谢洛夫（Valentin Alexandrovich Serov，1865—1911）： 俄国19世纪末现实主义画家，才华横溢，富有激情。谢洛夫出生于彼得堡的一个艺术之家，从小受到良好的艺术熏陶。九岁时跟列宾学画，后考入皇家美术学院，得契斯恰可夫素描学派的悉心培训。代表作有《女演员叶尔玛洛娃》《少女和桃子》（图1-5-34）等。

五、印象主义、新印象主义、后印象主义绘画——个性觉醒的现代先驱

（一）概　述

印象主义（impressionism）也称印象派，又称为"外光派"，是西方绘画发展史中重要的艺术流派。印象主义认为古典画派是过时的、僵化的；浪漫主义是矫揉造作的。印象主义在19世纪60—70年代别具只眼观察、表现世界，画家群体写生探索，相互影响，并一起展出作品，以截然不同的画风登上法国画坛。

新印象主义（New-Impressionism）是印象主义派生出一个新的支派。新印象主义遵循科学的光色效应、严密的笔触绘画，被人们称为"科学的印象主义"。

后印象主义（Post-Impressionism）也称"印象派之后"或"后期印象派"。在艺术史上，严格地说是后印象主义从根本上扬弃了西方传统绘画的观念、格局和形式，由客观再现走向主观表现、走向现代。被誉为"现代艺术的先驱"。

图 1-5-33　松林的早晨／希施金／俄国／1889／莫斯科特列恰科夫美术馆藏
图 1-5-34　少女和桃子／谢洛夫／俄国／1887／莫斯科特列恰科夫美术博物馆藏

（二）印象主义绘画：思想解放的先驱、与传统绘画的决裂

1. 导入科学、捕获光色

"印象主义"首先注意到19世纪现代科学技术中光学理论和实践的成就，开始将当时的科学成就引进到艺术创作中来，开创了绘画中对外光的探索和表现。他们开始观察与描绘"外光"以及光和色彩关系的分析与表现，他们首先把自然科学发现的规律和艺术创作结合起来进行新的尝试。

19世纪60年代后期，马奈据此发展了一种新的美学观点。他认为自然界的一切物体的呈色都是由光的照射而产生的，这个世界是"光"和"色彩"统率构成的，画家要表现这个世界，就是要抓住这个世界"光"和"色彩"所呈现的瞬息万变、无限丰谐的视感，"光"和"色彩"成为这个世界的中心。

这种艺术观念成为他们的主导思想，从而引导他们在创作中竭力描绘事物的瞬间印象，致力于将一瞬定格为永恒，强调表现感觉，在创作中全力以赴地描绘"光"。而感觉是由主观出发的，印象派所描绘的完全是由自身感觉到的瞬间印象，这标志着印象主义开始与传统艺术划了一条决裂的界线。

2. 改变方法、走出画室

"印象主义"倾慕"巴比松画派"热爱大自然而置身自然以及现实主义地表现当代生活的精神。早期印象派为了追求对光的描绘而走出画室，面对自然进行写生，以直接的感觉迅速把握瞬间的印象，使画面出现不同时间光线照耀下的新鲜生动感觉，捕获了大自然丰富灿烂的景象。这是对艺术创造的一大贡献。他们有史以来第一次把画家从以题材为中心的传统创作中解放出来。

3. 同声相求、树起大旗

这批画家同声相求，抗衡一再拒绝展出他们作品的法国官方沙龙，1874年，他们举办首次独立画展。在马奈的光色美学观点启导下，莫奈以他出类拔萃的敏锐目光一马当先。画展中莫奈的一幅风景画题名《印象·日出》，有位叫勒罗瓦的作家发表了一篇小品文评论这次展览，题为"一次印象主义的展览"，"印象派"由此而得名。1876年举办第二次展览，有20位画家参加，这次展览干脆竖起了"印象主义"的大旗，从此印象派登上了法国画坛。印象派脱离了以往艺术形式对历史和宗教题材的依赖，将焦点转移到纯粹的视觉感受上来。

"印象主义"最明显的特点是：捕获与描绘视觉过程中对象瞬间的印象，表现物象纯粹的光色视感。法国作家左拉说：绘画所给予人们的是感觉，而不是思想。印象派画作常见的特色是笔触自然不加修饰，创新了绘画技法。印象主义大师坚持以客观存在的日常生活和自然景观为艺术本体，并以生活中的平凡事物为描绘对象。

4. 代表人物及作品

"印象主义"代表画家有克劳德·莫奈（Claude Monet 1840—1926）、爱德华·马奈（édouard Manet, 1832—1883）、卡米耶·毕沙罗（Camille Pissarro 1830—1903）、皮埃尔·奥古斯特·雷诺阿（Pierre-Auguste Renoir 1841—1919）、西斯莱（Alfred Sisley 1839—1899）、埃德加·德加（Edgar Degas 1834—1917）等。由于画家个人的兴趣不同，印象主义画家又分为重光和色彩与重造型和素描两种类型，前者以莫奈、雷诺阿为代表，后者以德加为代表，毕沙罗则介于两者之间。

（1）莫奈的《日出·印象》（图1-5-35）

这是莫奈1872年在勒阿弗尔港口画的一幅写生画。他在同一地点还写生了一幅《日落》，在送往画展时，两幅画都无标题。一名记者以揶揄的口吻说这两幅画是"对美与真实的否定，只能给人一种印象"。莫奈于是即兴给这幅画立名为《日出·印象》。写生的是海边日出，一片朦胧的光色笼罩着一切，笔触十分率性、跌宕无序。日出时色彩变幻的瞬间氛围，被莫奈的灵感捕获，这样瞬间的光、色感受是不可重复而唯一的。

（2）雷诺阿的《红磨坊的舞会》（图1-5-36）

这是印象主义绘画的重要代表作。雷诺阿用印象恣意地表现规模宏大的场面、热闹欢乐的气氛，人物主次变化有序、富有韵律、疏密协调的空间构成，都体现了雷诺阿高超的技巧。尤其是画面斑驳光影、闪烁迷离的光色变幻，是印象主义对光色变化独到感悟的充分体现。

（3）埃德加·德加的《舞台上的舞女》（图1-5-37）

画家通过舞女舞姿的闪烁，从中刻意追寻光与色的变幻。通过对舞女曼妙姿态的描绘，表现出舞台灯光下的绚丽。舞台上的布景与地面微妙的色彩关系，衬托出光照下的舞女，创造出空蒙轻盈、真实而又梦幻的世界。

（三）新印象主义绘画——直接把光学科学原理用于绘画探索

1. 科学印象、分割点彩

印象主义以炽热的感情、瞬间捕获的色彩和率性的笔触为特征，被称为"浪漫的印象主义"。新印象主义遵循科学的光色效应、严密的笔触，所以人们又称它为"科学的印象主义"：画家把三原色或不同的纯色彩的点疏密不一地并列在画面，由不同的纯色彩的点通过一定的距离经视觉再调合形成中间色，可以获得别样鲜明清新的色彩的效果。新印象主义应用这一色彩分割合成的原理作画，所以也被称作"分割主义"（Divisionism），也因为他们在作画时用点彩的方法，所以又被称作"点彩派"（Pointillism）。

图1-5-35 印象·日出/莫奈/法国/1872/巴黎马蒙坦美术馆藏

2. 遵循规律、忽略情感

新印象主义和前印象主义之间的共同点在于：描绘现实的生活、以写生风景和人物为主题、追求画面的光色效果。但二者也存在鲜明差异：印象主义画家追求的光色效果，是在调色板上调和各种颜色混合色彩时把感觉找出来。而新印象主义则不在调色板上调和各种颜色，严格地遵循色彩光合成的规律，把三原色或其他纯色彩的点疏密不一地并列在画面，由不同的纯色彩的点通过一定的距离经视觉再调和，以求获得鲜明的光色效果。新印象主义走向印象主义的反面，舍弃了画家的情感表现，它必然导致再次的变革——"后印象主义"的诞生。

图1-5-36 红磨坊的舞会/雷诺阿/法国/1876/巴黎奥赛博物馆藏

3. 代表人物及作品

乔治·修拉（Georges Seurat，1859—1891）和保罗·西涅克（Paul Signac，1863—1935）投入到对物理光学科学的探索中，重视科研成果高于感觉。修拉和西涅克按照光学科学的物理原理来指导写生与创作，直接用原色色点点画，使画面产生视觉混合的色彩效果，运用这种准确分布的各种色点来客观理性地、冷静地形成画面艺术形象。（图1-5-38至图1-5-41）

代表作品如修拉的《大碗岛的星期日下午》（图1-5-41），画中有各色人物伫立，人物与空间透析于明朗的阳光之下。画面因用原色点彩而显示出色光的闪烁，红与绿、黄与紫、蓝与橙的对比成为基本色调。

（四）后印象主义绘画：现代艺术的开端

1. 主观表现，走向现代

一如印象主义对传统的决断一样，后印象主义绘画否定了西方艺术传统真实客观再现的观念，也否定印象主义和新印象主义以光色再现自然，开启了现代艺术两大趋势，即强调结构秩序的抽象艺术（如立体主义，

图1-5-37 舞台上的舞女/德加/法国/约1877/巴黎奥赛博物馆藏

风格主义等）与强调主观情感的表现主义（如野兽主义等）。所以，在艺术史上，严格说是以塞尚、高更、凡·高为代表的后印象主义从根本上扬弃了西方传统绘画的观念、格局和形式，由客观再现走向主观表现、走向现代。因此，他们被誉为现代艺术的先驱。

2. 炽热情绪，强烈形式

后印象派艺术家既不同于前印象派唯我地追求光色效应，也不同于新印象派对光色进行科学分析和运用逻辑思维进行写生或创作。他们意识到艺术中自我的存在，致力于在作品中表现主观个性和强烈的情绪，把自己的情感转化为强烈的形式表现力。后印象主义否定印象主义单纯地模仿与再现世界，与表现客观物体的原来色彩相比，更重视通过物象来体现自身内心的主观感受、情感或情绪。

3. 代表人物及作品

（1）塞尚（Paul Cezanne，1839—1906）

塞尚用"主观"的真实区别于印象主义的"客观"真实。"主观地"观察光色效应的独特性区别于印象主义"客观地"观察光色效应。塞尚的绘画追求心目中永恒性，"主观地"表现形象的重量感、体积感、稳定感和宏伟感，画面渐趋简单化和几何化。他对画面的深入表现和追本溯源，开始蕴含了立体主义最初的元素。塞尚充分意识到绘画语言自身的表现力，推动了欧洲纯绘画观念的流行和形式主义绘画的发展，被誉为西方"现代绘画之父"。

塞尚的《有苹果的静物》（图1-5-42）

创作于1895—1898年间。塞尚说："描绘自然不是复制对象，它实现了人的感觉。"写生再不是对实物的模仿，应该追求"艺术的真实"，画面上体现的应该是画家的主观意念的"构成"，塞尚开始"用色彩造型"，其后发展为"变形""几何程式"，开创了"塞尚后"——西方现代主义美术的产生和发展。

（2）高更（Paul Gauguin，1848—1903）倾向于凭记忆感受作画，凭记忆经验创造，认为绘画的本质独立于现实，其代表作《我们从哪里来？我们是谁？我们到哪里去？》标题似乎提出了他对绘画的思考和发问。高更提倡综合的、象征的美学原则，他长期和土著人生活在一起，作品充满原始性、神秘性和抽象象征元素，平绘涂色的构成、主观情感的浓烈装饰效果，形成了鲜明的对现代文明的深刻反思。他推动了近代象征艺术的发展，对后来的超现实主义也有深远的影响。

高更的《两个塔希提妇女》（图1-5-43）是他远涉重洋到塔希提岛后创作的。作品表现了原始的生命力和强烈色块组合的修饰性，以不用光影描绘、平面的涂饰取代画面的立体空间感。这种单纯而强烈的色彩画法，是高更主观情感象征的、理想的体现，对后来野兽派和表现派绘画有重要的影响。

图 1-5-38 春天，塞纳河上的大碗岛 / 修拉 / 法国 / 1888 / 比利时皇家美术馆藏

图 1-5-39 侧坐的模特 / 修拉 / 法国 / 1889 / 馆藏不详

图 1-5-40 早餐 / 西涅克 / 法国 / 1887 / 荷兰国立渥特罗库勒·穆勒美术馆藏

图 1-5-41 大碗岛的星期天下午 / 修拉 / 法国 / 美国芝加哥艺术学院藏

从左至右依次为　　图 1-5-42　有苹果的静物 / 塞尚 / 法国
　　　　　　　　　图 1-5-43　两个塔希提妇女 / 高更 / 法国 / 1899 / 美国大都会艺术博物馆藏
　　　　　　　　　图 1-5-44　十五朵向日葵 / 凡·高 / 荷兰 / 1889 / 凡高博物馆藏

图 1-5-45　星夜 / 凡·高 / 荷兰 / 1889 / 美国纽约现代美术馆藏

（3）凡·高（Vincent Van Gogh，1853—1890）的画风可以说是他个人气质的融汇，其作品都是在强烈、近乎疯狂地渲泄自己的情绪（图1-5-44）。可以说，他的绘画都是他内心情感的自画像。凡·高的一生充满悲剧色彩，但他的作品不悲观、无拘无束地、炽热地直抒内心，表达为独自的个性和动荡的形式，他超越了常人和时代。凡·高是表现主义绘画的先驱，并深深影响了20世纪艺术，尤其是野兽派以及20世纪初出现的抒情抽象派，他们都从凡·高的作品中获得启迪与感悟。

凡·高的《星夜》（图1-5-45）是一幅色彩强烈、情感宣泄的象征主义的作品，以奔涌的似浪又似火的笔触描绘夜空中本是寂寥的月亮和星星，夜空变成了蓝色和黄色的交织旋涡，观赏者的目光与心绪都被卷入这浪潮之中。这是凡·高的无时不在躁动不安情绪的反映，其中可能也有凡·高精神创伤后的非理性疯狂。凡·高的这种宣泄主观情感的表现，也将色彩的情感因素发挥到极致，与印象派绘画只是停留在描绘客观世界外表的光与色的美有根本的区别。

六、20世纪现代主义、后现代主义绘画 —— 叛逆时代的文化思潮

（一）概　　述

现代主义绘画是西方社会迈入20世纪，在政治经济的变革与新技术革命引发的现代主义思潮下的产物。尤其是现代哲学思潮，在康德、黑格尔、尼采、弗洛伊德的开启下，对整个现代主义的文学艺术产生很大影响。一批画家反对传统观念的束缚，重视直觉与潜意识活动，激发内心的"自我表现"，开拓了新的艺术语言与表现领域，也使艺术语言趋向不羁和另类。

后现代主义是后现代社会（后工业社会、信息时代）相应科学技术革命发展的产物，也是西方社会精神异化的反映。后现代主义摒弃现代主义的基本前提及其规范，是对现代主义本体的反动、颠覆和超越。

（二）现代主义绘画

现代主义（Modernism）绘画一般释义为：在20世纪现代主义思潮影响下，与传统绘画断然切割的各种美术概念和流派，具有先锋意识、前卫特色、叛逆精神，又称现代派。

现代主义的源流可以追溯到法国的印象主义、后印象主义和象征主义画家们提出的"艺术语言自身的独立价

值""绘画不做自然的仆从""绘画摆脱对文学、历史的依赖""为艺术而艺术"等观念,这是现代主义艺术的观念前导。所以,被人们称作"现代绘画之父"的法国后印象派画家塞尚,在作品中就开始追求绘画语言的几何结构和形体美感。

现代工业和现代科技的发展对美术产生了一股冲击波。工业、科技文明剧烈地改变社会的固有意识与秩序,必然带来对艺术的重新思考,一个剧变的社会需要新的艺术来满足人们的精神需求。科技的发展拓展了艺术家认识世界的视野与思维方式,他们尝试用新的表现形式和艺术精神进行创作,提出了形形色色的新概念,形成流行派别,统称为现代主义美术。现代主义的主要特征是与传统美术断然切割,抛弃传统与理性思维,追求自己内心的"自我感受",标榜"自我表现",作品强烈呈现艺术家自我、求异、改变、破坏、亢奋的各式各样的复杂心理。

1. 立体主义和野兽主义:真正改变了艺术语言

1908年崛起的以布拉克和毕加索为代表的立体派绘画,认为存在的一切都可分解成几何体,从而由根本上摆脱了传统绘画的视觉惯律和空间概念,在法国推出立体主义画风。

野兽主义是以马蒂斯为代表的一群年轻画家,在1905年的巴黎秋季沙龙中,展出了一批不尚唯美风格,用狂异而夸张的艺术语言、变形的作品,被人们称作"野兽群",由此"野兽主义"得名。野兽派绘画,恰恰体现为单纯的平面,形的纯粹,画面的沉着,形成新的装饰意味。

毕加索是最有影响的现代主义美术大师之一。立体主义的风格最初出现在毕加索的油画《亚威农少女》(图1-5-46)中,此画被认为是传统艺术与现代艺术的切割线。这幅画开始用几何分割来理解物体,一切都是不同几何体面重叠、交织的美感,打开了别开生面的视域。他的另一幅作品《格尔尼卡》(图1-5-47)则通过一系列夸张、几何体变形和抽象归纳的表现手法,表现出对法西斯德国空军轰炸西班牙城市格尔尼卡罪行的强力控诉。亨利·马蒂斯的作品《舞蹈》(图1-5-48)是野兽主义的代表作。

2. 抽象主义:是对具象表现的彻底颠覆

抽象主义的代表画家有俄罗斯的康定斯基和荷兰的蒙德里安,分别代表被形容为热抽象与冷抽象的抒情抽象和几何抽象。康定斯基用点、线、面的组合、构成,把听觉空间的音乐语言转化为视觉平面的绘画语言来传达感觉和情绪。他奠定了抽象主义理论基础的著作是《论艺术中的精神》和《点、线、面》。真正奠定几何抽象主义理论基础和在艺术实践上有突出贡献的是荷兰画家蒙德里安创建的风格派。

《构成8号》(图1-5-49)是康定斯基的代表作,这幅作品将点、线、面、色的造型元素与视觉、心理效应之间的联系作为抽象艺术的依据,根据心理学原理赋予各种形式元素以相应的象征意义。画中的"锐角"表现的是一种尖锐的、富有运动感的特征。两个大尖角像金字塔般统治着画面,让布满零碎而倾斜的线,色块等小东西的画面有了稳定感和整体感。

《皮特·蒙德里安_14》(图1-5-50)这幅作品整体布局是方方正正的线条及色彩鲜明的色块,加上一部分原色的矩形,清晰地衬托出黑与灰。方格式的构成空间,创造出一种以紧密的色彩矩形和线条相统一

图 1-5-46 亚维农少女 / 巴勃罗·毕加索 / 西班牙 / 1907 / 纽约现代艺术馆
图 1-5-47 格尔尼卡 / 巴勃罗·毕加索 / 西班牙 / 1937 / 联合国会议大厅里永久陈列

从左至右依次为　图 1-5-48　舞蹈 / 亨利·马蒂斯 / 法国 / 1910 / 纽约现代艺术馆
　　　　　　　　图 1-5-49　构成 8 号 / 瓦西里·康丁斯基 / 俄国 / 1923 / 美国加州巴莎迪那诺顿西蒙美术馆
　　　　　　　　图 1-5-50　皮特·蒙德里安 _14 / 蒙德里安 / 荷兰

的画面。这种由分割产生的平衡，最终达到统一，表现出画家追寻人类和宇宙相互感知的探索。

3. 达达主义：惊世骇俗、反对权威

杜尚将达·芬奇的《蒙娜丽莎》儿童嬉戏般地用铅笔加上两撇胡子，将小便池命名为《泉》，隆重推上展览，于是便开启了达达主义艺术的帷幕。达达主义对整个世界持虚无主义和反传统的精神，反对权威。他们把偶然性发现、机遇性运作视为艺术创作，无视传统美学规则，严格来说，达达主义是后现代主义的代表。

《带胡须的蒙娜丽莎》（图1-5-51）这件作品中，蕴含着传统美学与艺术标准的蒙娜丽莎的形象被画上胡须，摧毁了传统的美学标准和审美情趣，给观者带来了巨大的视觉及心理冲击力，突出了作者对艺术本质的新思考和认识。

尿斗本是一件工业产品，通过杜尚的选择，将其转化为艺术品，并将作品名称命名为《泉》（图1-5-52）。这件艺术品的问世也可以被解读为达达主义对传统文明的否定，将生活中的现实物品提高到艺术品的高度与认可，也标志着生活与艺术是密不可分的。

4. 超现实主义：表现梦境和幻觉

由于虚无精神的弥漫，表现"超理智"的梦境、幻觉，无意识和潜意识世界成为追求。柏格森的直觉主义，弗洛伊德的精神分析学和梦幻心理学大行其道，于是把真实的具体的细节与虚幻的境象叠加整合。不同于达达主义的破坏和反艺术，产生了建设性的超现实主义。代表画家有马格利特、夏卡尔、达利、米罗等。

超现实主义从儿童、精神病患者、梦境中汲取灵感，把现实观念与本能、潜意识和梦的经验相糅合，以达到一种绝对的和超现实的境界。一些不经意无意识的发现、偶然的碰撞、不同材料的拼集等成为超现实主义常用手法。写实与抽象的语言在他们的作品中兼而有之。（图1-5-53至图1-5-60）

5. 抽象表现主义：随意性无目的性和重视行动过程

第二次世界大战以后，在美国产生了抽象表现主义（又称行动绘画或纽约画派）。这一时期是综合与标榜个性风格的时代，于是在德国和奥地利，产生了流行且深刻影响音乐、文学、戏剧、电影等发展、以抽象的形式表达和激起人情感的抽象主义和源于达达的超现实主义运动以及波洛克的随意泼洒行动的绘画，集合形成抽象表现主义。抽象表现主义强调创作者行动的随意性、自由性、自发性、无目的性和自然品质，重视创作行动过程，把艺术家创作行动提升为审美过程，作为艺术传播媒介的要素。

6. 波普艺术：走向大众的流行文化

波普艺术即流行艺术（popular art），代表着一种流行文化。20世纪50年代初萌发于英国，后鼎盛于美国，他们延续达达精神，以废弃物的拼贴组合作为主创手段，以社会公众人物的形象或引起关注的偶发事件作为表现内容。代表人物有美国画家约翰斯、劳生柏、沃霍尔等，由于贴近生活、贴近大众，最终成为一种国际性艺术运动。（图1-5-61至图1-5-64）

7. 超级写实主义：像摄影一般真实的描绘

20世纪70年代兴起的超级写实主义（或称照相写实主义）运动，顾名思义，是像摄影真实一般进行如实的、细腻的、逼真的描绘。代表画家有克洛斯、佩尔斯坦。

课程五 西方绘画艺术

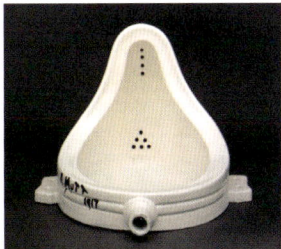
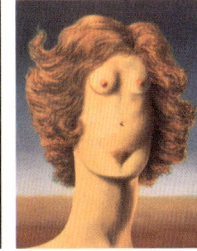

从左至右依次为
- 图 1-5-51　带胡须的蒙娜丽莎 / 杜尚 / 法国 / 1917 / 私人收藏
- 图 1-5-52　泉 / 杜尚 / 法国 / 1917 / 费城艺术博物馆
- 图 1-5-53　强暴 / 马格利特 / 比利时 / 1934 / 美尼尔基金会藏
- 图 1-5-54　共同的创造 / 马格利特 / 比利时 / 1935 / 私人收藏
- 图 1-5-55　呐喊 / 蒙克 / 挪威 / 1893 / 奥斯陆蒙克博物馆藏

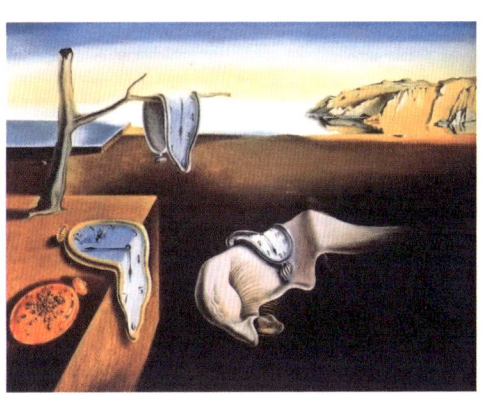

从左至右依次为
- 图 1-5-56　生日 / 夏加尔 / 俄国 / 1915 / 纽约现代美术馆藏
- 图 1-5-57　我和村庄 / 夏加尔 / 俄国 / 1911 / 纽约现代美术馆藏
- 图 1-5-58　记忆的永恒 / 达利 / 西班牙 / 1931 / 纽约现代美术馆藏

- 图 1-5-59　哈里昆的狂欢 / 米罗 / 西班牙 / 纽约水牛城公共美术馆藏
- 图 1-5-60　人投鸟一石子 / 米罗 / 西班牙 / 纽约现代美术馆藏

从左至右依次为　图1-5-61　波普艺术 十个伊丽莎白·泰勒／安迪·沃霍尔／美国／1963／法国巴黎蓬皮杜文化艺术中心藏
　　　　　　　　图1-5-62　波普艺术（Impression Sunrise）／阿历克斯·罗克曼／美国／1998／馆藏不详

图1-5-63　波普艺术／罗伯特·西尔弗斯／美国／馆藏不详

除上述之外，顺应现代思潮应产生的还有偶发艺术、大地艺术等。其许多艺术活动已经超出了美术的范围。

（三）后现代主义绘画

1. 后现代主义：现代主义是对传统艺术的切割与否定，后现代主义是否定的否定

如果说现代主义艺术是对传统（古典）艺术的切割与否定，追求"纯粹"的艺术，探究艺术之为艺术而不是非艺术，那么，后现代主义艺术则是对现代主义艺术的切割与否定，否定艺术与非艺术的界线。

后现代主义是20世纪60年代兴起于西方的泛文化思潮，以彻底否定现代主义的面貌出现，作为西方具有重大影响的思想运动，对现代性、西方哲学、文学、艺术等领域进行了深刻反思和否定。后现代主义趋向怀疑主义和虚无主义的极端，认为现代主义已过时，崇尚荒诞、新的非理性，否定过去。

后现代主义有丰富的多义性和歧义性，后现代主义绘画在风格上不是一个具体、单一的风格，无法由作品时间的先后来界定。

在文学、绘画、设计、建筑和电影等诸多艺术表现门类中，后现代主义对于创作主题和创作形式具有颠覆性和超越性的艺术表述。后现代主义在宽泛的概念下，产生了超级写实主义、观念艺术、装置艺术、大地艺术、新表现主义、行为艺术等。（图1-5-65至图1-5-71）

后现代主义艺术开拓了新的审美范畴，强调观者个人心理、情感参与互动，期望观众在对作品的感受中保持最真实的自我，保持自己本真的审美认识，让艺术与生活浑然一体，为观众创造全新的审美空间。后现代主义艺术在审美意识的表达上追求大众化，使艺术创作与艺术鉴赏变得更加互动和本真。

图1-5-64　波普艺术 彼得·布莱克_2／彼得·布莱克／英国／馆藏不详

2. 后现代主义艺术的特征

这是一个发展的、具不确定性、难以简单界定的问题，但可以概括为以下几个主要特征。

图 1-5-65　光效应艺术——"光学艺术"/ 装置艺术
图 1-5-66　大地"包裹"艺术《包裹帝国大厦》/ 克里斯托、克劳德 / 保加利亚 美国 / 1995

课程五　西方绘画艺术

从左至右依次为

图 1-5-67　鹿头骨 / 奥基夫 / 美国 / 1936
图 1-5-68　精确主义 月光下的纽约街道 / 奥基肤 / 美国 / 1925
图 1-5-69　爵士歌手 / 德穆斯 / 美国 / 1939

（1）后现代主义是泛文化思潮形成的潮流，倡导艺术大众化、通俗化、艺术回归民众。认为艺术应像商品一样，具有时尚的流行性。后现代主义认为没有永恒的价值，没有高雅艺术与通俗文化的高下区别，艺术众生平等。后现代主义绘画并非要把艺术非艺术化，即泛滥化、平庸化和粗陋化；后现代艺术强调艺术表述的本真性，作品应充满人性情感，拒绝苍白平庸。追求本真原生态、直面自然、回归自然。它主张广泛运用大众传播媒介艺术，把艺术回归到整个人类心灵纯净的土壤中，回归到民众日常的生活中去。

（2）后现代艺术把传统的繁复与现代的简单、古典的具象与现代的抽象融于一体，在截然不同中展现新意。创作出传统与现代、古典与时尚融为一体的大众艺术。认为艺术没有古今之分、东西之别，不同地域、不同传承、不同风格、不同手法的艺术都可相融，一切曾经出现过的艺术都可为后现代艺术所用！

（3）后现代主义美学观强调"回归视觉"。简单、纯粹、对比构成视觉冲击力，是后现代主义视觉美学要素。

（4）后现代艺术反对中心论，追求艺术创作独立的自由性，坚持不确定性的主张。作品追求无主题或主题模糊的多元化，显示绝对个性化与无限扩张化的特征。淡化过时的主题性创作，用非传统的艺术手法去创新。突破、超越传统艺术的一切形式限定、框架和规则，先解构而后再建构。

（5）后现代艺术甚至强调一切偶发事件的意义和不可重复性，完全相悖于传统艺术的存在原则。

（6）后现代艺术不强求独创性。后现代艺术认为社会现实是由符号解释构成的，社会是虚拟的。利用图像或影像制作整合，在拼贴、渗透、戏仿、并立和叠加中产生出新的艺术形式，成为一时期普遍的艺术生产方式。

后现代主义是现代主义在发展过程中的逆向运动，是对现代主义概念的颠覆和超越，后现代艺术颠覆一切过时的文化，表现出不可抗拒的力量。是人类文明进程中一波壮阔的思想浪潮。后现代艺术不懈创新，是时代的创新动力。

后现代艺术使艺术越来越具有哲学意味，永远追求人的生命更高层次的思想，创造领先时代的观念。

从左至右依次为

图 1-5-70　抽象表现主义 / 波洛克 / 美国 / 1950
图 1-5-71　行为艺术"赫尔之海" 3200 人裸体"蓝精灵" / 英国 / 2016

拓展阅读与参考信息

1. 图书资料

《剑桥艺术史》/ 苏珊·伍德福德，安妮·谢弗，克兰德尔编著，钱乘旦译 / 译林出版社 / 2009
本书内容丰富，编排精巧，是一本涉猎广泛且深入浅出的西方绘画艺术经典入门级图书。苏珊·伍德福德博士以亲切自然的语言揭示绘画作为艺术的独特之美。

《艺术的故事》/ 贡布里希著，范景中译 / 广西美术出版社 / 2008
作为西方艺术史的殿堂级书籍，《艺术的故事》叙述了从史前绘画到当今艺术的发展历程，建构了西方艺术灿烂而丰富的历史版图，帮助读者在回顾过去、探索艺术的过程中思考未来。

2. 博物馆

大英博物馆
又名不列颠博物馆，是英国国家博物馆，世界上第一座对民众开放的博物馆，核心建筑占地约56000平方米，藏有展品800多万件。

卢浮宫博物馆
卢浮宫博物馆是世界上最古老、最大、最著名的博物馆之一，位于法国巴黎市中心的塞纳河北岸（右岸），始建于1204年。卢浮宫占地面积约为45公顷，藏有艺术品40万件。

蓬皮杜国家艺术和文化中心
坐落于法国首都巴黎拉丁区北侧、塞纳河右岸，建筑面积共10万平方米，是现代巴黎的象征，其建筑具有鲜明的现代艺术特色，藏品多为20世纪以来西方各种造型艺术作品。

3. 纪录片

《艺术创世纪》（How Art Made the World）（2005）
本系列一共5集，从艺术中的人体、图画的诞生、说服的艺术、电影的古老基因、死亡的图像五个主题探讨艺术的来源与灵感，将生活中的细节与艺术的本质糅杂输出，具有启发性和趣味性。

《西洋美术史》（Landmarks of Western Art）（2006）
本系列纪录片一共6集，以时间和流派为线索梳理了从中世纪后期至19世纪晚期中的主要艺术家，介绍了西方艺术的时代背景及演化过程。

《艺术的力量》（Simon Schama's Power of Art）（2006）
这是英国著名学者Simon Schama制作的艺术类纪录片，曾荣获国际艾美奖最佳艺术节目、2007年第60届英国电影电视艺术学院奖最佳摄影等多项国际大奖。

课程六 公共艺术

课程概况： 本课程主要阐述作为现代文化、引发共鸣与交流的公共艺术的发展状况与趋势。现代公共艺术是艺术概念创新与最新科技结合的先锋，更多、更好、更新地创意性打造公共艺术，是经济、文化、社会生活发展的必然需求。

课程内容： 现代公共艺术的发展状况与趋势，包括雕塑艺术、装置艺术、光艺术、水艺术等课题。

训练目的： 认识现代公共艺术的概念创新、现代公共艺术与人们日常生活的关系。

重点和难点： 教学重点：现代公共艺术如何把创意、创新融入人们日常生活。
教学难点：探索现代公共艺术沟通社会公众共鸣与交流的新方式。探索现代公共艺术创新现代城市新型生活的方式。

思考和作业题： （1）公共艺术的表现形式有哪些？艺术和公共艺术的区别是什么？
（2）为什么说公共艺术是创造性、公众性、协调性、参与性的体现。
（3）高科技公共艺术中扮演怎样的角色？
（4）交流光艺术、水艺术在中国城市的成功案例。

专业提示： 关注国内外现代公共艺术的最新创意作品与形式。

Brigitte和M. Denninghoff在20世纪90年代创作的位于柏林街头的装置艺术《期盼》（图1-6-1），其形态相互缠绕却又被分割，象征了"二战"后柏林在东西方冷战时期东西分裂状态，描述了艺术家和德国人民的共同心愿：早日实现两德统一。他们的梦想在作品创作两年后成为了现实。这件作品验证了几千万德意志公民的梦想，可见公共艺术的魅力。

一、概　　述

1. 公共艺术的概念

公共艺术是为公共空间打造的艺术作品，旨在使社会公众产生共鸣与交流，是构建当代文化的一个重要范畴，体现公共空间民主、开放、交流、共享的当代文化精神。

公共艺术往往采用、体现最新的艺术概念和科技成果，例如多媒体艺术、高科技材质与装置、大地艺术、影像艺术、表演艺术等，也可以是建筑、雕塑、绘画、摄影、书法、水体、景观小品、灯光、空间识别和公共设施等。公共艺术创作形式范围无限，关键是赋予作品新的审美意味与共享价值。

2. 公共艺术发展简史

"公共艺术"这一概念最早出现于20世纪30年代的美国壁画运动。工业革命前后，由于生产力的提高促使城市职能和形态发生了变化。格局的规划，空间的扩张，人口的增长，无不使公共设施建设具有前所未有的发展前景。而"公共艺术"这一名词诞生于20世纪60年代，此时正值西方文化发展面临着古典艺术和现代艺术的对立，公共艺术是以解决新的文化、历史和社会问题为目的而出现的。以城市雕塑为例，现代城市雕塑消除了传统雕塑（图1-6-2）的神话色彩，拉近了雕塑与观众的距离，具备了公共性质。而在公共艺术早期的发展过程中，如巴黎埃菲尔铁塔（图1-6-3）和纽约自由女神像的出现具有跨时代的意义，它们不只是体现了近代工业的卓越成就，也在艺术形式和技术上对传统模式造成了冲击，继而传递出新时代自由平等的民主思想理念，而这正是公共艺术家们所追求的。

进入20世纪80年代，艺术家们开始探索观念艺术（Idea Art）、行为艺术、表演艺术以及大地艺术。同时，艺术家把设计理念加入广告设施建设中，这种将公共艺术的内涵与设计艺术的实际相结合的方式，已成为公共艺术的主要趋势（图1-6-4、图1-6-5）。

公众参与到公共艺术中并实现与作品之间的互动，即实现了艺术家和公众的相互交流与影响。互动的主体是平行的，代表着作品的延伸，使公共艺术的结果呈现出开放性的特质，艺术作品的意义和结果只有在互动中才能最终完成。公共艺术品除了装饰与美化环境的作用外，也可以让大众能够更加亲密地接触甚至产生互动，从而可以逐渐培养人们对艺术美感的认知。

图1-6-1　柏林街头的装置艺术

图1-6-2　狼孩／罗马城徽

图1-6-3　埃菲尔铁塔／巴黎地标建筑

图1-6-4　大黄鸭／弗洛伦泰因·霍夫曼／荷兰／2007

图 1-6-5　蓬皮杜艺术中心水景观雕塑 / 法国 / 1977

图 1-6-6　自然使者 / 光绘画艺术作品 / 佚名 / 2009
图 1-6-7　法兰克福光艺术节作品 / 佚名 / 2012

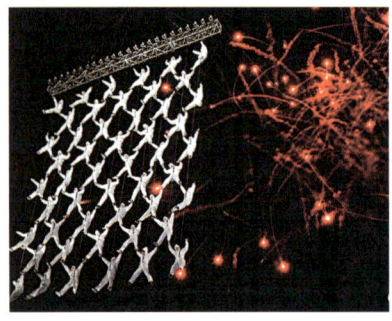

图 1-6-8　墨西哥海底博物馆 / 泰勒 / 2010
图 1-6-9　首尔人体灯光艺术秀作品 / 佚名 / 2011

3. 公共艺术发展的多元化趋势

公共艺术通常被认为是城市文化的载体，也是城市形象和精神的重要表现形式，用极其新鲜的形式体现着一个城市的文化积淀，见证着一个城市的建设和发展历程。现代公共艺术诞生于人类社会工业文明的发展，现代公共艺术以装饰、抽象等多种风格样式彻底改变了以写实、具象风格为主的历史面貌的西方古典时期的公共艺术，利用如钢、铁、不锈钢等新材料以及使用声、光、电、水等新技术，彻底终结了古典时期公共艺术是一部"石头和青铜的历史"这一陈规（图1-6-6至图1-6-9）。

现代公共艺术主要围绕现代城市人群的生活方式，对城市里的商业、政治、工作、生活、娱乐、体育、交通运输等诸多因素进行综合考虑。从运作模式角度上来看，现代公共艺术通常由政府、社会基金或者个人出资，通过委托、征集、招标等方式，邀请一些艺术家进行艺术创作。后现代主义时期，公共艺术运作方式逐渐出现集众多雕塑艺术家创作的"雕塑创作营"，很多城市有了雕塑公园，我国最早出现的是北京石景山雕塑园。在创新和观念性表现上，无锡长广溪国家城市湿地公园的五里天堂雕塑园具有一定的代表性。

从未来发展的角度考虑，城市公共艺术将取代原有单一的价值取向表现为多元性的审美价值观取向，与此同时，个性化风格也变得更加强烈和突出，逐渐展现出丰富和多样的审美景观。正因为这样，现代城市形象更加富有个性与特色。公共艺术对城市空间的阐释将因此得到延展，逐渐开始表达出多维度的文化信息和审美信息。除此以外，公共艺术也将朝着日益情境化、诗意化的方向发展。

4. 公共艺术的评判标准

（1）创造性：强调建立在文化和区域特征基础上的艺术创新。
（2）公众性：好的艺术作品不仅有好的视觉效果，还要被公众理解和接受。
（3）协调性：公共艺术存在于公共环境之中，其艺术效果能起到烘托公共环境氛围的作用。
（4）参与性：大众与艺术作品能够互动融合，强调公众参与过程中的价值体现。

二、雕塑艺术——凝固的视觉艺术

（一）雕塑的历史

雕塑的诞生与发展同人类的生产活动有着紧密的关系，与此同时也会受到不同时代宗教、哲学等社会意识形态方面的影响。西方旧石器时代的圆雕裸女，中国新石器时代的石雕、骨雕、人像和女神彩塑头像等，都反映出了人类对自然力的无限崇拜以及认识人本身、了解世界的过程。西方雕塑的传统发端于古希腊和古罗马文化，他们都受古埃及雕塑的影响，在追求雕塑"真实的美"的审美理想中，给我们留下了《米洛的维纳斯》（图1-6-10）等写实性雕塑的代表作品。

中国雕塑史上的第一个高峰在秦始皇统一中国之后，秦始皇陵兵马俑（图1-6-11）再现了2000多年前秦国大军的威势。雕塑生动记录了当时的社会、军事面貌，是历史、审美、思想、感情的结晶。

雕塑是一种极其古老的艺术形式，人们通过雕与塑的手段在三维空间环境中创造出全新的审美实体，表达自身对周围环境的一种全新认识。雕塑不仅需要雕塑家关注雕塑的本体，同时需要雕塑家关注本体外的因素，比如社会文化特性、自然环境、城市规划以及建筑形态等。雕塑的创作过程实际上是一种综合各种因素的设计过程，涉及建筑学、城市规划学、社会学、环境生态学等不同学科，并且在一定程度上与工程技术等相互联系在一起，它是艺术、科学、生活环境相互适合的一个完整的整体。

雕塑作为一种装饰城市的观赏物或纪念物，通常是具有一定寓意或象征、纪念意义的造型艺术作品。它通常用各种可塑材料或可以用来雕或者刻的硬质材料，创造出具有空间性、可视、可触的艺术形象，通过雕塑来表达艺术家对于社会生活的感受、未来的期望和审美上的理想。作为公共艺术的雕塑作品，可以进入各种公共空间，如广场、街道、公园等，引起公众的关注。

图 1-6-10　米洛的维纳斯 / 希腊 / 约公元前 150

（二）公共艺术雕塑的类型

1. 圆　　雕

圆雕的概念相对于浮雕而言，是多方位、多角度欣赏的三维空间的立体型雕塑，在进行观赏时，人们可以从各个不同角度看到物体的各个不同的侧面。圆雕是属于常规性的艺术作品，形式与技法种类繁多，可写实可装饰，也可具象或抽象。其内容与题材也十分丰富多彩，材质上更是囊括硬质材料和软性可塑材料，比如石材、木材、金属、塑泥、织物、纸张等。圆雕作为传统造型手法应用极为广泛，欧洲的历史性古典雕塑，如《大卫》《掷铁饼者》都属于这个范畴，而大型的具有城市、地域文化传播功能的历史性、时代性作品，都属于公共艺术雕塑的范畴（图1-6-14至图1-6-16）。

图 1-6-11　秦始皇兵马俑之跪射俑 / 中国 / 公元前 208

现代艺术家把感性和理性、主观和客观在艺术表现形式上结合在一起，运用综合、抽象和半抽象代替具象，或用具象的造型努力追求发掘自我感受，创造出表达时代精神意识的作品，如《垂钓》（图1-6-17）将写实的人物和环境通过空间倒置的视觉手法给人新的视觉和思维上的冲击；《五里月光》（图1-6-18）则用圆雕和浮雕相呼应的手法产生亲和力并给人视觉享受。

2. 浮　　雕

浮雕是雕塑形式与绘画形式结合的产物，用有限的平面空间来表现立体

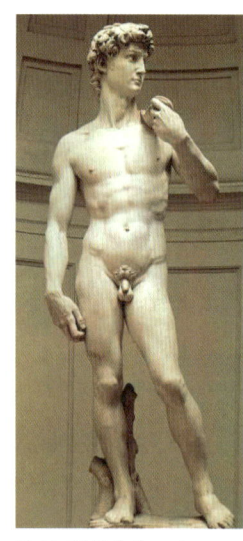

从左至右依次为
图 1-6-12　大卫 / 米开朗基罗 / 意大利 /1504
图 1-6-13　掷铁饼者青铜 / 米隆 / 古希腊 / 公元前 450
图 1-6-14　大连星海广场雕塑 / 佚名 / 1997

图 1-6-15　勃兰登堡大门门头 / 沙多夫 / 德国 / 1793
图 1-6-16　"金埃尔莎"——胜利纪念柱上的胜利女神 / 德国 / 1873

图 1-6-17　垂钓 / 林家阳工作室 / 无锡 / 2008
图 1-6-18　五里月光 / 林家阳工作室 / 无锡 / 2008

空间，并且可一面或双面观赏，所占空间较小，所以多适用于环境装饰，如博物馆和公共环境中的客厅、大堂、过道等，因此在建筑装饰上使用时间久远且题材广泛，生活器物上也经常可以看到。浮雕作品的内容、形式和材质丰富多样。

（1）故宫九龙壁

在中国，影壁是传统建筑形式的一项重要组成部分。九龙壁（图1-6-19）坐落在北京故宫宁寿宫区皇极门外，是一座背倚宫墙而建的单面琉璃影壁。其设计内涵象征皇权，同样也象征天子之尊的九五之数。

九龙盘旋于主壁，五脊列于庑殿顶，九行龙游走于正脊。五九四十五块龙纹垫拱板构成斗拱，整壁共用雕塑块270块，是九五的整倍数。壁上九龙以高浮雕手法制成，纵贯壁心的山崖奇石将九条蟠龙分隔于五个空间之中。居中为正龙——黄色，龙身腾旋，托火焰宝珠于中，炬目巨口；两侧各蓝白两龙，白升龙，蓝降龙。两龙或龙首相向，或龙首相背，各逐火焰宝珠，形随神动，似欲破壁乘云腾去；外侧双龙，一黄一紫，一进一退，一张一敛。其深厚的文化内涵和形式表现，成为明清浮雕文化最为经典的代表作品。

（2）人民英雄纪念碑

是新中国成立后最具代表性的浮雕作品，它位于北京天安门广场中心，同时与天安门、正阳门形成一个和谐、一致、完整的建筑群。人民英雄纪念碑主体是方形，建筑面积约为3000平方米。塔座下层的束腰部四面均镶嵌着八幅巨大的汉白玉浮雕，分别以"虎门销烟""金田起义""武昌起义""五四运动""五卅运动""南昌起义"（图1-6-21）"抗日游击战争""胜利渡长江"（图1-6-22）为主题。其庄严宏伟的雄壮姿态，逐渐形成了我国独特的民族风格。浮雕总体高2米，总长40.68米，一共镌刻着170多个人物形象，十分生动并且高度概括地展现出中国人民一百多年来伟大斗争史。

图 1-6-19　九龙壁 / 北京 / 1772

图 1-6-20　人民英雄纪念碑 / 北京 / 1958

图 1-6-21　人民英雄纪念碑浮雕局部"南昌起义"
图 1-6-22　人民英雄纪念碑浮雕局部"胜利渡长江"

三、装置艺术 —— 灵动的哲学艺术

（一）装置的概念及其发展

装置艺术（Installation art）是一种兴起于20世纪70年代的西方当代艺术形式。它混搭了各种媒介、材质和手法，在特定的环境空间中创造表达艺术家心灵感悟的作品。装置艺术开始于马塞尔·杜尚（Marcel Duchamp）等艺术家，他们使用现有物品组合创造作品，而非传统意义上用材料的原始形态、通过手工技艺来雕琢作品。由于装置艺术带有20世纪60年代观念艺术的色彩，所以大多数装置艺术都表现了艺术家强烈的思想张力和空间理念，这一特色让装置艺术与注重形式的传统雕塑迥然相异。

装置艺术除了使用各种混合材料外，另一个很大的特点是新兴媒体的介入，比如影音、表演、网络承载、实时互动等多元化表现方式。而某些特定装置艺术则仅能存在于创作它们的载体所存在的空间中。最近几十年，装置艺术逐渐成为当代艺术中重要的流行趋势，许多西方国家甚至已经出现专门展示装置艺术的美术馆，例如英国伦敦的装置艺术博物馆、美国旧金山的卡帕街装置艺术中心以及纽约新兴的当代艺术中心，这些美术馆几乎都是专供装置艺术展览的陈列馆，它们的

庭院特意设置了用于展示露天装置艺术的专用隔间。在许多西方当代美术馆的展览中，装置艺术也开始占据重要的位置。另一方面，各个美术院校也开始开设装置艺术课程。近年，各国艺术院校毕业生也有很多从事装置艺术行业。

装置艺术本身也在不断变化。例如，当代装置艺术的意义不再是对传统隔离式博物馆展示的一种反叛，反之已更多地成为当代博物馆展示的宠儿。最初以反对博物馆永久收藏为其宗旨的装置艺术，也越来越频繁地被博物馆列入永久收藏名录。埃菲尔铁塔（图1-6-23）本是为了庆祝法国大革命100年而在巴黎举办的大型国际博览会时所建的大型装置艺术，却最终因深受民众喜爱而被永久地保留下来，成为了世界十大标志性建筑，也成为了法兰西的国家标志。

图 1-6-23　埃菲尔铁塔 / 埃菲尔 / 法国 / 1889

（二）装置艺术的特征
（1）装置艺术不受传统表现形式的限制，它可以使用任何表现手法或结合各种表现形式，如音乐、表演等，它是一种极为现代的、开放的，集空间视觉、听觉和心理感觉为一体的时尚艺术。
（2）装置艺术不受空间尺度的限制，大空间的室内环境和户外空间都适合装置艺术作品的展现。
（3）装置艺术不是凝固的艺术，艺术家可以按预先的设计进行变化，也可以按展览空间和周围环境的不同而进行组合的改变。
（4）公众的参与是装置艺术不可或缺的部分，观者的思想反馈和对社会现实的思考是装置艺术鉴赏的重要组成部分。
（5）装置艺术是设计者针对特定展览空间，因地制宜、配合固定客观因素和能动因素精心创作的整体艺术。

图 1-6-24　水墨菜单 / 王天德 / 1996

（三）装置艺术在中国的发展
装置艺术在我国起源于20世纪80年代，美国著名波普艺术家罗伯特·劳申伯格（Robert Rauschenberg）于80年代来华举办了一次展览，自此，许多中国艺术家们对装置艺术的浓厚兴趣被点燃了。经过几十年的探索、实践和发展，装置艺术作为新兴现代艺术的一种，不仅被越来越多的中国艺术家所推崇，更被广大民众所接受。中国装置艺术作品在20世纪90年代前期已经形成独特的、富有潜质的艺术形式。

图 1-6-25　大地走红 / 邸乃壮 1992 — 1997

装置艺术在中国的发展有很多推力因素，包括本土固有的内在因素和国际上的外在因素。改革开放后，社会进入飞速发展阶段，民众的生活水平不断提高，综合国力也不断增强，因此社会产业结构也相应发生调整和变化，呈现出后工业社会转型的现状，促使装置艺术在中国有了突破性的发展。当代全球化艺术都呈现出多元化整体性迅速发展的局势，这对于中国艺术家们的影响是潜移默化的。20世纪90年代后，艺术家们的创作理念也由一开始的单一摹仿渐渐融入本土文化、自然元素。例如，中央美术学院的"天书"，王天德将宣纸墨染后铺陈于桌、椅、笔砚、酒瓶等的"水墨菜单"（图1-6-24），有着明显的对中国地域文化探索的深度。而邸乃壮的大型装置艺术"大地走红"（图1-6-25），自1994年开始在许多大中城市公园巡展，并获得了民众自然真实的配合，都说明装置艺术在中国是有广大受众的。

1. 本田晋一的作品

图 1-6-26　本田晋一装置艺术作品

日本艺术家为荷兰一家杂志拍摄的一个名为《日本》的系列，里面有一张画面混搭的图片，黑压压的一堆蜿蜒曲折的小鳗鱼中间，有一个球。作者介绍："这个是日本国旗的形象，给人科幻、宇宙的感觉，而且也象征了外界眼中的日本人：重科技、技术，但是又性格矛盾，极其复杂。"

课程六　公共艺术

2. 伊藤隆道的作品

伊藤隆道，日本著名装置艺术家。他在东京艺术大学读书的时候，就建立了自己的工作室。他使用电镀钢管以及暗藏的马达组成了别具风格的"动的雕塑"。当伊藤隆道把一个几层楼高的曲别针放到绿草地上时，他在世界现代装置艺术界的位置就确立了。

图 1-6-27　金属装置艺术作品 / 伊藤隆道 / 20 世纪 60 年代

四、光艺术 —— 无形的梦幻艺术

1879年美国天才科学家爱迪生发明了电灯泡,从此光伴随着人类走进了人们的生活,并从简单的照明工具发展到新兴艺术素材,广泛运用于视觉美学中。闪耀非凡的光艺术,很容易吸引观者的视觉并留下深刻的印象。

光艺术是通过光的折射与反射呈现的视觉表现艺术。"光艺术"这一理念的出现打破了传统凝固造型艺术的诠释桎梏,为公共艺术的形式多样化提供了新的方向。光艺术是艺术与技术结合的实践产物,也是经过艺术家实践调和的产物。例如各届奥运会开幕式(图1-6-28至图1-6-30)均是一场大型的综合光艺术盛会。而水立方(图1-6-31)LED灯光效果是最典型的光艺术作品,它是结合了光艺术和LED科技的一场成功实践,是呈现给世人的杰出光艺术作品。运用大面积LED灯带表现的光艺术以不同的色彩,配合空间的远近营造出特殊的氛围,由于面积大,装饰效果明显,且省电耐候,是值得提倡的节能环保光环境装饰艺术。

根据建筑或实体轮廓装饰灯光艺术,使得实体建筑在夜晚显得更加活泼,环境气氛富丽优美,是近年来流行的灯光装饰艺术趋势。其中以类似巴洛克风格的曲线形华丽灯饰较受喜欢,复杂的纹饰也易成为夜晚公共环境的视觉中心。近年来对于如何赋予传统经典建筑新的生命活力,已成为不少设计师关注的方向。多媒体灯光运用是一个很灵活的手段,可以在第一时间赋予建筑物完全不同以往的生命力。如柏林灯光艺术节上,勃兰登堡门焕然一新,悉尼歌剧院也在光艺术设计师的巧思下变换着不同的气质。

五、水艺术 —— 流淌的柔情艺术

老子有云:上善若水,水善利万物而不争。意思便是说,人们追求的最高理想境界的善行就如同水的品性一样,泽被万物却也不会去争夺名利。自然界的水有着世间的大智慧。从原始社会的挖沟引渠开始,人们就主观地改造水。随着人类改造能力的提升,进而将水变成一种点缀环境的艺术形式,于是我们有了喷泉、人造瀑布、水幕电影等等。人们根据水的特性,如流动性、任意性以及水的固、气、液三态变化的特点,使用自然或人造道具,将水的流动和三态变化控制在主观设定的范围内,广泛运用声光电科技配合水,形成了独特的水艺术。

在水艺术的制作过程中,艺术化的设想和理想化的氛围营造是最主要的内容。艺术家们在把握水的特性和现有技术的基础上,创造出符合整体环境氛围和空间形象的水艺术。

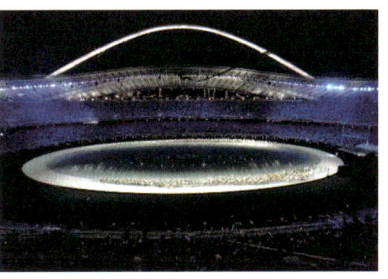

图1-6-28 雅典奥运会开幕式 / 2004

图1-6-29 巨轴画上LED灯光变幻 / 北京 / 2008

图1-6-30 北京奥运会开幕式"走向未来" / 2008

图1-6-31 水立方LED灯光变化 / 北京 / 2008

图 1-6-32　人的天生亲水性

图 1-6-33　美国拉斯维加斯百乐门大酒店喷泉

图 1-6-34　克拉玛依世纪广场水幕电影

图 1-6-35　日本东京天鹅水幕电影

图 1-6-36　法国大型实景水秀表演

1. 水景观

人往往都倾向于和水保持着相对较近的距离。当与水的距离较远的时候，人们往往通过视觉来感受水的存在，从而逐渐被吸引到水边，实现与水的近距离接触。一些时候，水景的设置会相对隐蔽，却可以通过水声来吸引人。正是由于人的亲水性，在公共环境空间的设计与布局中，应该恰当地缩短人和水面的距离，在保证安全的情况下，鼓励让人融入水艺术中。（图1-6-32）

2. 喷　　泉

喷泉景观概括来说可以分为两大类：一种是因地制宜，根据环境现场的地形结构，模仿天然水景制作而成，例如涌泉、溪流、瀑布、水帘、跌水、水涛、水涡等。另外一种则是完全需要依靠喷泉设备的人工造景。近年来，这类水景在建筑领域被广泛应用，发展速度很快且种类丰富，例如有常见的音乐喷泉、程控喷泉、摆动喷泉、跑动喷泉、光亮喷泉、游乐喷泉和超高喷泉等。

喷泉的历史非常久远，早在公元前6世纪的巴比伦空中花园中已出现了喷泉。而在古希腊时代，喷泉就已由饮用水的泉逐渐发展成为装饰性的泉。17-18世纪，喷泉在欧洲城市盛极一时。罗马更是有3000多个喷泉，历史上被称为"喷泉之城"。到20世纪，喷泉发展成为一种大型水雕塑，使用水柱构成各种样式不同的形态。例如美国拉斯维加斯百乐门大酒店的大喷泉表演（图1-6-33），是变化丰富、设计优美的水景观艺术。

3. 水幕电影及表演

水幕电影诞生于20世纪80年代后期，最早的时候，水幕电影只是出现在法国、日本等一些国家的大都市中。水幕电影具有极好的光学效应，每当电影播放时，具有颜色新鲜、生动、字幕清晰的优点。水幕电影技术原理是用光束照射在水面，以先进的多媒体技术展示具有较强立体效果的电影，是水艺术与光艺术的完美结合。（图1-6-34至图1-6-36）

拓展阅读与参考信息

1. 图书资料

《公共艺术概论》/ 王中 / 北京大学出版社 / 2014

本书对公共艺术的发展趋势，公共艺术涉及的历史、哲学以及当代文化现象进行了系统的阐述，并结合当下公共艺术的困惑与欧美国家有关公共艺术的政策法规的研究与分析，为我国公共艺术建设与公共艺术教育提供参考。

《公共艺术与历史街区的振兴》/ 马钦忠 / 学林出版社 / 2010

本书立足于国际当代公共艺术与景观发展的现状，追踪最新学术成果和实践业绩，强调理论性与实践性的统一、场所研究与设计实施的案例分析与披露。

《德国公共空间艺术新方向》/ 吴玛利 / 吉林科学技术出版社 / 2002

本书由十余位台湾学者精心编撰，结合艺术、生活、城市环境与专业理念，全面展示与分析欧美公共艺术设计典范案例。

2. 网站

http://www.dolcn.com/ 设计在线

设计在线是国内成立最早的设计专业网站，用专业的设计资讯内容服务中国设计群体，与国内外设计专业院校、设计行业组织、设计企业建立了广泛的联系。

课程七　工艺美术

课程概况：本课程主要介绍从人类文明肇始就系结人们精神生活与物质生活的工艺美术，阐述了中西方工艺美术的源流、发展概况与审美特征，体现世界工艺美术精粹的瓷器、编织、木器、金属、玻璃等工艺，尤其是有关中国传统文化传承的工艺技艺与审美特性。

课程内容：中外工艺美术的源流、各领域的发展概况与审美特征。

训练目的：学习工艺传承中的创造性与工匠精神。

重点和难点：教学重点：了解中外尤其是中国传统工艺美术的门类和艺术特色。
　　　　　　　教学难点：中国工匠精神传承的社会条件和人文精神。

思考和作业题：（1）谈谈国家级"非遗"中工艺美术的代表种类有哪些，它们对中国文明发展的作用。
　　　　　　　　（2）谈谈西方工艺美术与中国工艺美术的异同。
　　　　　　　　（3）探讨中国瓷器在历史发展中的典范名窑与典型作品。
　　　　　　　　（4）在现代科学技术高度发展的今天，工艺美术的角色和作用如何？

专业提示：关注网上国内外工艺美术博物馆与相关专题电视节目，如《国家宝藏》。

一、概 述

工艺美术是与日常生活相关、兼具实用和审美价值的造型艺术。工艺美术品既是物质产品又是精神产品。作为物质产品，它的材质、用途反映一定时代社会的物质、文化和生活水平；作为精神产品，工艺美术作品体现这一时代的审美观。实用与审美相统一是工艺美术的本质特征。

1. 工艺美术的门类

工艺美术有着悠久的历史和精湛的传统技艺，反映出优秀的古代文化，其主要门类有雕塑、锻冶、烧造、木作、髹饰、织染、编扎、绘画、剪刻工艺等。其中雕塑工艺包括牙骨、木竹、玉石、泥、面等材料的雕（如图1-7-1）、刻或塑（如图1-7-2）；烧造工艺包括陶瓷和玻璃料器；锻冶工艺包括铜器（如图1-7-3）、金银器、景泰蓝等；木作工艺主要指传统家具；髹饰工艺指漆器和漆画；染织工艺是最直接涉及日常生活的传统工艺，其主要门类有织锦、刺绣、地毯、缂丝和印染；编扎工艺指竹、藤、棕、草等材料的编织扎制；绘画工艺主要指烫画、年画、铁画、内画等；剪刻工艺指剪纸、皮影等。

进入现代社会后，传统工艺美术品主要多指观赏性（或兼具一定实用性的）工艺品，它们有一定的生产规模，主要作为旅游纪念品、装饰品行销。事实上它不仅仅是一种商品，而是承载传统文化、传递人文精神、价值观念和社会意识的一种文化产品。

2. 中国工艺美术

中国的工艺美术自新石器时代就已出现，制陶工艺的进步，显示了工匠对材料性能的把握、制作工艺的提高、对形式美法则的认知运用。同时，在商、西周时期，不仅原始青瓷和漆器获得初步发展，青铜器和玉器更是达到了辉煌的成就，如图1-7-4的青铜酒器，就是这段光辉历史的见证。

初唐和盛唐的中国工艺美术得到了全方位的发展。织锦、陶瓷、印染、木工、金银器和漆器的技艺水平和生产规模都达到了前所未有的程度。宋朝是我国陶瓷艺术的集大成时期，出现了许多名窑名瓷。明代是我国工艺美术承上启下、文化交融、品类繁盛而民族风格发展的成熟期。最具代表性的明清家具（图1-7-5）是我国工艺美术的显著成就之一。

中国古代工艺美术的各个类别在清代发展得更加完善，其品类之多、技艺之精湛，呈现出集各个时期之大成的局面。进入近代，工艺美术的生产方式、品类、工艺技巧都有不同的发展。蓬勃发展的现代工艺美术有着清新、简洁、明快的风格，标示着一种崭新的文化内涵，开辟了新的中国工艺造物领域，树立起新的审美风向和价值标准。20世纪末，中国的工艺美术秉承"古为今用、洋为中用"的发展原则，出现了很多创新作品。

图 1-7-1　红山文化玉龙 / 新石器时代

图 1-7-2　说唱陶俑 / 汉代

图 1-7-3　马踏飞燕 / 汉代

图 1-7-4　青铜酒器 / 商代

图 1-7-5　明式家具 / 明代

图 1-7-6　陶器 / 古希腊图

图 1-7-7　传教者 / 中世纪

图 1-7-8　饰金洛可可风格梳妆台 / 法国

图 1-7-9　包豪斯设计的银质葡萄酒容器 / 德国

3. 西方工艺美术

西方工艺美术的历史以陶工艺的发明为开端，之后工艺美术的发展无不与新材质的出现、新工艺形式与新技术的产生息息相关。原始工艺美术的作品以祭祀功能为主，审美意识仍与巫术观念和图腾崇拜紧密相联。

新石器时代结束后，工艺美术在爱琴海地区获得了进一步发展，古希腊、古罗马工艺美术是西方工艺美术的一个重要时期。主要有陶工艺、金属工艺等形式，汲取富于想象力的神话传说题材，推崇优美、典雅、和谐的审美标准（如图1-7-6）。到了古罗马帝国时期，陶工艺、玻璃工艺、金属工艺和玉石工艺都取得了辉煌成就。

中世纪时期，工艺美术无论制作技术还是装饰手法都获得了新的发展，并带有明显的宗教性质。为了达到将基督教精神渗透进人们精神世界的目的，宗教故事、宗教人物成为中世纪工艺美术的主要题材（如图1-7-7）。至文艺复兴时期，人文主义思想打破了工艺美术的宗教性质，工艺作品在各方面都有了显著的提高与突破。

17世纪到18世纪，西方工艺美术的发展迎来了三个特殊时期：巴洛克时期、洛可可时期和新古典主义时期。

巴洛克时期的工艺美术注重外在的表现形式，呈现出强烈奔放、豪华壮观、奇特玄妙和大气磅礴的风格特征，是工艺美术自古典风格向近代风格过渡的主要标志，起到了承前启后、继往开来的作用。到了洛可可时期，源于宫廷艺术的洛可可式工艺美术风格注重装饰性，热衷于精雕细琢的表现手法，带有明显的享乐主义色彩（图1-7-8）。这个时期促进了欧洲各种工艺技巧的发展和提高；新古典主义工艺美术以追求古典主义的典范气质和高端实用取代了洛可可的繁琐矫饰、华而不实。新古典主义工艺美术以崭新的审美观念和工艺美学思想构筑了通向现代工艺文化的道路。

19世纪末20世纪初，以工艺美术运动、新艺术运动和包豪斯为代表的工艺美术革新浪潮带来了近代工艺美术面向广大民众的创作局面，工艺美术在种类、造型、装饰、色彩以及实用功能等方面都发生了新的变化。图1-7-9是包豪斯设计的容器，这时的酒器与中国早期青铜酒器、瓷器相比，在材料、工艺、色彩、装饰上都发生了巨大的变化。"二战"以后，工艺美术创作随着现代社会的进步产生了新的发展，艺术家们以全新的观念、奇特的创意、丰富的工艺形式和精湛的制作技艺，不断探索着工艺美术的表现力。

4. 工艺美术的审美分析

由于工艺美术的发展与人们的衣食住行有着极其密切的联系，它必须同时满足人们生活上的实际需求以及心理需求。因此，实用性和审美性的结合是工艺美术最主要的特点。主要可以从材料美、色彩美、造型美、装饰美等多方面来认识工艺作品的审美价值；同时，可结合作品与周围环境色调、形态、气氛等因素的匹配度领悟它的文化意蕴。

（1）工艺美术的材料美

工艺美术的材料美讲究材料的天趣性和工巧性，主张"因材施艺"和雕镂画缋之工巧（图1-7-10）。欣赏工艺品的过程中，材料的个性特征是否得到准确表现、工艺手段在材料加工过程中是否得到充分施展，这些评判标准是鉴赏材料美发挥水平的考量。借此，我们也可提高自己对工艺美术品的鉴赏能力。

图1-7-10　玉马/汉

（2）工艺美术的色彩美

工艺品的色彩是整个作品中最敏感的部分，最能直接触动人的感官。工艺美中的色彩美也是最直观、最有冲击力的一种美。工艺美术的色彩美可以根据具体的工艺品制作及形成的过程，就其材料、装饰手段、工艺条件、质地等多方面的因素去品鉴（图1-7-11）。

图1-7-11　三彩骆驼彩乐俑/唐

（3）工艺美术的造型美

工艺美术造型美讲究和谐性和灵动性。除了要求韵律、气势、严谨外，还崇尚大方流畅、和谐稳定等，这些法则道出了劳动人民的审美经验，并启示我们：美的造型应该是合比例、有性格、特征能够得到体现的，是生动和谐的整体美（图1-7-12）。

（4）工艺美术的装饰美

工艺美术的装饰是古代造物"象征性"的表现方式之一，反映了人们的审美需求，同时也在不同程度上表现了一个时期社会的意识形态。工艺造物通常都隐藏着一定的深刻含义，借助造型、尺度、体量、色彩或纹饰，可以映射伦理道德观念。通过观察、品鉴工艺品的装饰效果，我们应该能够学会体味装饰花纹的图案美、装饰工艺的精湛美以及装饰题材的意境美（图1-7-13）。

图1-7-12　长信宫灯/汉

二、瓷器——闪耀中国文化的华章

瓷器的原材料由瓷石、高岭土、石英石、莫来石等组成，其外表施有玻璃质釉或彩绘。瓷器经窑内高温烧制才能成形，而其表面的釉由于烧制的温度不同会发生各种各样的变化而产生不同的效果。瓷器是我国古代劳动人民的一项伟大发明，对世界文明的推动作用不亚于指南针、火药、造纸术和印刷术。在世界瓷器史上，我国在陶瓷技艺上所取得的成就尤为显著。

图1-7-13　云纹漆鼎/汉

我国在原始社会后期开始烧制青釉器物，它已经具备了瓷器的各种性能，战国时期的原始青瓷（图1-7-14）已十分精美。三国以后，青瓷进入辉煌发展的时期。至南北朝，青釉瓷器更是大量生产，此时的青瓷釉色光亮、瓷质细腻、线条明快流畅、造型端庄浑朴、色泽纯洁斑斓。隋

图 1-7-14 青瓷提梁盉 / 战国

图 1-7-15 钧窑月白釉尊 / 宋

图 1-7-16 青花龙纹高足碗 / 元

图 1-7-17 青花五彩瓠瓶 / 清代

图 1-7-18 人物圆盘 / 清代

唐时期，无论青瓷或白瓷较过往都有显著提高。白瓷一般是指瓷胎为白色，表面为透明釉的瓷器。这个素雅的陶瓷品种很受人们的喜爱，虽然表面上没有五彩艳丽的花纹，但却展示出一种朴素天然的美。越窑的青瓷与邢窑的白瓷不仅流行国内，还远销海外。

宋代的瓷器工艺成就在我国历史上地位突出。地方窑在数量或质量上都超过了历史上的任何时期，五大名窑（钧、汝、官、哥、定）以及磁州、耀州、吉州、龙泉、景德镇等窑争新斗艳。钧窑瓷器瑰丽犹如朝霞，汝窑瓷器釉色美似天青，官窑瓷器釉汁白如凝脂，哥窑瓷器以冰裂纹见长，定窑瓷器以印刻花取胜。图1-7-15展示的就是著名的钧窑月白釉尊，是我国瓷器的经典之作。

彩瓷出现之后，结束了长期以来"南青北白"的局面，陶瓷的世界开始百花齐放、各展艳丽，如元、早明、清初的青花（图1-7-16）及釉里红，明朝的斗彩、清朝的珐琅彩都绝唱一时。晚清至民国初年出现的浅绛彩也是一个富有特色的瓷器品种。浅绛彩取材多借宋元以来的文人山水、人物或花鸟画稿，具有浓郁的文化气息。由于浅绛彩从图稿设计、勾画到渲染都由一人完成，因此这种艺术形式更能自由地表达作者的个性，使瓷器的意境更加鲜活（图1-7-17）。

彩瓷主要有釉下彩瓷和釉上彩瓷两大类，釉下彩始于唐代青花。明清时期开始出现釉上彩（粉彩），同时也是彩瓷发展的盛期，以景德镇窑成就最为突出。

粉彩瓷，又叫软彩瓷，是景德镇窑四大传统名瓷之一。这种瓷器通过控制"玻璃白"加入量的多寡来获得不同深浅浓淡的色调，由于这种色调粉润柔和，故称这种釉上（在瓷胎上）彩绘为"粉彩"。粉彩无论是在绘画方法、布局还是笔法上，都有类似传统中国画的特点。它采取了点染与套色的手法，借鉴其他工艺美术技艺的优点，使所要描绘的对象，无论是人物、山水、花卉、鸟虫，都增加了质感与层次。粉彩的瓷胎精美洁白，与其上的粉彩纹样有机结合，相互衬托，展现出秀丽雅致、粉润柔和的艺术效果。

青花瓷属釉下彩瓷，白釉配合青花，有着明净素洁的色彩效果，给人清新明丽、庄重大方之感。青花瓷只用一种蓝色作画，却表现出了万种风情。青花瓷在唐宋开始发展，成熟期在元代，清康熙时发展到顶峰。明清时期创烧了青花五彩、青花红彩、豆青釉青花、孔雀绿釉青花、黄地青花等衍生品种。青花瓷有着浓厚中国特色，成为世界各国人民推崇的陶瓷艺术品。图1-7-18至图1-7-22展示的是系列清朝瓷器。可以看出，由于中外文化的频繁交流，清代的中国瓷器发展在器型和纹样上有了较大的突破和改观，显得更加富丽与丰润；在造瓷技术上也有了更大的进步，所制瓷器胎质细腻、釉光莹润、色彩绚丽、镂雕精工。

图 1-7-19　彩开光式"庭园仕女"图盖碗连盘套装 / 清代

图 1-7-20　胎画珐琅开光式胭脂红绘山水图罐 / 清代

图 1-7-21　御制铜胎白地画法珐琅"缠枝牡丹"图圆洗 / 清代

图 1-7-22　御制铜胎画珐琅开光式"蝠桃花鸟"图藏草瓶 / 清代

图 1-7-23　定窑白瓷孩儿枕 / 北宋

图 1-7-24　官窑贯耳瓶 / 宋代

（一）中国五大官窑

1. 定　窑

创烧于唐朝后期，北宋鼎盛，产地在唐宋时期的定州（今河北曲阳县的涧磁村、燕川村一带）。定窑器瓷色泽鲜艳、沉稳、饱满。装饰有划花、刻花、印花等多种，风格多高贵典雅。定窑主要烧白瓷，烧出的瓷质十分细腻、质薄有光，釉色润泽如玉。除了烧白釉以外，定窑还兼烧绿釉、黑釉和酱釉。造型多为盘、碗，梅瓶、枕（图1-7-23）、盒等次之。器底常刻有"慈福""聚秀""奉华""官"等字。盘、碗因覆烧，有芒口及釉卜垂，会形成"泪痕"这种特点。瓷器的花纹更是千姿百态，有用针剔成的绣花、用刀刻成的划花，还有特技制成的"竹丝刷纹""泪痕纹"等。

2. 官　窑

始于宋代，北宋官窑在京城汴京（又称汴梁，今开封），南宋官窑在临安（今杭州）。官窑青瓷釉色晶莹剔透，有开裂或呈冰片状，粉青紫口。彩瓷也是官窑的代表作品。主要器型有尊、瓶、盘、洗、碗，也有仿周、汉时期青铜器的炉、鼎、彝、觚等式样。器物的造型常常有华贵艳丽的宫廷风格。官窑瓷器整体胎体较厚，天青色釉面略带一点粉红，釉面开大纹片，这是由于胎和釉热膨胀系数不同，受热之后膨胀程度不同而产生的效果（图1-7-24），也是北宋官窑瓷器的典型特点。

3. 汝　窑

创烧于北宋晚期，是继定窑之后为宫廷烧制的贡瓷。汝窑窑址在今天的宝丰县清凉寺，因宋时属汝州，故称汝窑。汝窑瓷器最高贵的特色是其釉色，后人评价"其色卵白，如堆脂，然脂中有榨眼隐若蟹爪，底有芝麻细小挣针"。釉色主要有天青、天蓝、淡粉、粉青、月白等，釉层莹润而薄，釉泡稀疏而大，有"寥若晨星"之称。汝窑是宋代"汝、钧、官、哥、定"五大名官窑之首。汝窑烧宫廷用瓷的时间仅20年左右，故传世品极少，被视为稀世之珍。（图1-7-25）

4. 钧　窑

宋元时期北方瓷窑，窑址在河南省禹县（今禹州市），古称钧台，明代称钧州。钧窑瓷器胎质细腻、釉色滋润、华丽夺目，色泽清雅稳重、大方得体，以天青、月白、粉青等色为主，因深受皇家的喜爱而流传后世。其色釉以加入氧化铜而使之釉变，在天青钧釉中自然窑变出色彩斑斓的红釉晕斑，或灿若霞飞，或朦似夕岚，如水无常形、变化万端而各呈独一的情态（图1-7-26）。器型以碗盘为多，蚯蚓走泥纹也是钧釉的一个重要特征。钧窑享有"黄金有价钧无价"的盛誉。（图1-7-26）

5. 哥　窑

宋代著名瓷窑之一，产地至今还没有定论。传世产品中公认的哥窑器，其胎有黑、深灰、浅灰及土黄多种，黑灰胎有铁骨之称。哥窑釉属于无光釉，有"酥油"般的光泽，色调丰富多彩，有米黄、粉青、奶白诸色，具"金丝铁线"的纹样，"攒珠聚球"般的釉中气泡，"紫口铁足"的风致。（图1-7-27）

（二）民窑的发展

民窑的分布正好以长江为界，北方有耀州窑、磁州窑、定窑、钧窑；南方有饶州窑（即景德镇窑）、建窑、龙泉窑、吉州窑。

1. 德化窑

因窑址位于福建省德化县而得名，是我国古代南方著名的瓷窑。德化窑兴于唐宋、盛于明清，制作技艺独到，至今仍有传承。德化瓷塑釉色乳白、色调高洁，享有"象牙白""中国白"和"国际瓷坛明珠"的美誉，成为中国白瓷的代表。德化瓷大概可以分为两种：生活用品和陈设供器。德化瓷的传统造型有狮首筒形瓶、筒形双螭壶、象耳弦纹尊（图1-7-28）、犀角杯等，造型古朴，有浓厚的传统意味，这些都是其他瓷窑很少烧制的样式。

2. 龙泉窑

三国两晋时期开创，清代结束，生产瓷器的时间跨越1600多年，是中国制瓷历史上时间最长的一个瓷窑系，因主要产区在浙江龙泉而得名。龙泉青瓷釉层丰润、釉色青碧，晶莹滋润，光泽柔和，胜似翡翠，有淡蓝、梅子青、粉青、豆青、月白、灰黄等不同釉色。龙泉青瓷釉色青如玉、明如镜、声如磬，受到世界各国青瓷爱好者青睐。（图1-7-29）

3. 建　窑

创烧于晚唐，宋代著名民窑之一，因位于福建建州而得名。历史上的建窑以黑釉瓷器闻名，依据釉面纹理的不同，大致可分为六大类：乌金、兔毫、油滴、鹧鸪斑、曜变和杂色。建窑胎质厚敦，外壁多施半釉自然流淌，因此口沿釉层如薄衫，内底釉聚如凝脂，器皿截面呈黑色或灰黑、黑褐色，叩器如击磬，遥传金石之声。（图1-7-30）

4. 磁州窑

我国古代北方最大的民窑体系，创烧于北宋中期，窑址在宋代磁州，今河北邯郸磁县的观台镇与彭城镇一带。磁州窑以白釉黑彩瓷器著称于世，黑白的对比鲜明，瓷器上的图案别致又简洁，纹样饱满而醒目。制瓷工艺以雕、刻、剔、划、填彩兼用。磁州窑的制品严谨而典雅，图案中的形象富有生活情趣，活泼自然，展现的是宋元时期的风土人情，为研究这一时期的民间绘画等艺术提供了丰富的资料。

（三）世界著名瓷器赏析

西方的瓷器制作始于18世纪，此时欧洲各国开始仿造中国瓷器的流行图案，并结合欧洲文化，尝试研发釉料和样式。这一举动开启了欧洲瓷器工业的发展史，促进了一系列欧式艺术装饰风格的瓷器问世。最早的欧

图1-7-25　汝窑六孔瓶／清代

图1-7-26　钧窑小碗／元代

图1-7-27　哥窑黄釉莲花三足洗／南宋

图1-7-28　德化窑白釉象耳弦纹尊／明代

图1-7-29　龙泉窑三足炉／现代

图1-7-30　福建建窑鹧鸪斑茶盏／宋代

洲瓷器，是由德国迈森（Meissen）制造的。迈森瓷器无论质量、造型还是装饰风格均相当出众，被誉为"白色黄金"。

图 1-7-31　磁州窑花草罐 / 宋代

1. 欧洲瓷器之母：德国迈森（Meissen）

"迈森"拥有300年的悠久历史，是全欧洲成立最早的陶瓷厂，迈森瓷器被称作瓷器界的劳斯莱斯，是欧洲顶尖瓷器制造商。从萨克森公国时代至今，迈森瓷器就始终是欧洲王室、政治家和明星们竞相追捧的对象。（图1-7-32至图1-7-34）

2. 皇家御用瓷器制造者：英国皇家道尔顿（Royal Dalton）

皇家道尔顿是目前英国最大的骨瓷出口制造商，它以镀金的餐具闻名餐瓷界，特别受到各国皇室的欢迎，一直是英国皇室御用瓷厂，维多利亚女皇甚至还把它誉为"世界上最美丽的瓷器制造者"（图1-7-35）。直到现在，全世界的英国大使馆还热衷于皇家道尔顿的瓷器。

3. 西班牙著名艺术瓷器品牌：雅致（Lladro）

雅致瓷偶诞生于西班牙地中海沿岸的瓦伦西亚（Valencia），是由胡安（Juan）、杰斯（Jose）、文森特（Vicente）三兄弟于1953年共同创立的。出身简朴农家的三兄弟经过反复的尝试与失败经过无数艰苦的摸索，不断找寻富有自身特色的风格及形象，终于塑造出独具一格的雅致瓷偶，并最终成为了西班牙皇室御用品牌。艺术家们以日常生活、大自然、音乐、文学、宗教等为创作源泉，雅致瓷偶的创作主题都离不开艺术家的童年故事，或是所接触的自然生活、神话传说、地方民族文化等，其将流行风格和新浪漫主义的怀旧融合在一起，其特点广受世人喜爱、赞赏。（图1-7-36至图1-7-44）

图 1-7-32　狩猎高脚杯 / 迈森 / 德国

图 1-7-33　茶壶"X-Form" 金青铜色 / 迈森 / 德国

图 1-7-34　猎人和狗与鹿 / 迈森 / 德国

图 1-7-35　伊丽莎白二世周年纪念钻石雕像 / 皇家道尔顿 / 英国

从左至右依次为
图 1-7-36　赛马 / 雅致 / 2010
图 1-7-37　雅致瓷偶制作情景
图 1-7-38　母与子 / 雅致 / 2002

从左至右依次为
图 1-7-39　"吉赛尔"与蔓藤花纹 / 雅致 / 2009
图 1-7-40　满足 / 雅致 / 2010
图 1-7-41　瓷器组合 / 雅致广告作品 / 2008
图 1-7-42　亚米·海因 / 雅致 / 2008

图 1-7-43　守护狮 / 雅致 / 2010
图 1-7-44　海里的白日梦 / 雅致 / 2011

雅致瓷器的创建者表示：我们希望雅致的作品高贵典雅、富有表现力、渗透生活。我们希望它们可以反映生活美好的一面，展现人类积极的价值观。而这些，都令我们的生活更有情调。

4. 瑞典陶瓷玩偶设计师：丽莎·拉尔森（Lisa·Larson）

欧洲的瓷器与亚洲相比，可谓别开生面。他们除了制作瓷器外，同时也乐于制作各种瓷器玩偶。丽莎·拉尔森来自瑞典，从设计工艺学校（HDK）毕业后，她在瑞典陶瓷城（Gustavsbeg）工作了26年，并成为一名著名的设计师，至今她的很多作品仍在那里生产。丽莎·拉尔森不趋于创作庞大的艺术作品，而是从生活出发设计了很多富有情趣的、个性化的、拟人化的生动陶瓷玩偶。她的作品很多都是可爱的小动物，反映了她良好的心理状态和难得的童心。而这样的艺术家，在欧洲很常见。（图1-7-45至图1-7-49）

图 1-7-45　丽莎·拉尔森工作情景

图 1-7-46　陶瓷动物玩偶 1

从左至右依次为　图 1-7-47　陶瓷动物玩偶 2
　　　　　　　　图 1-7-48　陶瓷人物玩偶 1
　　　　　　　　图 1-7-49　陶瓷人物玩偶 2

三、编织 —— 记录民间智慧的经纬

编织工艺在中国有着悠久的历史，浙江的竹编、四川的棕编、福建的藤编、山东的草编，编织工艺因地制宜、因材施艺，十分丰富。编织工艺品是以各种韧性较好的纤维状物质为材料，以手工方法编织成的各种工艺品，它与广大人民的物质文化生活有着极密切的关系。中国编织艺术的发展，可谓经历沧桑巨变，每个时代都有着不同的风格。同时编织还将每个时代的精神风貌很好地融入其中，如唐代的飘逸、宋代的雅气、明代的谨慎、清代的华丽。编织工艺是讲究实用性远大于装饰性的艺术，涵盖了竹编、藤编、棕编、草编、葵编等工艺品种。亚洲、非洲、大洋洲和美洲的土著等许多文化在编织工艺上皆有出色的表现，尤其是日本，其工艺技术已上升为时尚艺术，大大提升了编织工艺的品位和商业价值。图1-7-50至1-7-56展示的就是世界各地别具风格的编织工艺品。

图 1-7-50　编织果盆 / 印度 / 1998

图 1-7-51　编织花篮 / 印度 / 1998

1. 竹　　编

竹编是将竹子剖削成竹篾而编织成的工艺品。由于只使用竹材表面一层，同时进行了特殊的处理，因此纤维十分致密，同时具有耐干燥、不变形、不虫蛀、耐水可清洗的特点。我国于1958年就出土了多件新石器时代晚期遗址的竹编作品，其中大部分都经过刮磨加工。这一时期的编织就令人想象到能工巧匠的涌现，有"人"字形、"十"字形和菱形、梅花形等纹样。器物的品种有篓、篮、箩、筐等。到了宋代，浙江东阳竹编的品种已有花灯、龙灯、走马灯、花篮、香篮等，工艺十分精巧，能编织字画和图案，有些还用金线装饰。时至今日，在浙江、台湾等地，竹编艺术仍然作为中国重点传统手工业艺术得到继承和发展。如台湾原住民与竹子的渊源已久：他们吃的是竹笋，穿的是竹鞋，戴的是竹笠，坐的是竹凳，住的是竹屋。劳动工具如渔具、农具、猎具等，也多为竹制品。由于曾被日本占领，因而在日本竹文化的影响下逐渐形成了自身的独特竹文化，编织技巧也独具特色。

图 1-7-52　台湾工艺美术研究所馆藏竹编作品 / 2011 年摄

2. 棕　　编

棕编，中国编织工艺的主要品类之一，用棕丝制成的工艺品，也是著名的民间地方工艺。棕编也称"新繁棕编"，因为其主要产地是四川新都县新繁镇。新繁棕编主要采用当地出产的棕树的嫩叶，破成细丝，经过硫黄熏制、浸泡、染色后编织而成。花色品种千变万化，工艺细密如绸缎、轻巧耐用，装饰图案多样，造型逼真、美观大方。

3. 藤　　编

藤编主要以藤枝、藤芯或竹为骨架，然后用藤皮或幼嫩的藤芯编织而成，充分发挥了藤条柔软、不易折断的特点。颜色上，藤编还是较多使用原藤的浅黄色，或是加工、漂白为白色或象牙色，温润柔和，有些则配成咖啡色、棕色等。藤编具有轻巧、凉爽、耐用等特点，花色品种约有5000多个，主要有藤笪、藤席、藤织件、藤家具等四类。

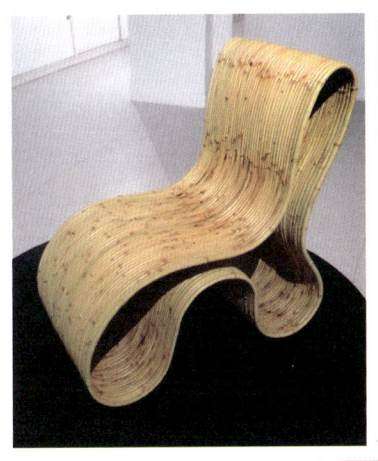

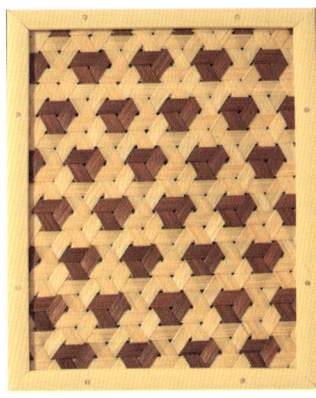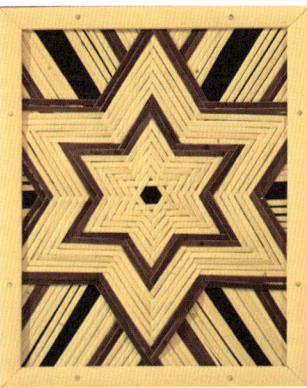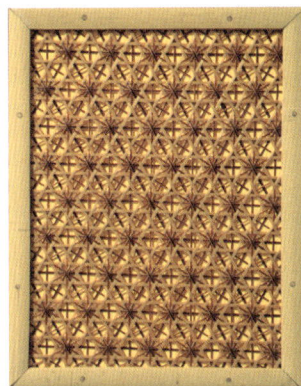

图 1-7-53　台湾工艺美术研究所馆藏竹编作品 / 2011

4. 草　编

草编是利用各种草茎、麦秸为材料编织而成的工艺品。在周代，中国以蒲草编织莞席就已很普遍了，到现代更甚。浙江是中国草编工艺一大传统产区，其上乘制品有金丝草帽、马兰草篮、鄞县草席，其中马兰草篮在美国曾被誉为"草编明星"。

四、木器
——感悟太朴不散的精微

木器通常以硬质草本植物为主要原料制作，可供人使用或欣赏，如家具、灯饰、摆件、模型、笔筒、梳子、屏风、衣帽架、茶几、首饰盒、挂件等。木器设计精巧、风格各异、新颖别致，是被广泛使用的工艺美术品。

（一）木　雕

木雕是木器中的一种传统雕刻表现形式，为民间工艺中的一种手法。在选材上，木

图 1-7-54　深度融合编织篮 / 辛西娅 W·泰勒 / 美国 / 2001

图 1-7-55　颂词 / 莉齐·费锐 / 英国 / 2003

图 1-7-56　选择 / 布莱恩·伊特 / 美国 / 2004

雕一般选用质地细密柔韧、不易变形的树种木料进行雕刻。形式可以分为立体圆雕、根雕、浮雕三大类，也有涂色施彩的彩绘木雕。木雕可以分为实用性和观赏性两大类。实用性木雕是指巧用木雕工艺装饰施于实用品、实用与艺术相结合的用品，而观赏性木雕主要指富有可观赏性的、装饰意味的雕刻作品。（图1-7-57至图1-7-59）

木雕创作表现手法丰富、形式多样，有的大刀阔斧、刚健遒劲；有的精雕细刻、线条流畅；有的简洁概括，巧用自然美。好的艺术木雕不仅是雕刻家心灵手巧的产物，而且陶冶性情、装饰环境，令人赏心悦目，具有极高的艺术收藏价值。

1. 东阳木雕

东阳木雕是以平面浮雕为主的雕刻艺术，形成了鲜明的特色。又因木色清谐，东阳木雕保留原木天然纹理色泽，本色格调质朴鲜活，又称"白木雕"。东阳木雕的传统风格主要有"雕花体""古老体"，后又产生了以表现戏文化为主的"徽体""京体"。"画工体"注重于人物位置的疏密关系，人物的姿势生动多样，景物层次丰富。（图1-7-60）

2. 徽州木雕

徽州木雕不仅是徽州古建筑中不可或缺的装饰品，同时也是能够独立存在的完美艺术品，素有"三分精美，七分雅致"之称。徽州木雕尤以宅第木雕为特色，题材以江南民间吉祥图案、宗教人物、戏曲故事、山水、花鸟虫鱼、民俗及神话故事方面的题材为多。深浮雕和圆雕是常用的表现手法，提倡镂空效果，甚至有多达十多层的镂空层，层次分明、错落有致，形象栩栩如生，显示出雕刻工匠高超的技艺和深厚的美学修养。徽州木雕的装饰处理，对所表现的形象均高度概括，特别是构成手法很像舞台布景、道具和人物活动，有戏剧特写镜头之感（图1-7-61）。

3. 潮州木雕

潮州木雕是广东潮州地区的民间雕刻，建筑、家具和祭祀器具无不饰以木雕。潮州木雕多以樟木为材质，樟木木材坚韧度适中，因此镂刻形式丰富多样，手法有沉雕、浮雕、镂雕、圆雕、通雕等多种，雕出的成品剔透玲珑、层次丰富（图1-7-62）。潮州木雕常以"之"字形在一件雕刻作品上布局构图，并巧妙地利用山水亭阁将连续而曲折的故事情节分割在不同的画面中，达到人物繁而不乱、情节生动有序的效果。

4. 漳州木偶头雕刻

漳州木偶头雕刻是民间木偶戏道具制作中的一门特殊技艺，主要分布在福建省漳州市、厦门市、泉州市及周边地区。漳州木偶的整体造型包括头、四肢、服装、冠盔等，木偶头雕刻是漳州木雕中颇有特色的木雕头部造型。由于要用作戏曲舞台人物头像，漳州木偶头雕刻十分仔细地刻画人物的性格特征，比如夸张的造型、丰富的表情、类型化的处理方式等（图1-7-63）。这一种雕刻技艺历来师徒相承，并且是以家族祖传的方式为主，一直流传至今。

图 1-7-57　寺庙彩色立体雕刻建筑装饰 / 明

图 1-7-58　鱼吉祥物及龙纹鼓 / 明

图 1-7-59　建筑装饰 / 明

图 1-7-60　东阳木雕 / 现代

图 1-7-61　徽州木雕艺术 / 郑尧锦 / 现代

图 1-7-62　潮州木雕蟹篓 / 现代
图 1-7-63　唐僧 孙悟空 / 漳州木偶 / 1960 / 中国艺术研究院藏

图 1-7-64　竹制玩具 / 申卡尔（Shenkar）工程与设计学院作品 / 以色列

5. 传统的建筑雕刻装饰

传统的建筑雕刻装饰在结构上重视实用牢固与美学协调统一，处理恰到好处，形象色彩鲜活生动。明清木雕以福建、浙江为代表，显示江南地区民居彩雕艺术的基本特色。建筑木雕，有梁垫、梁架、雀替、撑拱、格窗等，采用地刻、剔地、透雕、漏雕等雕刻技巧，图案雅致、工整，集中体现了江南民居木雕特有的细腻柔美、清新绚丽。

（二）木制玩具

木制玩具是木器中的另一大门类，人类很早就开始打造木制玩具。早在18世纪，德国的纽伦堡（Nuremburg）就开始批量销售木制小玩物，并销往其他国家，深受人们喜爱。在19世纪，木制玩具开始使用皮带车床加工。玩具主题仍以动物为主，最流行的是各类马的形象。时至今日，木制玩具在市场上仍然受到大众的追捧。木制玩具之所以能受到市场的追捧，就是因为它具有可循环性、安全无毒、易于加工并且成本低这些优点，可以说，木制玩具设计已经成为未来玩具市场的发展趋势。图1-7-64是以色列申卡尔（Shenkar）工程与设计学院的两位教授带着学生设计的竹制玩具，它曾经引领了新一代竹制玩具的风潮，同时获得多个国际玩具设计大奖。

图1-7-65至1-7-69展示的是爱尔兰都柏林的一对夫妇艺术家John A · Nelson和Joyce C · Nelson设计制作的木质玩具。作品充分反映了

图 1-7-65　玩具鳄鱼　奈尔森夫妇 / 爱尔兰 / 1930

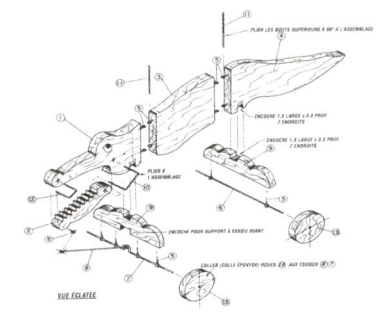

图 1-7-66　玩具鳄鱼制作草图
奈尔森夫妇 / 爱尔兰 / 1930

课程七　工艺美术

 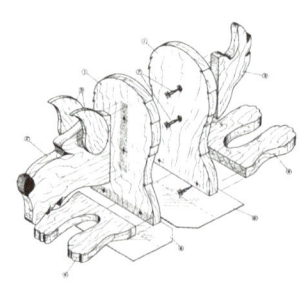 

从左至右依次为　图 1-7-67　小狗书立 / 奈尔森夫妇 / 爱尔兰 / 1950
　　　　　　　　图 1-7-68　小狗书立制作草图 / 奈尔森夫妇 / 爱尔兰 / 1950
　　　　　　　　图 1-7-69　钥匙形挂钩　奈尔森夫妇 / 爱尔兰

他们的精湛技术、丰富的想象力和创造力，虽看似简单，却凝聚了他们对生活的理解，对儿童的热爱和对人性的了解。夫妇俩凭着一生的爱好、兴趣以及敬业精神，把最简单的东西表现得如此人性化，让人感到格外亲切。

五、金属 —— 铭记金石为开的拓荒

金属工艺品是指用金属材质加工制作成的金属用品，如日用品、礼器、饰品等。在中国，青铜器皿的铸造是最早的金属文化的代表，后来，随着金属材料工艺的发展，金、银、铜、铁、锡等都是常常被用于制作成各种艺术品和实用品。科技飞速发展的今天，许多传统的金工技艺仍被广泛运用，这充分显示了其在使用及审美意义上的价值。图1-7-70展示的是日本Nagae品牌的锡器作品，因锡材料熔点低，可塑性高，使之产生了不同形状的生活用品，十分实用。

（一）金属工艺的审美特征
（1）材质美
不同材质的物质属性所构成的审美特征，以不同质地呈现的形态，显示内涵及个性之美。

（2）工艺美
不同材质要求加工的手段和制作工艺也有所不同，而不同的工艺技巧和加工方式必然产生出不同的工艺之美。

（3）艺术美
一种综合的美，包含着对材质美的敏感、对技能的娴熟和创意精神的体现，把人类的精神、情感和信念变成了一种具体可感、可识、可触的形象。

（二）金属工艺的类型
1. 青铜器
青铜器是由青铜（红铜与锡的合金）制成的器具，在世界各地均有出现，是世界文明发展史中的一个历史阶段，是一种世界性文明的象征。中国的青铜器代表着中国在先秦时期高超的技术与文化，由于制作精美，艺术价值在世界青铜器中堪称最高。陕西省宝鸡市是中国的青铜器之乡，出土了大盂鼎（图1-7-71）、毛公鼎、散氏盘等五万余件青铜器。中国古代青铜器是我国的先祖对人类世界物质文明的巨大贡献，就铜器的铸造工艺、使用规模、造型艺术及品种等方面而言，世界上没有任何地方的青铜器可以与其相比拟，这也是中国古代青铜器在世界艺术史上独占鳌头的原因之一。

2. 芜湖铁画
原名"铁花"，为中国独具风格的工艺品之一，是安徽芜湖特有的工艺美术品。铁画始于清初的康熙年间，由芜湖铁工汤天池与芜湖画家萧尺木相互砥砺而成，至今已有三百多年历史。铁画既有国画、水墨画的意境，又苍劲凝重，有着强烈的艺术立体感，被称为"巧夺万代所未有"。（图1-7-72）

3. 景泰蓝
中国著名的传统手工艺品，又称"铜胎掐丝珐琅"，俗名"珐蓝"，又称"嵌珐琅"，采用金、银、铜及多种天然矿物质为原材料，在铜质的胎型上，用刚柔相济的扁铜丝，缠绕成各种花草或瑞兽纹焊上，然后把珐琅质的各种色釉填充在花纹内，再加以烧制打磨而成。在明朝景泰年间创制而后盛行，因为使用的珐琅釉多以蓝色为主，故而命名为"景泰蓝"，北京的景泰蓝制作尤为兴盛。景泰蓝集工艺、美术、雕

刻、镶嵌、玻璃熔炼、冶金等专业技术于一体，精致华贵，具有鲜明的民族风格和吉祥文化内涵，被誉为国宝、京粹，景泰蓝制作技艺2006年入选首批国家级非物质文化遗产名录（图1-7-73）。

4. 斑铜工艺

斑铜工艺品是云南独有的民间传统工艺品，至今已有300多年的历史。斑铜的工艺制作繁复而严密，它采用高品位的铜基合金原料，经过铸造成型、精工打磨以及复杂的后工艺处理制作而成。它"妙在有斑、贵在浑厚"，褐红色的表面因自然呈现出斑驳陆离、闪烁缤纷、变幻莫测的斑花而独步天下，堪称金属工艺之冠。云南的斑铜工艺品在造型特点上不仅继承并发扬了传统，还结合了云南青铜和中原青铜文化的宝贵艺术经验，采用现代雕塑手法和先进工艺，既充分显示斑花特色，又以简洁洗练的装饰图案相辅，使其达到艺术效果的完美和统一（图1-7-74）。

5. 花丝镶嵌

花丝镶嵌又叫"细金工艺"，是"花丝"和"镶嵌"两种古代制作技艺的珠联璧合。花丝的原料来自金、银、铜，采用填、掐、焊、攒、编织、堆垒等传统技艺。镶嵌以挫、锼、捶、闷、打、崩、挤、镶等技法，将金属片做成托和爪子型凹槽，再镶以珍珠、宝石。花丝镶嵌工艺早在春秋时就已有雏形，明代达到高超的艺术水平，清代涌现出许多名品，很多成为了宫廷的贡品。北京的花丝镶嵌雍容华贵、典雅大方、做工精细、造型新颖优美，带有明显的宫廷风格，多饰以吉祥的纹样和传统民族图案，在业内、国内外都有十分深远的影响（图1-7-75）。

6. 锡制工艺

锡制工艺品是传统的特产金属工艺品，可追溯到公元前3700年。它使用高纯度精锡，经过熔化、压片、裁料、造型、刮光、装接、擦亮、装饰雕刻等复杂工序，手工悉心打造而成。锡器在世界各类金属工艺品中占据独特的地位（图1-7-76）。著名锡都云南省个旧市生产的银鸟牌锡制工艺品更在国际同行业中遥遥领先，造型和图案均体现了本地风俗和民族特色。

图 1-7-70　锡制水果篮 / 小野里奈 / 日本

图 1-7-71　大盂鼎 / 西周 / 国家博物馆藏

图 1-7-72　安徽芜湖铁画 / 现代 / 佚名

从左至右依次为
图 1-7-73　景泰蓝对瓶 / 现代 / 佚名
图 1-7-74　斑铜工艺熏炉 / 现代 / 佚名
图 1-7-75　花丝镶嵌工艺 / 现代 / 佚名
图 1-7-76　锡制梅竹茶叶罐 / 现代 / 佚名

六、玻璃 —— 发现点石成金的熔炼

玻璃在古代也称琉璃,是一种透明度、强度及硬度颇高,不透气的物料。玻璃艺术是以玻璃为载体的造型以及视觉艺术,玻璃艺术品是各种具有装饰性、艺术性、功能性的玻璃制品的统称,包括纯属艺术欣赏而用玻璃手工创制的人物、摆件等,一些以平板玻璃雕刻有图案的门窗、天花等,有基本的使用功能并在上面进行装饰、造型、施色的高档玻璃酒瓶、香水瓶、酒杯等。

1. 中国玻璃的发展

玻璃在中国曾有"琉璃""药玉"等多种称谓,至明清时期,亦称"料"。在中国的封建时代,人们偏爱金属、漆器、陶瓷等工艺,玻璃工艺并不受重视,因此,玻璃艺术在中国几乎找不到传统的痕迹。其实,早在公元前三四世纪,中国就已经发明了玻璃珠,公元五世纪有了吹制方式。清朝康熙皇帝深受西方艺术的影响,设立料器场专制玻璃,灵感大多来自瓷器造型,因此制出的玻璃制品极富中国味。改革开放以后,受到世界玻璃发展大潮的影响,中国的玻璃艺术飞速发展。

琉璃工房创始人暨艺术总监:杨慧姗

杨慧姗是台湾20世纪70年代家喻户晓的演员,1987年在巅峰状态离开电影行业,投身到中国现代琉璃艺术之中,创立琉璃工房。她是中国现代琉璃艺术的推动者之一,潜心钻研特殊的琉璃脱蜡铸造法。她为女性度身设计的"观念佩饰",将琉璃和九二五纯银完美结合,提出女性的观点,熔铸个性鲜明的女性主张。

琉璃工房1987年成立于台湾淡水,是当今华人世界最大的琉璃艺术品牌。琉璃工房从材质出发,探索琉璃在现代生活中设计的种种可能,超越琉璃装饰性与工艺性的表现(图1-7-77至1-7-81),将文化生活融入衣食住行中。

从左至右依次为
图 1-7-77　莲花清净心 / 琉璃工房 / 2011
图 1-7-78　朝花之歌 / 琉璃工房 / 2012
图 1-7-79　开运节节升 / 琉璃工房 / 2012
图 1-7-80　大好时节 / 琉璃工房 / 2012
图 1-7-81　龙泽天下 / 琉璃工房 / 2012

2. 西方玻璃的发展

在西方，最古老的玻璃品是公元前2500年美索不达米亚和古埃及的串珠。约在公元前200年，玻璃吹管首先在巴比伦使用，后为罗马人采用。罗马和埃及人以金属氧化物为颜料，熔制成各种彩色玻璃，荣耀一时。之后许多艺术家积极参与了玻璃生产过程，为其注入艺术的魂魄，在经历了吹制艺术、铅制水晶和压模技术这三项脱胎换骨的重大革命之后，玻璃艺术迎来了又一次新生。

（1）法国玻璃设计师：劳伦斯·布哈邦（Lawrence Bradant）

法国女设计师劳伦斯·布哈邦很善于运用玻璃制成各种精美的器皿，如花瓶、盘子、烛台等。在她的许多系列作品中，劳伦斯·布哈邦利用了各种废弃的玻璃器皿进行再设计，提倡一种回收利用的环保理念，设计作品简洁而富有时尚感。（图1-7-82）

图1-7-82　玻璃设计／劳伦斯·布哈邦／2010

（2）芬兰玻璃设计师：欧伊瓦·托伊卡（Oiva Toikka）

欧伊瓦·托伊卡1931年出生于芬兰，个性风趣幽默，其作品显露出严谨、敏感、情感丰富的一面。不仅如此，托伊卡还以想象力、创造力和大胆挑战的勇气颠覆了北欧设计的主流美学，并且获得多个国际大奖。他设计的玻璃鸟系列（图1-7-83）是其个人的代表作，也是玻璃艺术的经典，不仅在芬兰家喻户晓，在国际上更是被众多买家珍藏。

图1-7-83　玻璃鸟／欧伊瓦·托伊卡／1973

（3）瑞典欧瑞诗（Orrefors）

欧瑞诗是瑞典极具艺术性与收藏价值的水晶品牌之一。它创立于1898年，如今已经成为瑞典珍贵的历史文化遗产。

欧瑞诗拥有世界级水晶艺术家及工艺大师团队，他们各有长处，为欧瑞诗品牌的建设起到了决定性作用。（图1-7-84）坚持手工制作也是欧瑞诗的品牌宗旨，正是因为对手工艺的坚持，对品质的追求，才成就了欧瑞诗经典唯美的百年光华。（图1-7-85、图1-7-86）

埃里卡·拉哥拜科（Erika Lagerbielke）　简·扬约翰森（jan johansson）　英杰尔迪·拉曼（Ingegerd Raman）　莲安娜·博尔格斯（Lena Bergstrom）　马琳·林达尔（Malin Lindahl）　马尔蒂·瑞肯（Martti Rykonen）　伊娃·亚特林（Martti Rykonen）

图1-7-84　欧瑞诗（Orrefors）品牌设计师／瑞典

图1-7-85　工人在欧瑞诗作坊工作
图1-7-86　欧瑞诗设计草图

从左至右依次为

图1-7-87　软空间1／埃里卡·拉哥拜科／瑞典／2005
图1-7-88　软空间2／埃里卡·拉哥拜科／瑞典／2005
图1-7-89　重叠／莲安娜·博尔格斯瑞典／2005

在欧瑞诗的设计师中，埃里卡·拉哥拜科的设计特点是采用色彩和切割细节（图1-7-87、图1-7-88），流畅的曲线和变换的色彩让人有陷入异度空间的错觉。莲安娜·博尔格斯的代表作如图1-7-89，两个碗的一部分重叠在一起，在碗的中间呈现两种经典的北欧色彩：铁蓝和烟灰，并相互交融形成了第三种深邃如北方森林、湖泊之水般的色彩。

欧瑞诗的水晶制品均是传统手工制作，采用瑞典森林密处未经污染的优质水源和原材料，水晶制品以及熔炉内壁材料均不含铅，以确保能制作出优质的玻璃制品。无论是标准水晶制品，还是水晶纪念品和各种各样的水晶展品，欧瑞诗都配以精湛的技艺雕刻、幽默的设计语言和艺术图案（图1-7-90、图1-7-91）。

他们发明了Grail水晶工艺，即在雕刻装饰品上浇注晶莹剔透的水晶，再进行精心吹制。在1925年的巴黎博览会上，作为当时唯一的水晶制品生产厂家，瑞典欧瑞诗荣获了引人瞩目的国际大奖。

（4）奥地利施华洛世奇（Swarovski）

施华洛世奇是世界上首屈一指的水晶奢侈品品牌，其魅力源自坚持材料的品质、采用的制造方法以及向人们灌输的精致文化理念。施华洛世奇采用最优质的物料、独特的皮革、珍贵的宝石和璀璨的水晶，在世界水晶奢侈品品牌中独占鳌头（图1-7-92）。

图 1-7-90　玻璃艺术 / 欧瑞诗 / 瑞典 / 1916
图 1-7-91　玻璃细节图 / 欧瑞诗 / 瑞典 / 1916

（5）法国莱丽（Lalique）

莱丽品牌善于利用光滑玻璃与磨砂表面的对比产生情趣，每一件作品都代表了纯手工技艺的新成就，并且拥有"法国最优良手工匠"的美誉。也正是凭借这种传承至今的创作原则和精湛手工，莱丽才能享有如今的美誉。图1-7-93至图1-7-96都是莱丽经典的系列水晶艺术品。

七、保护和传承

今天，在生产力发展、现代科技的创新和经济全球化的推动下，工艺美术不断地推陈出新，这为现代工艺美术带来机遇的同时也带来了挑战。现代技术改进了工具，丰富了工艺手段，缩短了制作工期。但大批量的自动化工具的使用，也使工艺美术的文化含量大大降低，甚至威胁到传统工艺美术的"核心技艺"以及技艺背后"核心价值"的传承。在这种情况下，我们不仅要保护和传承深层次、多样化的文化表现形式，还要加强对民族传统文化的认同感和使命感，尊重手工劳动创造的价值，更要通过创新使工艺美术得到进一步发展。只有在生产之初就进行支持和保护，才能使工艺美术的传统技艺在现代化条件下为人类服务。

图 1-7-92　伊莎多拉的魔幻舞步 / 施华洛世奇 / 奥地利 / 2002

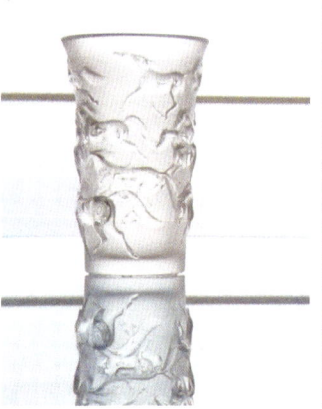

从左至右依次为

图 1-7-93　扇贝花瓶 / 莱丽 / 法国 / 2009
图 1-7-94　黑与白：逃离都市 / 莱丽 / 法国 / 2009
图 1-7-95　野马花瓶 / 莱丽 / 法国 / 2009
图 1-7-96　阿芙罗狄蒂 / 莱丽 / 法国 / 2009

拓展阅读与参考信息

1. 图书资料

《中国工艺美术史新编》 尚刚 / 高等教育出版社 / 2007

本书努力对工艺美术现象做出尽可能准确的时间界说，以"辩章学术，考镜源流"。由于工艺美术都是在具体的地域中产生，导致各地同时期同类作品具有不同的风貌，《中国工艺美术史新编》对此做出了充分的解说。

《外国工艺美术史》 张夫也 / 高等教育出版社 / 2007

本书内容涉及原始社会至20世纪90年代各历史时期外国工艺美术的发展状况及其基本特征；对原始社会、古代大洋洲、美洲和非洲地区的工艺美术及其艺术特色，也作了较为详细的分析和介绍。

《西亚、欧洲古代工艺技术研究》/ 福布斯（美）/ 中国人民大学出版社 / 2008

本书对从罗马时期到文艺复兴以前欧洲和中东的工艺技术，包括冶金、农具、饮食、纺织、陶瓷、玻璃、化工、精细金属器具、车辆和骑术以及军事技术等进行了翔实阐述是一本比较全面地介绍西方工艺技术的专著。

2. 网站

www.cnaca.org / 中国工艺美术协会官网
中国工艺美术协会成立于1988年，是在民政部注册的国家一级社团组织。

www.gymsj.com/ 工艺美术家网
工艺美术家网是国内专业的工艺美术网站，是集艺术家在线、大型展览会、在线视频为一体的专业的艺术与鉴赏平台。

3. 博物馆 / 美术馆

北京工艺美术博物馆
北京工艺美术博物馆创建于1987年，是北京第一家由企业创建的专业性工艺美术博物馆。馆藏历代工艺美术珍精品3600多件，上起三代，下至当今。

苏州工艺美术博物馆
苏州工艺美术博物馆不仅是一个工艺美术品收藏中心、展示中心，而且也是一个保护传统工艺美术的研究中心和资料中心。

4. 纪录片

《故宫的至宝》
该片是北京和台湾故宫博物院藏宝的视频画卷集，由NHK拍摄。使用纪录片的形式收录了在NHK特别节目中未及介绍的中国五千年的历史文物、陶瓷器、书画作品、皇帝藏宝等。

《我在故宫修文物》
这是目前唯一一部成体系拍摄故宫稀世文物修复故事的大型纪录片，记录了各个领域的稀世珍宝的修复故事以及工匠师傅们的高超手艺，背后的历史文化也让人长知识。

《匠心》（Hearts and Crafts）
该片把170多年来从不对外开放的神秘Hermès工作坊呈现在大家面前，透过镜头讲述经过工匠的双手完成每件皮具、钟表、丝巾甚至是珠宝的制作，有着不同温度的手工艺术展示了Hermès品牌里面精益求精，专注的力量。

《留住手艺》
该片用影像记录并珍藏这些悠久的非物质文化遗产，系统、全面地向海内外观众讲述中华古老手艺的历史和传承故事，使这些国宝级手艺得到拯救、保护和传承。

第二章

设计艺术

本章简要阐述了设计艺术的基本概念与基础理论。以文化发展与设计艺术衍变为脉络，以设计专业学科为序，选择设计艺术典型人物，尤其是经典作品为重点，解读设计艺术的创造意识、美学观念与社会价值。

本章课程内容包括：

课程八　设计艺术概说

课程九　图形和文字设计

课程十　品牌形象设计

课程十一　室内与陈设设计

课程十二　产品与工业设计

课程十三　服装与配饰设计

课程十四　漫画与动画设计

课程八　设计艺术概说

课程概况： 设计艺术涵盖了我们生活中的多个方面，由此也细分出众多专业领域，例如图形与平面设计、室内与家居设计、服装与服饰设计、工业与产品设计等。各领域内存在的多种风格，又分别体现出不同阶段内设计界关注的热点不同，从而反映了时代的发展与变迁。即使艺术设计门类很丰富，设计风格很多样，但设计本身具有一定的原则和规律。基于这样的规律，各个国家又探索出适合自己的道路，凸显出自身的风格。因此，本课程将对设计历史的变迁进行简要阐述；介绍不同门类中现代设计的主要风格与实践者；帮助学生梳理设计发展的整体脉络，让学生建立艺术设计的全局观；带领学生理解由文化差异导致的中西方艺术设计风格差异，并明确艺术设计的基本原则及评价标准。

课程内容： 掌握艺术设计的历史及未来发展的趋势；熟知现代艺术设计的主要流派；了解不同艺术设计风格中相关人物及其主要作品；理解艺术设计的基本原则和中西方艺术设计的差异。

训练目的： 认识艺术设计和生活的关系。

重点和难点： 教学重点：掌握现代艺术设计的主要流派及相关人物，熟知具体事件对于艺术设计历史的重大意义等。
教学难点：理解具体的艺术设计流派、人物及作品在具体社会背景中的意义。

思考和作业题： （1）试比较工艺美术运动与新艺术运动的异同，并尝试说明其原因。
（2）芝加哥学派对后世有什么影响？
（3）结合具体作品分析凡·德·威尔德和彼得·贝伦斯的设计风格特点。
（4）艺术设计与历史发展和社会经济的关系。

阅读提示：《世界设计史》（王受之/中国青年出版社）；《艺术设计概论》（李砚祖/湖北美术出版社）。

一、设计创造人生

1. 设计是什么？

20世纪80年代初，一位中国大学生问来讲学的外国专家："设计是什么？"

英国专家说："设计是艺术也是科学，设计师是艺术家加工程师。"

日本专家说："设计是美学加实用。"

美国专家说："设计包罗万象，小到纽扣，大到宇宙飞船。"

设计是什么？它和生活的关系是什么？

兹举一例：2005年的一天，笔者有幸拜访了举世闻名的日本视觉设计大师福田繁雄（Shigeo Fukuda）。那天，按预约的时间，我来到他在东京靠近铁道旁的寓所。靠近入口，让我们感到惊讶的是，他的住宅大门居然是斜的！在大师的引导下，过了"斜门"，我们向前五米，开门后居然是一面硬砖石墙。他引导我们倒退两米，右拐，居然是一面两米多高的镜子，这让我们"暴露无遗"。这时福田繁雄哈哈大笑，因为我们连连"上当"。他兴致勃勃地告诉我们：因为靠近铁路线，他的邻居们都被盗窃过，只有他家例外，"三道关卡"的精心设计让小偷望而却步。这时，我才恍然大悟：原来设计可以和我们的日常生活如此联系紧密，可以解决困扰大众的社会问题。这就是设计的必要性和重要性！

2. 设计推进了人类的历史进程

人类的发展是从原始社会（史前文明）开始的，之后进入了农业文明、工业文明并一直进入现在的数字时代。在这个过程中，设计自始至终创造着人类文明和推动着社会进步，它和我们的生活密不可分。如视觉传播设计，特别是网络、广告和出版物的发展，推动了世界范围内的信息流通；服装服饰设计提高了人类整体的生活品质。而建筑和产品设计，则给人类创造了无限丰富的生存空间并提高了工作效率和生活便利度。

（1）农业设计时代

历史都是从刀耕火种的农耕文明开始发展的。古人的发明和创新不断地改变劳作方式，从手工耕作到发明骨制、木制、铁制农具，直到工业文明。每一次社会生产方式的进步都是由设计创新带动的。

（2）工业设计时代

英国18世纪大机器生产引发的工业革命，设计出了大量的生产工具和生活用品，使人类从繁重的劳作中解放出来。电子技术的进步促使了流水线和机器人的出现。交通工具的发展反映了"设计改变生活"这一事实，从徒步到自行车再到汽车，后来又运用空气动力学原理创造了航天器，人类的活动范围从一个村落扩展到漫无边际的太空……人类通过设计越走越远，越飞越高。

（3）数字设计时代

IT产业革命反映了"设计创造新的生活方式""设计改变了人的思维方式"。伟大的史蒂夫·乔布斯不仅用设计创造了IT业的传奇，更进一步倡导"用户体验设计"，将关爱和情感通过设计的产品传达给世界，试图解决人与机器之间的隔阂，让人类更自由地享受设计，并为设计而感动，使设计不仅让人方便，更带给人快乐！

3. 设计面对未来

随着中国的快速发展，城市化建设和人的生活水平发生了天翻地覆的变化，但同时也出现了隐患和烦恼：能源危机、环境和人口压力、交通无序、城市同质化、文化差异减弱等。这些问题都需要而且可以通过设计来解决。作为文化创意重要组成部分的设计产业，是拉动GDP增长的重要动力之一，其内涵与功能已从传统的工艺设计转变为在高科技手段影响下的创意产业；已由传统的工艺美术、装饰艺术延伸到了动画、游戏、影视、广告、影像、网络等行业。

德国教授雷曼先生解析道："如果工程师解决的是机器中零部件之间关系的话，那么设计师是解决机器与人之间的关系"。他说："我们要明确为谁服务的定位，主要解决功能创意，再考虑材料、价格和不同人群的审美和价值取向……"雷曼指出了设计的使命，且设计必须由工程师和设计师两类人合作才能完成，更明白了设计教育和美术教育不同。

二、现代设计的主要流派与实践者

设计发展的历程生动地反映了人类文明的进程,体现了不同历史时期社会经济、文化和技术进步的足迹。工业革命为人们的生活带来了翻天覆地的变化。然而,单纯的技术进步不可避免地破坏原有的社会秩序,打破了宁静,带来了污染,大量粗制滥造的工业产品充斥市场……这些问题引起设计先锋们的反思,也成为其后百余年间风起云涌的设计改革浪潮之滥觞。

1. "水晶宫"世界博览会

1851年,世界上第一次世界博览会在伦敦海德公园举行,最初是为了炫耀英国工业革命的成就,同时试图提高公众的审美情趣,抵制对陈旧风格无节制的模仿。这次博览会全面地展示了美国和欧洲工业发展的成就,但也暴露了工业设计的各种问题,从而激励了设计的改革,因而在工业设计史上具有开创性的意义。展馆"水晶宫"(图2-8-1、图2-8-2)由英国建筑设计师帕克斯顿(Joseph Paxton,1801—1865)设计,外形为一个简单的阶梯形长方体,并有一个垂直的拱顶,外部只显出铁架与玻璃,没有任何多余的装饰,完全体现了工业生产的机械化特征。整座建筑完全由铁、木、玻璃三种材料组成,只花了9个月时间便全部装配完毕并轰动一时。

"水晶宫"是世界上第一座用金属和玻璃标准预制单元构件的大型建筑,在现代设计的进程中占有重要地位。遗憾的是,"水晶宫"中展出的展品却多为粗制滥造的机制产品。产品装饰冗繁复杂,既不实用也不好看。这次展览在美学上是失败的,为后来一系列的设计改革埋下了伏笔。

2. 工艺美术运动(The Arts and Crafts Movement)

工艺美术运动兴起于19世纪后半期的英国,是一场在装饰品、家具、室内产品、书籍装帧等领域发生的设计改良运动,是世界现代设计史上的第一次设计革命浪潮。1851年第一届伦敦世界博览会之后,一批有识之士提出了"回归中世纪手工艺传统"的设计口号,反对"纯艺术",主张"美与技术相结合";强调"师承自然",主张在设计中使用传统的自然材料,反对使用钢铁、玻璃等现代化工业材料来建造房屋或制作生活用品;反对工业产品的粗制滥造以及对古典样式的无节制抄袭,认为产品的装饰应该以中世纪的手工艺为楷模,以人性的、诚实的手工艺产品取代批量生产的工业产品。后期影响、促成了更大范围的欧洲"新艺术运动"(Arts Nouveau)的展开。

图 2-8-1 水晶宫外景

图 2-8-2 水晶宫内景

(1) 威廉·莫里斯（William Morris，1834 — 1896）

莫里斯是英国画家、诗人、设计师。他号召艺术家从事设计，以工艺美术品美化现实世界，提升现代人的审美趣味。莫里斯于1861年建立了"莫里斯·马歇尔及福克纳公司"，与志同道合的朋友们按照他们自己的标准设计制作家庭用品（图2-8-3）。1891年成立了自己的出版社，并将晚年大部分时间投注于书籍装帧及纹样设计（图2-8-4）。威廉·莫里斯的设计理念连同他们设计制作的书籍和产品一起影响欧美诸国，使他成为近代设计运动的先驱。

(2) 查尔斯·罗伯特·阿什比（Charles Robert Ashbee，1863 — 1942）

英国设计师阿什比是工艺美术运动中十分重要的人物，他受莫里斯设计实践的影响，于1888年组建"手工艺行会"，主要生产金属制品、首饰、家具、玻璃器皿、纪念币等日常用品（图2-8-5）。

(3) 亚瑟·马克穆多（Arthur Mackmurdo，1851 — 1942）

英国设计师马克穆多是建筑师出身，受威廉·莫里斯影响而转向室内、家具、染织和小装饰品设计（图2-8-6）。他于1882年组建"世纪行会"，集合了一批能工巧匠、设计师和雕塑家，目的在于打破艺术与手工艺之间的界限，致力于艺术设计者与制造者联合，使设计师直接面对消费者。马克穆多被视为工艺美术运动与新艺术运动衔接的关键人物，1883年为《雷恩的城市教会》一书设计的封面，被视为新艺术运动的第一幅代表作品（图2-8-7）。

3. 新艺术运动（Art Nouveau）

"新艺术"一词及风格兴起于19世纪末、20世纪初，是在整个欧洲和美国展开的装饰艺术运动。新艺术风格的作品延续和发展了工艺美术运动时期产品的自然植物造型。在灯具、家具、广告画、壁纸和室内装饰中，大量采用自由连续的曲线和曲面，形成了专有的动感十足

图 2-8-3　苏克萨斯椅 / 莫里斯 / 英国 / 1880

图 2-8-4　书籍封面 / 莫里斯 / 英国 / 1880

图 2-8-5　水晶瓶 / 阿什比 / 英国 / 1905

图 2-8-6　世纪椅 / 马克穆多 / 英国 / 1883

图 2-8-7　《雷恩的城市教会》封面设计 / 马克穆多 / 英国 / 1883

的造型风格。新艺术运动最初的中心在比利时，随后向法国、奥地利、德国、荷兰以及意大利等扩展，几乎涉及所有的艺术领域。

（1）阿尔丰斯·穆夏（Alphonse Maria Mucha，1860—1939）
阿尔丰斯·穆夏生于捷克，是20世纪初法国"新艺术"的代表画家。穆夏一生设计了近百张华丽而优雅的招贴作品，这些作品具有强烈的新艺术运动特点：曲线、自然形式、高度装饰化、平面效果。他的新艺术美女海报绘画，在20世纪初期闻名欧美，被誉为新艺术运动最杰出的平面设计师（图2-8-8）。

图 2-8-8　新艺术插画 / 穆夏 / 法国 / 1901

（2）维克多·霍塔（Victor Horata，1867—1947）
维克多·霍塔是比利时新艺术运动最具代表性的人物之一。他在建筑与室内设计中喜爱使用葡萄藤蔓般相互缠绕和螺旋扭曲的线条，成为比利时新艺术的典型代表。他的建筑设计具有两个明显的特征：一是注重装饰效果，仿生的"鞭绳"线条饰置应用随心所欲；二是把钢铁结构和玻璃面暴露在建筑表面。1893年，他设计的布鲁塞尔都灵路12号住宅成为他的代表作（图2-8-9）。

图 2-8-9　都灵路 12 号住宅室内 / 霍塔 / 比利时 / 1893

（3）安东尼·高迪（Antonio Gauti，1852—1926）
安东尼·高迪是西班牙新艺术运动的最重要代表，他是一位风格独特的建筑师、设计家。高迪的设计将新艺术运动的有机形态和曲线风格发挥得淋漓尽致，同时又加入了神秘的隐喻色彩（图2-8-10）。

他最富有创造性的设计是位于巴塞罗那的米拉公寓（图2-8-11），建筑物的正面用一系列水平起伏的线条处理，这样一来，多层建筑的高垂感与表面的水平起伏交相辉映。公寓不仅外形呈波浪形，内部也避免使用直角，就连家具都尽量避免直线和平面的使用。他还使用跨度不同的抛物线，形成不同高度的令人惊叹的屋顶景观，使建筑幻化为连绵的星球。

图 2-8-10　高迪公园 / 高迪 / 西班牙 / 1914

4. 德意志制造联盟（Deutscher Werkbund）

德意志制造联盟是德国的一个设计组织，成立于1907年。联盟的宗旨是通过艺术、工业和手工艺的结合，提高德国的设计水平，设计制造出优良的产品。联盟认为：设计的目的是人而不是物，工业设计师是社会的公仆，而不是以自我表现为目的的艺术家。联盟的先进之处在于它在肯定机械化生产的前提下，把批量生产和产品标准化作为设计的基本要求。同时，它致力于传播工业设计新思想，向社会各界介绍先进的设计成果，希望各界领导人支持设计的发展，以推进德国经济的发展和民族文化素养的提高。德意志制造联盟的这一理念，标志着德国在工业设计方面进入了一个崭新的阶段，在世界上已处于领先地位。

图 2-8-11　米拉公寓 / 高迪 / 西班牙 / 1910

（1）凡·德·威尔德（Henry van de Velde，1863—1957）
比利时人威尔德既是比利时新艺术运动的代表人物之一，又是德意志制造联盟的创始人之一。威尔德既是画家，也是平面设计师，其早期作品风格具有浓厚的新艺术特征，注重流畅的曲线和韵律，后来逐渐发展出包含有20世纪功能主义特点的风格（图2-8-12）。但他对工业化和标准化采取排斥的态度，反对批量生产，他认为工业决不应为了获得更多的利益就可以牺牲作品的美和材料的高质量。

（2）彼得·贝伦斯（Peter Behrens，1868—1940）
贝伦斯是德意志制造联盟的代表人物，现代主义设计运动的奠基人。1893年成为慕尼黑"青春风格"组织的成员，1900年加入由建筑师、艺术家、设计师组成的"七人团"，1907年受聘于德国通用电器公司AEG，任设计顾问，全面负责公司的产品设计、建筑设计以及视觉传达设计，他开创了统一规范化的整体企业形象设计，这也是现代企业形象设计（CI设计）的先河。1909年，他设计的AEG透平机制造车间与机械车间，因造型简洁、功能完善，使用便利，被称为第一座真正的现代建筑（图2-8-13）。他为AEG设计的企业标志也一直沿用至今，成为欧洲最著名的标志之一（图2-8-14）。他通过简单的几何形来设计的电风扇、台灯、电水壶等电气产品，同样成为体现德意志制造同盟设计思想的典范作品（图2-8-15、图2-8-16）。贝伦斯还是一位杰出的设计教育家。

5. 芝加哥学派（Chicago School）

1871年，美国芝加哥城大火，市区大批木结构的房舍烧毁，不幸的同时也为新时代新型大都会的建设创造了条件。为了节省土地空间，设计师在建筑中增高楼层，芝加哥出现了现代高层建筑。芝加哥的建筑师们采用钢铁等新材料、高层框架等新技术建造楼层，渐渐形成了趋向于简洁独创的风格，由此也诞生了"芝加哥学派"。芝加哥学派明确提出形式服从功能的观点，坚持学派独立的见解和立场从不折中，建筑实践中引进新技术在高层建筑中加以应用，认为建筑应以简洁的立面符合工业时代的精神。1883年至1893年之间是芝加哥学派的鼎盛时期，建筑造型方面，它的主要贡献是"芝加哥窗"的发明；工程技术方面，芝加哥学派的重要贡献是创造了高层金属框架结构和箱形基础。

（1）沙利文（Louis H. Sullivan，1856—1924）
沙利文是芝加哥学派的中坚人物和理论家。他第一个提出了"形式追随功能"（Form Follows Function）的口号，这也成为了多年来美国设计界的基本原则。他提出"哪里的功能不变，形式就不变。"芝加哥CPS百货公司大楼是沙利文的代表作品（图2-8-17）。

（2）弗兰克·赖特（Frank. L. Wright，1869—1959）
赖特是第二代芝加哥学派的代表人物，著名的国际建筑设计大师。赖特的设计注重整体，认为建筑应与环境形成和谐、统一的整体，以此构成环境和外部空间；注重室内空间舒展、自由的合理性与流动性，主张内部空间的自由开合；利用天然材料，以求建筑和环境与大自然的和谐与协调；室内空间和陈设着重低层布局。赖特于1936年设计的"流水别墅"，将建筑物与自然景观有机结合，是其建筑思想的典型代表（图2-8-18）。

图2-8-12 花园椅 / 威尔德 / 比利时 / 1895

图2-8-13 透平机制造车间与机械车间 / 贝伦斯 / 1909

图2-8-14 AEG公司标志 / 贝伦斯 / 德国 / 1907
图2-8-15 电水壶 / 贝伦斯 / 1907

图2-8-16 交流电风扇 / 贝伦斯 / 1907
图2-8-17 芝加哥CPS百货公司大楼 / 沙利文 / 美国 / 1890

图 2-8-18 流水别墅 / 赖特 / 美国 / 1937

6. 装饰艺术运动（Art Deco）

装饰艺术风格是20世纪20-30年代欧洲流行的主要风格，起源于1925年的巴黎"现代工业装饰艺术国际博览会"。其建筑形式采用塔楼式退台、对称构图、刚柔并济的横竖线条、丰富的浮雕装饰等手法。这种看似传统又结合了新时代审美的风格由此风靡全球，不仅影响在当时的家具、服装、珠宝与图案设计上，尤其反映在那一时期的建筑设计上，被视作"20世纪最激动人心的装饰风格"。如美国的克莱斯勒大楼有着丰富的线条装饰与逐层退缩结构的轮廓（图2-8-19），是装饰艺术运动中建筑艺术的代表作品。

图 2-8-19 美国纽约曼哈顿克莱斯勒大楼 / 1931
图 2-8-20 高背椅 / 麦金托什 / 英国 / 1910

查尔斯·麦金托什（Charles Rennie Mackiniosh，1868—1928）：麦金托什是英国格拉斯哥的建筑师和设计师，他的设计多采用高直、清瘦的垂直和水平线条，因而更接近现代主义风格（图2-8-20）。麦金托什于1890年左右与妻子、妻妹、妹夫共同组成了"格拉斯哥四人设计小组"。麦金托什与他的格拉斯哥小组被视为1925年之后法国装饰艺术运动的鼻祖。

7. 艺术变革与现代设计

20世纪初在欧洲兴起了一系列艺术运动，如立体主义、未来主义、构成主义等，它们试图寻求工业文明时期的美学形式：抽象，尤其是几何形式，这象征着工业文明机器美学的诞生。工业产品也成了绘画、雕塑的表现主题，由此而产生的视觉语言又反过来促进了工业设计的发展，渐渐使设计摆脱了陈旧风格的禁锢，展现出属于工业产品自身的特点。现代设计的发展与变革改变了传统的美学观念。

图 2-8-21 蒙德里安的油画构图

（1）风格派（De Stijl）

风格派是活跃于1917—1931年的以荷兰为中心的一场国际艺术运动。风格派艺术从立体主义转向完全抽象，对20世纪的现代艺术、建筑学和设计都产生了深远的影响。风格派的主要成员有画家陶斯柏（Theo Van Doesberg）和蒙德里安（Piet Mondrian）、建筑师奥德（Jocobus J.P.Oud）和建筑师兼设计师里特维尔德（Gerrit Rietveld）等人。蒙德里安的绘画就是风格派的典型例子（图2-8-21）。

风格派的代表人物还有荷兰建筑师、设计师里特维尔德，他将风格派由平面延伸为立体，用简洁的几何形式和三原色色块设计了一系列家具和建筑，其中1917年设计的红蓝椅（图2-8-22）和1923年设计的荷兰乌德勒支住宅（图2-8-23）被公认为是20世纪艺术运动中产生的最具创造性的代表作品。

（2）构成派（Constructivism）

在俄罗斯，一些青年艺术家积极探索工业时代的艺术语言，提倡用工业精神来改造社会生活，认为艺术表现不应依赖于传统材料，而应积极运用塑料、金属、玻璃等现代材料，艺术的形式也应是抽象的几何形式，其中影响最大

图 2-8-22 红蓝椅 / 里特维尔德 / 荷兰 / 1917

的是构成派（Constructivism）。构成派首先注意到新材料带来的新感觉与新的空间结构形式，并导入绘画及雕塑。构成派抛弃传统及对工业时代的热情与共产主义理想的憧憬，将产品、建筑与文化理念融合，提出根据与工业化世界的关系来定义"艺术家"。构成派影响并丰富了艺术设计的视觉语言。

构成派最重要的代表作是俄罗斯雕塑家塔特林（Vladimir Tatlin，1885—1953）设计的第三国际纪念塔（图2-8-24），它由铁和玻璃两种材料筑成了一个螺旋状高塔。无论是风格派还是构成派，都热衷于抽象的几何形式以及空间和色彩的构图效果，他们在造型和构图方面的创新，对于现代建筑及工业设计起了积极的推动作用。

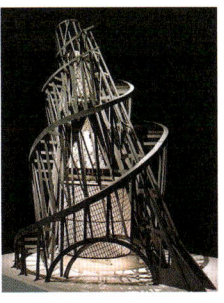

图 2-8-23　乌德勒支住宅 / 里特维尔德 / 1923
图 2-8-24　第三国际纪念塔 / 塔特林 / 1920

8. 走向现代主义（Modernism）

从19世纪后期到第一次世界大战，艺术变革改变了人们的审美取向，为新的美学观念奠定了基础。之前纷杂的设计改革思潮终于汇聚形成了一股大潮，这标志着现代工业设计的开端。现代主义首先起源于对机器的肯定，认为机器本身就是时代进步的标志、新时期美学的载体，产品的视觉特征应建立在本身的结构和机械的内部构造的基础上，"机器美学"由此诞生。现代主义首先在德国建筑界出现。"一战"后，一批青年建筑师们提出了比较彻底而系统的改革主张，形成了现代主义建筑思潮。这股思潮很快延伸到了工业设计行业中，其中，德国的格罗皮乌斯、密斯和法国的柯布西耶都是这场运动的坚定支持者。随着格罗皮乌斯等移居美国，现代主义被带到了美国，设计了大量优秀作品。

柯布西耶（Le Corbusier，1887—1965）与他的机器美学

勒·柯布西耶是20世纪最重要的建筑师之一，被誉为开创现代主义建筑的鼻祖、20世纪最富激情的建筑师。他和瓦尔特·格罗皮乌斯、密斯·凡·德罗并称为现代建筑派或国际形式建筑派的主要代表。柯布西耶倡导了"机器美学"。认为机械之美、机器美学体现为：理性和逻辑性、标准化、秩序、几何形式、简洁、抽象。柯布西耶最有影响也是最受非议的一句名言就是"住房是居住的机器"。因此，建筑设计可以直线、空间、体积等构成略具变化的简单立方体，抛弃一切附加的装饰。他一生留下了众多的经典传世之

图 2-8-25　新精神馆 / 柯布西耶 / 1925

作：1925年在巴黎国际现代装饰与工业艺术博览会上，柯布西耶设计了著名的"新精神馆"（图2-8-25），这也使柯布西耶成为了20世纪20年代国际现代主义的代表人物。1928年，他设计了法国萨伏伊别墅。其后期创作的"朗香教堂"被誉为20世纪最为震撼、最具有表现力的建筑，甚至有人把它称为是令人惊奇的雕塑（图2-8-26）。柯布西耶常自己进行室内设计和家具设计，如在1928年前后他设计了充满现代气息的钢管结构躺椅（图2-8-27）。

9. 包豪斯（Bauhaus）

包豪斯学校1919年建立，关闭于1933年，是德国魏玛市的"公立包豪斯学校"（Staatliches Bauhaus）的简称，后改称"设计学院"（Hochschule für Gestaltung）。在办学的14年中，包豪斯培育出了一批现代建筑和设计人才，也创造了整整一个时代的现代建筑和设计风格，被誉为"现代设计的摇篮"。包豪斯的成立，标志着现代设计的诞生，它也是世界上第一所完全为发展现代设计教育而建立的学院。

包豪斯的理想目标是要培养"全能造型艺

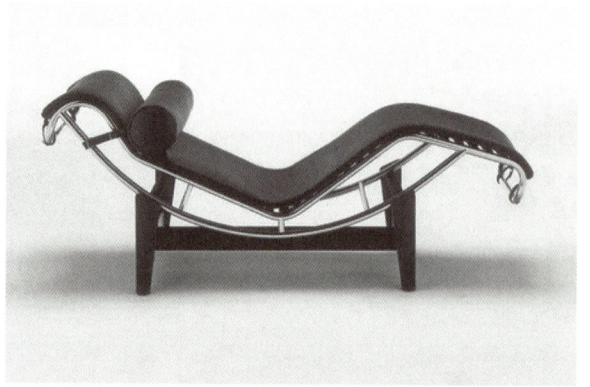

图 2-8-26 朗香教堂 / 柯布西耶 / 1953
图 2-8-27 躺椅 / 柯布西耶 / 1928

家"。因此在包豪斯的教学课程中，尽量达到所有造型艺术之间的交流，设计、建筑、绘画、雕刻、手工艺等一切都被纳入包豪斯的教育之中。其设计课程包括新产品设计、平面设计、展览设计、舞台设计、家具设计、室内设计和建筑设计等，甚至连话剧、音乐等专业都包含其中。

（1）包豪斯提出的三个基本观点

图 2-8-28 包豪斯学校的标志

第一，艺术与技术的新统一；第二，设计的目的是人而不是产品；第三，设计必须遵循自然与客观的法则来进行。包豪斯在设计理论方面提出的三个基本观点对现代工业设计的发展起到了导向作用，使现代设计扭转理想主义走向更具实用价值的现实主义，即用理性的、科学的思想来代替艺术上个性表现和浪漫主义所影响的设计。

（2）格罗皮乌斯（Walter Gropius，1883—1969）

格罗皮乌斯是包豪斯的创始人，杰出的设计教育家，也是20世纪最有影响的现代建筑师和设计师之一（图2-8-29）。1883年，格罗皮乌斯出生于柏林的一个建筑师家庭，早在青年时代，他就致力于德意志制造同盟。1907—1910年间服务于贝伦斯事务所。他以极其虔诚的精神协调艺术设计和工业化社会的关系，力图探索艺术与技术的新统一，并要求设计师"向死的机械产品注入灵魂"。1910年，他设计了法古斯工厂（图2-8-30），开创性地运用功能美学原理，并大面积使用玻璃构造幕墙，这一建筑对包豪斯设计学院的作品风格产生了深远影响。1919年包豪斯建立之后，他才真正实现了自己的理想，将现代主义设计思想发扬光大。

图 2-8-29 格罗皮乌斯

（3）布劳耶（Marcel Breuer，1902—1981）

马克·布劳耶是包豪斯重要的教师和设计师，执掌包豪斯的家具车间，致力于以不锈钢管、玻璃等新型材料进行革命性的家具创新设计与制作，创造了一系列有着极大影响的钢管式家具（图2-8-31）。这些家具造型轻巧优雅，结构简单，同时充分体现了材料的特性，成为现代设计的代表之作。

图 2-8-30 法古斯工厂 / 格罗皮乌斯 / 1910

（4）密斯·凡·德·罗（Mies van der Rohe，1886—1969）

现代建筑大师密斯·凡·德·罗1886年生于德国。1930—1933年任德国公立包豪斯学校校长，1937年移居美国后，一直担任芝加哥阿莫尔学院建筑系主任。密斯·凡·德·罗通过对钢框架结构和玻璃在建筑中应用的探索，创造出一种既具古典式优雅，又极端现代单纯的风格。整洁、暴露骨架、灵活多变的流动空间以及简练而精致的细部是其作品的主要特点。1928年提出了著名的"少就是多"的口号，体现了他的建筑哲学思想和艺术特质。西班牙巴塞罗那博览会德国馆及巴塞罗那椅（图2-8-32）为密斯的代表作，这一设计实现了他技术与文化融合的理想，是现代主义设计的精品。

10. 北欧设计（Scandinavian Design）

丹麦、瑞典、芬兰、挪威和冰岛五国地处"欧洲之冠"，与外界相对隔绝，资源贫乏，却因此发展出了与欧洲其他国家完全不同的现代主义设计风格，是一种有机现代风格的设计。它将现代主义的设计理念与当地传统的设计文化相结合，既注重产品的实用功能，又强调设计中的人文因素，因而在刻板而严肃的几何形式之外又发展出了一套极富人性化的"有机现代主义"设计思想（图2-8-33）。

阿尔瓦·阿尔托（Alvar Aalto，1898—1976）芬兰现代建筑师、设计师和艺术家，人情化建筑理论的倡导者，现代建筑的重要奠基人之一，也是现代城市规划、工业产品设计的代表人物。阿尔托的创作范围广泛，他所设计的作品都表现出极强的创造性和随意性。他善于使用不同的材料，并采用综合的结构、光滑的曲线形式，以达到动感十足的视觉效果（图2-8-34）。1924年，他与设计师阿诺·玛赛奥（Aino Marsio，1894—1949）结婚，他们共同进行了长达5年的木材弯曲实验，而这项研究直接推动了悬臂木椅（图2-8-35）的产生——这是阿尔瓦·阿尔托在20世纪30年代极富革命性的家具设计。

11. 美国的商业设计

商业设计是指为企业、品牌创造商业价值的设计。"二战"后，美国已经是世界上最强大的经济大国，商业竞争激烈，这直接促成了商业设计的发展。欧洲各地的年轻人纷纷涌向美国，其中包括很多画家和艺术家，他们成为20世纪30~40年代美国商业设计的主要力量。伴随着美国经济在全球的扩张，美国商业设计的要义及其所倡导的"有计划的废止制度"在

图 2-8-31　D4 可折叠椅 / 布劳耶 / 约 1930

图 2-8-32　巴塞罗那椅 / 密斯·凡·德罗 / 1929

图 2-8-33　PH 灯具 / 汉宁森 / 丹麦 / 1924

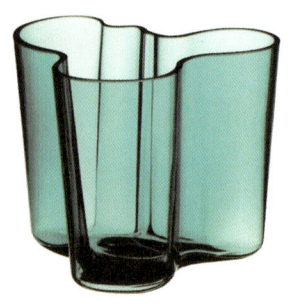

从左至右依次为
图2-8-34 花瓶/阿尔托/芬兰/1936
图2-8-35 扶手椅/阿尔托/芬兰/1924
图2-8-36 1949年罗维成为《时代》周刊封面人物
图2-8-37 夸张的"高尾鳍风格"汽车外形

20世纪后50年里迅速蔓延，几乎成为一种全球通用的设计运营模式，直至今天。

美国第一代设计师大多是来自欧洲各地的自由艺术家，因此，他们的设计不像其欧洲前辈们那样注重产品的结构和功能，也没有过多的社会责任感和形而上的哲学思考，他们直接服务于企业和行业，在激烈的市场竞争中转变角色，迅速由流浪的自由艺术家成长为专业程度极高的专业设计师。他们设计了数量惊人的产品、包装、广告形象，"好设计就是好生意"是他们共同信奉的座右铭。

（1）雷蒙德·罗维（Raymond Loeway，1889—1986）
罗维是20世纪最著名的工业设计师，被誉为"美国工业设计之父"。凭借敏锐的商业意识，无限的想象力与卓越的设计天赋，他创立了世界上最大的设计公司。他设计了人们所熟知的大量大众产品。从流线型汽车、火车、飞机到美国总统座机"空军一号"，再到登月宇航员的飞船座舱，从经典的"可口可乐"曲线到妇孺皆知的壳牌石油标志等。他曾荣登美国《时代》周刊封面（图2-8-36），并被推崇为"20世纪最伟大的工业设计师"。他认为现代设计最重要的不是设计哲学、设计概念，设计的目的仅仅是为了促销，用罗维的一句话来总结就是："对我来说，最美丽的曲线是销售上升的曲线"。

（2）哈利·厄尔（HarleyEarl，1893—1969）
哈利·厄尔是世界上第一个专职汽车设计师，也是美国商业设计的代表人物。1926年进入通用公司后，他专门负责汽车的外型设计，他的设计风格大胆而有新意，开创了战后汽车设计的"高尾鳍风格"（图2-8-37）。1940年出任通用公司副总裁后，使通用汽车公司的"艺术与色彩"部门成为当时世界最大的设计中心。

12. 人机工程学（Human Engineering）

人机工程学是一门新兴的交叉科学，起源于欧洲，形成和发展于美国。人机工程学在美国称为"Human Engineering"（人类工程学）或"Human Factor Engineering"（人类因素工程学）。它把人-机-环境系统作为研究的基本对象，运用生理学、心理学和其他有关学科知识，依据人和机器的特点，合理分配人和机器承担的操作职能，并使之相互谐调，从而为人提升舒适和安全的工作环境，使工作效益最优化。瑞典人机设计小组在1974年为手有残疾的群体精心设计了一种特殊的面包餐刀与切盘（图2-8-38），既方便又安全，受到广泛欢迎。此外，产生了一门新兴的学科——通用设计（Universal Design），通用设计的核心理念是：让设计使人们的生活、工作都获得平等的对待。通用设计是指为所有人设计使用的产品、环境及通讯。因此，通用设计可名为全民设计、全方位设计。

13. 新现代主义与高技派（Neo-Modernism & High-Tech）

"新现代主义（Neo-Modernism）"在家居设计中喜欢采用镀铬钢管，它的设计风格与包豪斯有类似的地方，形态上强调机械化和几何化。新现代主义的设计组织阿基佐姆（Archizoom）成立于意大利的佛罗伦萨，一直积极地推进新现代主义。该组织设计的"密斯"椅（图2-8-39），运用尖锐的三角形造型，以一种幽默的手法来模仿米斯的巴塞罗那椅，是新现代主义的经典之作。

另一种影响深远的设计流派是高技派（High-Tech）。高技派主张不仅在设计中运用高科技成果，同时在美学上表现新技术成就，常常在设计中暴露一些体现现代技术的元件、线缆，以强调工艺技术与时代感。高技派的代表作为法国巴黎蓬皮杜国家艺术与文化中心（图2-8-40），整个建筑除了钢架结构以外，整体全部使用玻璃覆盖。建筑师有意将建筑自身的结构和设备的各种形色全部暴露作为装饰，如今已被看作西方当代新建筑的扛鼎之作。另外还有香港汇丰银行大厦（图2-8-41）等。但是高技派的作品显得冷漠而缺乏人情味，以致后来出现了更注重设计趣味性、人情味的波普设计和后现代主义设计。

14. 波普设计（Pop Design）

波普设计，20世纪60年代兴起于英国，后席卷到欧美，是一场引领潮流而又面向大众的设计运动。波普设计反对现代主义形式上过于严肃和单一，崇尚大众化的、通俗的趣味，在设计中强调标新立异。例如设计上经常采用夸张、奇异、富于想象力的造型；色彩单纯、鲜艳；材料多选用塑料或廉价的纤维板、陶瓷等（图2-8-42）。波普设计风格具有鲜明的时代特征，目标市场也定位为追求新奇、刺激的年轻人。如用纸板折叠而成，表面饰以图案的儿童椅，十分新奇。这一运动在当时设计界引起强烈震动，在设计领域吹进了一股新鲜空气，并对后来的后现代主义设计产生了重要影响。

15. 后现代主义（postmodernism）设计

后现代主义是后现代社会（后工业社会、信息时代）相应科学技术革命发展的产物，"后现代"并不以时间概念来划分，不能因为作品时间的先后而界定为"后现代"，而是针对艺术概念而言的。后现代主义是对现代主义概念的颠覆和超越。在哲学、宗教、建筑和文学中均有充分的反映。

后现代主义代表人物文丘里，提出了与现代主义"少就是多"的理念针锋相对的口号："少就是厌烦"。他认为，在设计中应当吸收当代各种文化精神以及重视公众的通俗口味与喜好，他为母亲设计的栗树山别墅被公认为是后现代设计的经典作品（图2-8-43）。1985年，格雷夫斯为阿莱西公司设计了一种自鸣式不锈钢开水壶（图2-8-44），为增强趣味性，他将壶嘴的自鸣哨做成小鸟式样，受到市场广泛欢迎。后现代主义的基本特征就是强调设计的隐喻意义，通过传统文化等因素增加设计的内涵，趣味性十足，但有时反而忽略了功能。

索特萨斯和孟菲斯设计小组（Memphis Group）

后现代主义设计界中，意大利的"孟菲斯"（Memphis）设计集团可谓最有影响力。1981年在米兰，以索特萨斯为首的一群设计师组成了"孟菲斯集团"。他们反对单一而冷漠的现代主义风格，追求装饰

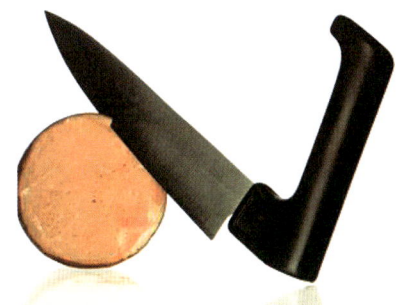

图 2-8-38 转角式设计，符合人体工程学原理，可以把对关节、肌肉的磨损降到最低，方便使用者完成就餐时对食物切割的动作

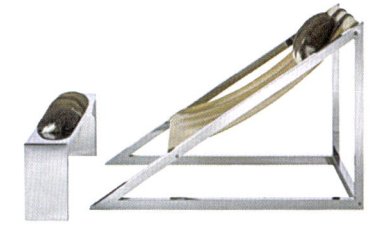

图 2-8-39 "密斯"椅／阿基佐姆／1969

图 2-8-40 巴黎蓬皮杜国家艺术与文化中心／皮阿诺、罗杰斯／1969

图 2-8-41 香港汇丰银行大厦／福斯特／1981

图 2-8-42 "用后即弃"的儿童椅 / 穆多什（Peter Murdoth）/ 英国 / 1964

图 2-8-43 栗树山别墅 / 文丘里 / 1962

图 2-8-44 自鸣式水壶 / 格雷夫斯 / 1985

图 2-8-45 书架 / 孟菲斯小组 / 约 1980

艺术与功能设计的相辅相成，注重手工艺创造。他们致力于探索现代主义之外的设计语言，从装饰艺术、波普艺术、东方艺术传统中吸取养分，创造了许多形式怪诞、颇具象征意义的家具装饰品、艺术品和日用品。他们通常使用常用的新型材料、响亮的色彩和富有新意的图案，在构图上采用波型曲线、曲面与直线、平面的组合来取得意外的视觉效果（图2-8-45）。"孟菲斯"的设计在很大程度上是试验性的，现在多作为博物馆的藏品，但在工业设计和理论界，它们已经产生了实在的影响。

索特萨斯（Ettore Sottsass，1917—2007）是20世纪后期意大利设计的杰出代表，20世纪80年代早期孟菲斯小组的创始人，现代设计领域的传奇人物。索特萨斯1958年为奥利维蒂公司设计了一系列符号式的电器，从而使意大利的工业设计在乏味的现代主义产品中独树一帜，创造了一系列划时代的产品（图2-8-46）。

16. 绿色设计（Green Design）

绿色设计是20世纪80年代末出现的反思的国际设计概念与潮流。它既反映了人们对于现代科技引起的生态破坏的反思，也体现了设计师的道德和社会责任心的回归。长久以来，工业设计在为人类创造现代生活的同时，也加速着对生态环境的破坏。尤其是工业设计过度商业化的背景下，设计无形中推动着人们进行无节制的消费，"有计划的商品废止制"就是过度追求商业利润而产生的极端案例，招致了许多批评。在这种时代背景之下，设计师们不得不重新思考工业设计师的职责，绿色设计也随之而生。

绿色设计（Green Design）也称生态设计（Ecological Design）、环境设计（Design for Environment）。它着眼于人与自然的生态平衡关系，在设计过程的每一个决策中都充分考虑尽量减少对环境的破坏。绿色设计的原则被公认为"3R"原则，即Reduce、Reuse、Recycle，减少环境污染、减小能源消耗，产品和零部件的回收再生循环或者重新利用。它要求设计师以肩负历史使命与社会环境责任去创造产品的价值。

菲利普斯塔克（Philip Starck，1949— ）和减约主义（Minimalism）
在产品的外观上，绿色设计倡导减少无谓的材料消耗、重视再生材料使用的原则也有所体现。20世纪80年代开始，追求极简的设计流派兴起，将产品的造型化简化到极致，被称为"减约主义"，法国著名设计师菲利普斯塔克就是其代表人物。他的家具设计造型简洁却又十分典雅，无论从外观和使用材料上都体现了"少就是多"的原则（图2-8-47）。他设计的路易20桌椅，椅身采用塑料一体化成形，就好像靠在铸铝后腿上的人体，简洁而又幽默。1994年，他设计的电视机（图2-8-48）采用了一种用可回收材料——高密度纤维模压成形的机壳，这为家用电器开创了"绿色"新势头。

17. 信息时代的设计（Information age）

进入21世纪，通信及信息技术发展迅速，计算机和网络极大地改变了我们的生活，同时也改变着设计师的工作、思维方式，设计的形式和内涵都在发生变化。数码和影像技术的发展，电脑的便利，使得每个人都能够成为潜在的艺术家和设计师。新的传播媒介的出现使信息的传达越来越个人化、自由化。数字信息时代，随着网络的应用越来越普及，印刷品的需求量会变得越来越少，取而代之的是各种具备互动性、更新更快、更轻便和更立体化的传播媒介。消费者对多样化产品的要求迅速提高，现代设计在近百年的发展中形成的设计门类的界限即将被打破，设计师被赋予更全面、更复杂的责任。设计不再是设计师的个人行为，他们需要跨出原有的专业界限，工业设计、平面设计、互动设计要全方位地合作，在更新颖的形式上和领域中发挥自己的创造性和想象力。设计师不但需要掌握设计领域内的尽可能多的专业知识，还必须熟悉当前最先进的科技发展水平，熟知不断涌现的新材料的性能，熟悉他们所服务着的快速流动的人群，了解他们的信仰和生活方式，了解他们的内心和需求，甚至是将来可能的需求。如何将新技术介绍给消费者，如何协调新科技、新材料、新工艺的合理使用，如何协调产品与使用者之间的互动关系，令高新技术在产品中更加便于应用，这些都变成了设计师在信息时代面临的新课题。美国苹果公司在引领信息时代的设计潮流方面无疑走在了世界前列。

三、东西方设计艺术比较

如果要拿设计来比较东西方艺术的差异，最典型的莫过于图形和建筑设计了，一个属于平面的范畴，一个属于空间的范畴，由于思维方式和评价标准的不同，导致了截然不同的艺术效果和创意思维。在2010上海世博会上，我们中国馆的红色斗拱建筑在整个世博场馆的建筑物中最为突出（图2-8-49）。这是由于体量和东道主的身份决定了它的视觉地位。但如果拿这件作品和1958布鲁塞尔世博会国家馆——原子球（图2-8-50）比较，我们不难发现两者设计的思考角度截然不同。如果从世博会举办愿望出发，我们可以发现两者语言的差距：布鲁塞尔向全世界展示了人类对未来世界发展的思考。迄今为止，这件作品虽是半个世纪前的设计，却仍然反映了人类发展的任重道远和奋斗雄心；而上海世博主体馆的建筑却仍然在回

图 2-8-46 "情人节"打字机 / 索特萨斯 / 意大利 / 1969

图 2-8-47 斯塔克路易 20 椅及圆桌

图 2-8-48 沙巴公司的电视机 / 斯塔克

从左至右依次为
图 2-8-49　上海世博会中国国家馆 / 2010
图 2-8-50　布鲁塞尔世博会比利时国家馆 / 1953
图 2-8-51　庆祝香港回归招贴 / 佚名 / 中国 / 1997
图 2-8-52　费舍出版社招贴 / 冈特·兰堡 / 德国 / 1979

首5000年前，继续为民族传统文化而自豪。在二维平面设计中，东方和西方的语言表达上也同样存在着差距。我们思考的是大众情绪和画面气氛（图2-8-51），而西方人注重的是语言准确和功能到位（图2-8-52）。

从古代到现代，从西方到东方，从艺术到科学。若笼统地对东西方设计艺术作全面比较十分困难。在这里，我们撷取其中的一些案例，来探寻东西方设计艺术的不同。比较和鉴别，有助于我们探寻设计背后深层次的内涵。

1. 天人合一与机器美学 —— 设计思想的比较

设计与其他艺术门类一样，是人类精神与审美之外化，进行东西方设计艺术的比较，需要首先理解东西方设计思想的不同。东方传统世界观认为，世界的主体与客体是合而为一的，即中国文化中所谓的"万物一体""天人合一"。"天人合一"指的是宇宙与生命、自然与人之间相通、相类、和谐统一的无间关系，这是中国传统哲学、美学的基本观念。在这一视野下，着眼点是整体的自然，人只是自然的一部分，落花有意，流水含情，山、石、草、木都有它自己的性格和品德，人们尊敬和爱护它们，达到人与大自然相互融合的境界。因此，东方传统的工艺品和设计往往以追求"栩栩如生""意趣天成"为最高境界。而西方世界观中的主体与客体则是两分的、对立的。人与上帝、人与自然、人与人都是各自独立的主体，人应该战胜和主导自然。在这一世界观下的西方文化注重理性，重视对于自然规律的研究。西方设计思想中存在的这种技术理念极大地影响着西方设计 —— 在西方人看来，设计就是一种改造自然的手段。"机器美学"理论集中表现出了以人为中心、以人力胜自然的设计理念。

东西方园林设计理念的不同恰当地反映了这两种不同的设计思想。东方园林是人和自然的联系纽带。以中国园林为例，中国的文人认为，人是自然的一部分，只有在自然的山水风景中才能感悟宇宙的意义和人生的真谛。在城中房屋旁建造具有自然风景美的园林不失为一种亲近自然的好方法。因此，中国园林以含蓄、恬静、淡泊、古拙为美，通过模拟自然风光营造城市中的山林意趣，达到了"居闹市而近自然"的理想境界。在创作设计方面重视利用自然的可持续性，极尽所能地表现自然，而刻意避免人工的痕迹。在设计布局上则采用不完全对称的均衡式结构，通过照壁、屏风、花窗、回廊等制造迂回曲折、趣味盎然的自然美形式，从而形成了天、地、人和谐融合的设计理念与风格（图2-8-53、图2-8-54）。

西方园林则是开放和外显的。对于西方园林设计师而言，园林是建筑的向外延伸，很多著名西方园林的建成都是由建筑师完成的，如凡尔赛宫、埃斯特庄园等。在形式上，西方园林表现为规则、开阔、整齐。设计手法基本上表现为以建筑为轴心，沿中轴线呈对称布局，依次展现宽阔的中央大道，雕塑精致的喷泉水池，修圆剪平几何形体的绿篱，视觉一览无余的人工草坪，树木成行列栽植，全园景观呈现出规整的人工装饰形态。这种井然的秩序和清晰的条理所体现出的，是凌驾于自然之上的人类征服力。

2. 阴阳太极与十字纹 —— 创作图式的比较

无论是东方还是西方，纹饰在其漫长的艺术设计史上都占有举足轻重的地位。纹饰在很大程度上反映了当时、当地的时代精神和设计审美观，是传统文化的积淀，因而成为考察东西方设计文化的重要方面。

在东西方的纹样设计上，我们能找到其最基本、最单纯、应用最广泛的纹样元素：阴阳太极纹和十字纹。

阴阳太极图（图2-8-55）是中国最原始象征图形中最具典范性的符号。这符号以纯粹的圆为基本造型，圆中间加上一个"S"形曲线的分割，从而产生两个分割正负而相同的形，构成了阴阳太极图的典型格式。十字纹（图2-8-56）则被认为是西方世界最为古老的符号，并且是最具有护身符性质的纹饰。十字纹结构十分简单，以"希腊十字"为典型，由相等的两条直线中心作直角交叉而成四臂，是基督教流行以前最为常用的图形符号。

阴阳太极图和十字纹都是东西方纹饰的典型，负载了东西方文化不同的精神气质和审美理念。由基本图形上来看，它们都由最简单基础的几何形状构成 —— 圆形和方形。阴阳太极图以圆为外形，整个图形由流动的曲线构成，以生动流转的造型与线条表现出了生生不息、无起无迄、周而复始的精神内涵。"圆"在中国人乃至东方人的精神世界中有着其他图形所不能替代的地位，这直接来源于东方世界对于时间轮回的理解。而西方人对于世界和时间线性、秩序化的理解同样也根深蒂固。十字架

图2-8-53　苏州拙政园 / 始建于明朝正德年间　　　图2-8-54　花园屏风 / 张永和 / 中国 / 2008

图 2-8-55 阴阳太极图
图 2-8-56 十字纹

图形由直线的方形构成，四个内角均为直角，四边为直角交叉，给人庄重、严谨的视觉感受，在精神上则代表纯净与理性。同时，十字纹以直线的交叉点为中心，力量向四面延伸，表现出外向与率直的特点，预示着扩张与传播的文化个性。

区别于十字纹这种精确、坚定的绝对对称，太极图则使用了均衡对称的构图方式。相互独立的双方依靠等分的能量和交错的结构而获得平衡，此消则彼长，彼弱则我强。其力量的行进方式是由四周向中间部分聚拢，犹如一个巨大的、永不停息的旋涡，将宇宙万物容纳其中。这种内敛、圆融的图形设计同样与东方人的文化性格相适应。

在此后的图案装饰发展中：东方的纹样偏向于遵循均衡法则，如云气纹、忍冬纹等。而西方则更多遵循对称法则，如涡卷纹、几何纹等。直至当代，这一基本的文化心理仍然潜在地影响着设计创作，如图2-8-57、图2-8-58，如果我们排除作品的主题、解释以及处理手法，单单从装饰形式角度来看这两幅作品的话，就很容易看出这两种文化心理影响下的不同。正如在下文"设计原则和评价标准"中所提到的：中国人喜欢曲线，德国人喜欢直线；中国人喜欢多彩，德国人喜欢简单的色彩表述。

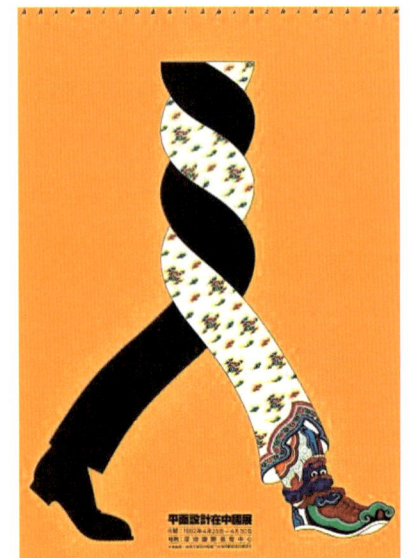

图 2-8-57 "平面设计在中国"展览海报 / 陈绍华 / 1992

3. 圈椅与沙发 —— 设计目的比较

对于中国古人而言，工艺或设计只是一种手段，更重要的是通过设计这一手段实现对道德或集体精神的传播。以中国古代著名的传统设计圈椅为例，圈椅在中国古代的豪门显第中往往被置于建筑空间的中心位置，并不仅仅因为它是一种坐具，也不是因为它有着优美的曲线或光滑的质感，更重要的是它所代表的精神意义：圈椅一般尺度都比较宽大，不适合女性和儿童使用，是一种男权的体现；同时，圈椅的曲线虽然被后来的功能主义者贴上了"功能化"的标签，但事实上，圈椅椅面与椅背形成的90度直角并不完全适合人的脊椎，相反，人必须正襟危坐才能保持在坐具上的稳定 —— 而正襟危坐正是道德所需要的姿态。纵观中国现存的乡绅住宅和其中的器物，其阶级分明的格局和纹饰的寓意无时无刻不在警醒和告诫着使用者去克制欲望、恪守道德。

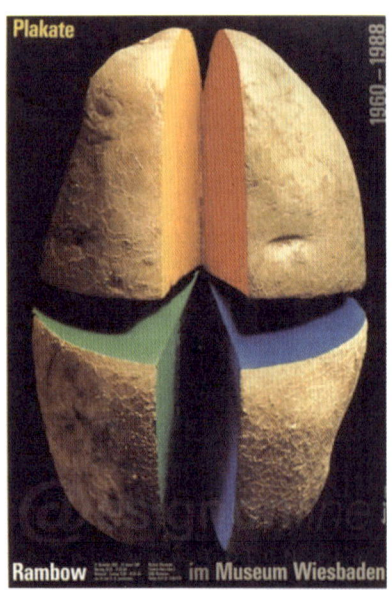

图 2-8-58 冈特·兰堡28年招贴设计生涯展览招贴 / 冈特·兰堡 / 1988

而西方设计显然并非如此。即便是在19世纪末举着道德大旗的工艺美术运动的倡导者们，他们所主张的"道德"也只是与趣味相联系的个人层面的道德感，而非集体规范。西方对于"身体"的重视自古以来都远远高于东方人。从古希腊开始，艺术家就以塑造完美的人体、比例精确的五官为己任，文艺复兴后逐渐成熟的解剖学理论将对人们身体研究的热情推至顶峰，这一传统直接影响西方人的设计观。"设计为人服务"，这句口号更多地侧重于个人的体验。沙发的起源可追溯到公元前2000年左右的古埃及，软包沙发则出现于16世纪末至17世纪初，弹性填充形成一种柔软的人体接触表面。可见，当时的贵族对于身体的重视和爱护达到了前所未有的程度。现代设计产生以后，各种各样的沙发设计就成为设计师所提倡的"人性化"产品的最佳典范,如图2-8-59。中国的圈椅和意大利名为"女体"的沙发设计,两种设计都用了柔和的曲线,但无论从精神内核还是外部形态来看,都传达出不同的文化气息,形成了鲜明的中西方设计文化对比。

图 2-8-59 名为"女体"的沙发 / 意大利

有趣的是,即便是在西方现代主义设计形式占据绝对主流的当代,中国传统设计中所保有的"精神气质",还是被一些敏锐的艺术家妥善地保存了下来。2004年作品1号(亦名为《曲院风荷》)就是以注重精神的中国哲学为主发点进行设计的。设计师运用解构的手法将明清家具元素与现代感的材质这两种元素分解重组,使作品既富有现代装饰感,又保留了中国传统的精神气质,是一件发人深省的创作(图2-8-60)。这件作品成为第一件被英国维多利亚和阿尔伯特博物馆收藏的中国设计师作品。

除此之外,西方设计所重视的"个人化"还包括与艺术作品一样,西方设计史上的作品都有着明确的作者、鲜明的个人风格,这是对于个人意志的鼓励。而在中国则强调整体意识,表现在美学上则是"以和为美",古代的手工艺人被严令禁止在其作品上留下个人印记。

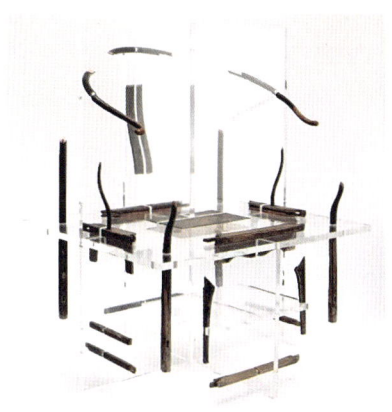

图 2-8-60 2004年作品1号 / 邵帆 / 2004

4. 意象空间与体积塑造 —— 设计形式的比较

在空间的塑造上,东方设计和西方设计也有着不同的倾向。东方传统建筑是以骨架结构为主的木结构建筑,而西方发展的则是承重墙式的砖石结构建筑。这两种建筑形制都由各自的地理环境决定,同时,它们也同样沉淀为一种审美心理,对各自的艺术设计形式产生至关重要的影响。

东方建筑以木构柱梁为承重骨架,由立柱、横梁及顺檩等构件组成,各构件之间的结点用榫卯相结合,构成了富有弹性的活性框架。这种线装材料所组成的框架结构可以视环境的需要而自由延展或收拢,框架所构成的空间是建筑的主要内容。所以,这种木结构建筑的大小通常用"间"为单位来衡量。

图 2-8-61 无何有旅店 / 香山圣 / 日本 / 1996

"间"是日本设计中十分重要的思想。"间"就是空间、空隙,从缝隙中透过的日光。在日本有一家著名的"无何有"(ikumichan)旅店,是日本建筑师竹山圣的作品。"无何有"语出《庄子·逍遥游》:"无何有,犹无有也。"正是因为容器的"无",才能收纳丰富的东西。设计师在旅店的中心设计了一个枝叶茂盛的庭院,所有的客房都有一个直接面向庭院的大窗户,目的是为了"让新野的绿意成为穿过树叶的一道道光线,越过窗户倾泻到室内。"图2-8-61为日本"无何有"旅馆室内,光线越过窗户倾泻到室内形成的错落有致的点,与室内垂直的线构成了十分宁静的气氛,这样看似随意的设计却是设计师精心安排的结果。这种"计白当黑"的设计观念反映在日本建筑师的诸多实践中,如著名的安藤忠雄的"光之教堂"(图2-8-62)。

图 2-8-62 光之教堂 / 安藤忠雄 / 日本 / 1989

比起东方设计师的这种对物与物之间"关系性"形式的专注，西方设计师更注重于富于表现力的外形塑造。这与西方以砖石为主的建筑传统也有很深的渊源。西方建筑的主体材料是石块，以金字塔为代表，这种块状材料以堆砌为其主要建造方式。因此，西方建筑更强调建筑形体本身的高度和体量感。这种建筑思想体现在设计形式中，主要表现为重视设计对象丰富的外形、坚实的体积感和瑰丽的色彩。例如与安藤忠雄同时代的美国设计师菲利普·约翰逊（Phillip Johnson）设计的"水晶教堂"（图2-8-63）：1968年，舒乐牧师向约翰逊表达了自己的构想："我要的不是一座普通的教堂，我要在人间建造一座伊甸园。"最后的设计壮观而绚丽。通透、明亮的空间以及金字塔般稳定的造型，即便是玻璃这般呈现轻盈视觉感的材质，在西方设计师的手下也能塑造出坚实的体积感。同样是教堂，同样是以"光"为目的的设计，两者所采用的设计形式却是大相径庭。

再如图2-8-64弗兰克·盖里设计的西班牙毕尔巴鄂古根海姆美术馆，其下部比较规整，有石质墙面，上部主体则异常复杂、扭曲，且表面全部用钛金属装饰。这个建筑"像是天外来的披着银光闪闪铠甲的怪物"。

贝聿铭设计的苏州博物馆，是东西方设计文化结合的一个典型案例。出身于苏州望族的贝聿铭既受过中国传统文化的熏陶，又接受了典型的美国式精英教育，东方文化的含蓄和西方文化的形色在他的作品中都得到了很好的体现。在苏州博物馆的设计中，设计师非常注重光与空间的结合，他巧妙地利用西方设计中的点、线、面构成手法，让光在空间中自由游走，使得空间变化万端。这一设计真实地反映了贯穿贝聿铭一生的设计原则——"让光线来做设计"（图2-8-65）。

图 2-8-63　水晶教堂 / 约翰逊 / 美国 / 1980　　图 2-8-64　毕尔巴鄂古根海姆美术馆 / 弗兰克·盖里 / 美国 / 1997

图 2-8-65　苏州博物馆 / 贝聿铭 / 美国 / 2006

四、设计原则和评价标准

工程技术都有各自行业的规范和标准。而艺术则追求个性,如音乐、美术、戏剧、舞蹈、电影等观赏性艺术,一方面强调高雅,提高人们的修养;而另一方面是讲为人民大众服务。设计的成功取决于市场效益,同样,好的设计也像艺术作品给人以美的享受。

1. 设计原则

1996年,笔者拜访柏林艺术大学的格奥尔格·巴塞利茨(George Bazeliz)教授,当问及艺术的标准是什么时,他不假思索地说:"个性。"他接着说,艺术家存在的价值是用他们的行为去丰富人们的生活,这个"丰富"即多样性。试想假如世界上没有艺术家,社会将是一个什么样的面貌?这令人感悟到大师的作品虽然很多不被人理解,比如倒置的人体(图2-8-66),但他的表达行为却给所有的观众留下了深刻甚至可以说是永恒的记忆。

图 2-8-66 倒置的人体 / 格奥尔格·巴塞利茨 / 1990

设计和绘画都属于艺术范畴,相同的是,大家都崇尚"个性",绘画作品是供人欣赏的,可以被人接受,也可以留给下一代评判;而设计是以产生的经济价值来衡量成败的,因此,必须被绝大部分消费者接受;而文化和招贴广告设计又是以公众的直接受益作为评判标准的,这是设计作为实用艺术和绘画艺术所不同的。因此,建立在美学、实用和被大多数人认可的"个性化"基础上的设计,是我们应该遵循的设计基本原则。

2. 评价标准

设计的评价标准从总体上来说应该从信息、美学、功能、文化四个方面来进行判断。

图 2-8-67 环保招贴 / 冈特·兰堡 / 1986

(1)信息功能

传递信息是设计传播首要的一个环节,没有人喜欢看不懂的设计。为谁而做?打动人的卖点是什么?这些要素都存在于无声的设计语言之中。设计师的每一件作品都是在通过创意来推销,并设法尽可能快地引人注意,以求被人理解和接受。如图2-8-67冈特·兰堡的环保招贴,图2-8-68陈放设计的反战招贴。

(2)美学功能

美感是设计作品叩动消费者心扉的要素,心理学家的分析经验表明,有50%的商品是靠自身的魅力实现售卖,这种魅力通常与商品的美学质量有紧密联系,尤其是服装、饰品、化妆品箱包等高档奢侈消费品,这些设计以独具匠心的创意技巧、质感和工艺效果满足了消费者的"虚荣心"。在对这些美感尺度的把握上,以法国和意大利为代表的西方人不愧为美学上的天才(图2-8-69)。

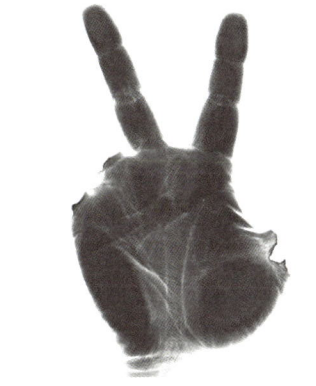

图 2-8-68 反战招贴 / 陈放 / 中国 / 2000

（3）使用功能

德国是一个讲究功能性设计的国家。德国设计师认为，在建筑方面他们和中国设计师的表达方式大相径庭。中国人设计建筑是由表及里的，讲求的是漂亮和气势，而德国人则是由内而外设计的，他们的设计是从内部功能作为出发点的。一件完美的建筑作品既要注重外形美观，同样也应当是建立在功能基础之上的。产品设计和视觉设计也是这样，即便一只看似普通的茶杯也要根据不同的使用对象（儿童、年轻人、老人抑或不同经济状况的群体）进行有针对性的（比如从大小、材质、色彩方面）设计。图2-8-70是菲利普·斯塔克设计的"外星人"榨汁机，在使用功能方面是具有代表性的成功作品。

（4）文化功能

指的是建立在对消费人群充分了解的基础上有针对性的造型行为，这需要对文化背景的调查，如欣赏习惯和使用习惯。东方人喝茶，西方人饮咖啡；德国人喜欢黑白色和简洁的直线型设计，而中国人则喜欢丰富多彩的颜色和富有生机的曲线。这和一个民族的文化、历史和风俗习惯有关。文化是融汇在一个民族血液中的风俗和习惯，这决定了人们对事物的不同态度。因此，设计是有受众针对性的表现行为（图2-8-71、图2-8-72）。

除了以上四个主要的评价标准之外，还有对材料、质感、加工工艺的要求，对技术方面的精湛要求，精美的包装等。

   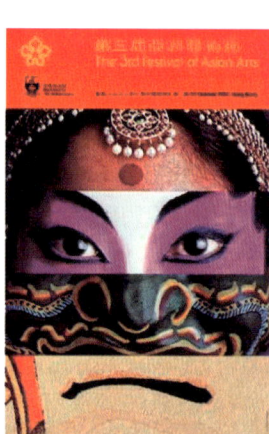

从左至右依次为
图 2-8-69　弗拉门戈舞女 / 雅致 / 2013
图 2-8-70　"外星人"榨汁机菲利普·斯塔克 / 法国 / 1990
图 2-8-71　海报招贴冈特·兰堡 Gunter Rambow / 德国 / 1979
图 2-8-72　第三届亚洲艺术节海报靳埭强 / 中国香港 / 2002

拓展阅读与参考信息

1. 图书资料

《世界现代设计史》/王受之 / 中国青年出版社 / 2002

本书对世界现代设计史的源流、发展及现状进行通论式的阐述，描述世界现代设计史上各个时期的重要流派、重要人物、重要作品，展现世界现代设计史的基本轮廓和基本框架。

《艺术设计与美学》/刘子川 / 高等教育出版社 / 2011

本书把艺术设计与美学的研究纳入现代设计历史的演进结构中，力图厘清从人类进入工业文明以来，这种新型美学在设计实践中的具体体现和流变。

2. 网　　站

http://www.gooood.hk

谷德设计网是一个基于建筑、景观、设计、艺术的高品质创意平台，是世界知名的建筑景观设计艺术网站，也是中国最受欢迎与最有影响力的建筑景观设计艺术在线媒体与在线平台。

http://www.iarch.cn/
专筑网

"专于设计 · 筑就未来"——专筑网是专筑文化机构旗下的网络平台，致力于打造一个以设计产业为核心的网络社区，旨在为设计师、设计机构提供一个展示推广、交流合作的平台，成为年轻的设计先锋力量和设计专业在校学生成长发展的摇篮和家园。

3. 设计师
冈特·兰堡

冈特·兰堡被称为"德国视觉诗人"，并与日本的福田繁雄、美国的西摩·切瓦斯特并称为"当代世界三大平面设计师"。兰堡的作品发现了很多存在于生活中的艺术，他把一些生活中常见的主题作为创作元素，加之艺术处理，赋予其新的象征含义。

福田繁雄

福田繁雄1932年生于日本东京，1951年毕业于岩手县立福冈高等学校；在高中时曾想成为一名漫画家，但由于当时艺术学校里没有漫画专业，他最终将其幽默和天赋投入到设计领域，由此其设计作品具有浓厚的幽默性特点。

4. 素材库

http://fmddd.com

FM设计网成立于2015年4月是一个综合设计平台，立志打造为广大设计师提供优秀的设计方案、设计资料的免费平台。

http://www.tooook.com

图格网收录海量建筑景观案例，方便快速精准搜索，每日更新各大网站及公众号的优秀案例资讯。

http://www.zoscape.com

ZOSCAPE-园林景观设计意向图库，园林景观学习网。景观设计师常去的网站，案例和资料丰富，图片质量较高。

http://www.ideamass.com.cn/

ideaMass灵感集是一个基于移动端的精品建筑资讯及优秀观点传播的开放社区。内容包括最新设计作品、最热话题讨论、设计常识普及以及艺术创意作品。

课程九 图形和文字设计

课程概况： 我们常说的"图文并茂"，是能吸引人视觉注意力、准确传递信息最有力的传播方式。图即图形，文是文字，是可以通过印刷媒体、网络媒体、手机媒体大量复制和广泛传播的，用以传达信息、思想和观念的视觉形式。其中，图形作为一种传达信息的视觉性记号，也是一种无声的视觉传播语言，无论是古代还是现代，都旨在把要传播的内容用最简洁的形态变得更加醒目、明了，在当今的信息社会中，其内涵越来越丰富。同样，文字也是我们传达信息、表达思想感情的主要工具，旨在针对不同的信息主题，营造双方都能理解的意义空间。综上所述，图文设计的规律及呈现方式，最终能帮助人们在社会文化和经济生活的各个方面达到沟通的作用。

本课程将对图文设计的历史渊源进行简要阐述，分别介绍图形及文字的基本设计手法；同时，帮助学生深层次理解图形及文字设计与时代发展的密切关联。

课程内容： 了解图形及文字设计的历史及潮流的演变；
了解图形和文字设计的基本创意方法；
了解著名的视觉设计大师。

训练目的： 了解图形及文字设计的历史及未来发展的趋势；
掌握基本的图形及文字设计的方法。

重点和难点： 教学重点：把握现代图形和文字设计的发展趋势，掌握图形和文字的基本设计方法
教学难点：深刻理解"图形与文字设计"在信息传达上的重要意义，了解著名的视觉设计大师及其代表作，提升图形与文字的设计与鉴赏能力。

思考和作业题： （1）分别简述图形设计和文字设计的历史。
（2）三个苹果改变了世界：一个诱惑了夏娃，一个砸醒了牛顿，一个握在乔布斯手中。你因苹果有什么创意？
（3）结合具体的作品分析图形设计和文字设计的关系。
（4）选择一位你最感兴趣的视觉设计大师，在课堂上作一推介：大师生平 —— 大师铸就的轨迹 —— 成功的启示……

阅读提示：《文字与版式设计》与《图形创意与联想》（林家阳著，高等教育出版社）

在读图时代的今天，图形和文字是视觉传播的两大要素。设计师根据具体内容将图和文组合成为设计作品，都起到了传递信息的作用，它们的关系是相辅相成的。

兹举一例：

2000年，笔者在赫尔辛基结识著名视觉设计大师尤卡（Veistola Jukka）。他说：三年前他应邀去肖蒙做海报设计奖评委，由于初到法国水土不服患了痢疾，想找家药店。出乎意料，他去的几家药店的法国店员既听不懂芬兰语也听不懂英语。到了第四家药店的时候，他幡然醒悟并巧妙地运用图形与法国店员小姐沟通（图2-9-1）。看完图形，小姐开怀大笑并立即开了止泻药给他，使他第二天得以顺利参加评审工作。他说："做视觉设计师很伟大，因为我们可以用'世界语'和所有人进行沟通"。

图 2-9-1　尤卡自画像

一、概　述

1. 图形与文字的渊源

人类有据可考的文明应该是从图形、文字的创造开始的。人类为记录自己的思想、活动和成就，开始利用图形符号为手段，图形是人类最早的视觉传达方式。早在原始时期，我们的祖先便在岩画中创造了各种各样的图形符号。法国南部拉斯考克地区的岩画（图2-9-2）可以追溯到公元前15000 — 前10000年，以刻画猎物的形态为主，绘画栩栩如生。而北美洲的印第安人岩画则描绘出更简练且更加接近标志化的形象（图2-9-3）。在我国，将军崖岩画和内蒙古阴山岩画年份最为久远，是始于旧石器时代的史前岩画，距今约10000年左右（图2-9-4）。大量原始时代的岩画给我们提供了丰富的历史资料，为研究图形发展和设计起源起到重要作用。

图 2-9-2　法国南部拉斯考克洞穴（Lascaux）岩画

然而，图形在准确表达思想这方面作用仍有限，尤其是关于抽象的思维记录，图形几乎无能为力。因此，人类开始发明使用文字。根据考古学家和文字学家的研究，岩画上的表意型符号便是象形文字的前身，所谓"书画同源"意即如此。

图 2-9-3　印第安史前岩画

大约公元前8000年，在埃及的尼罗河三角洲、两河流域、中国的黄河流域与长江流域的下游，农业经济已经开始发展起来。由于农业的发展，促进了原始人的交流，进而促进了文字的产生和发展。

图 2-9-4　连云港将军崖岩画

世界上最古老的文字除了中国的汉字外，还有埃及人的象形文字（图2-9-5）、苏美尔人和巴比伦人的楔形文字（图2-9-6）以及中美洲的玛雅文字，这些文字造就了璀璨古文明。如今，那些象形文字、楔形文字、玛雅文字已经销声匿迹，且这些地区目前使用的文字和这些古文字也没有渊源，所以中国文字应该算是现存最古老的文字。另外中国纳西族的东巴文和水族的水书，是现存唯一仍在使用的象形文字系统（图2-9-7）。

图 2-9-5　古埃及象形文字

图 2-9-6 古巴比伦《汉谟拉比法典》上的楔形文字 / 约公元前 1792 年

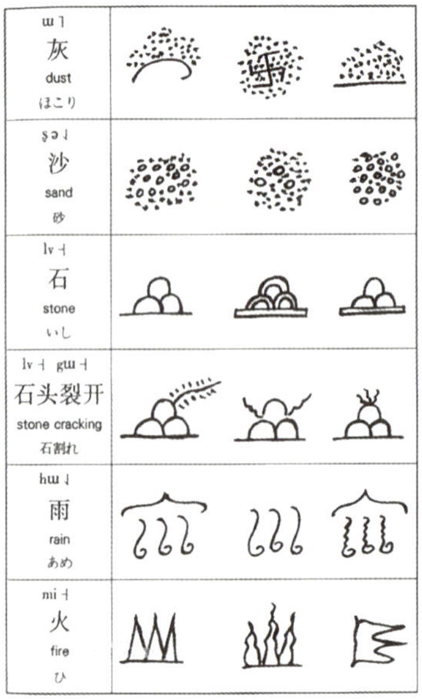

文字的产生，使人类脱离了野蛮和蒙昧，是人类文明的一个最重大的里程碑。文字突破了语言在时间上和空间上的局限性，使语言得以长久保存，语言交流的地域范围也逐步扩大，从而促进了文化的交流和社会的进步；人类的历史和人类生产劳动的成果都得以在文字中得到记录，后人由此了解历史，并总结历史留下的经验和教训，从而更迅速地推动历史的发展；文字的产生促使语言的完善，使语言表达思想更加精确；文字的产生促使新的文学形式产生，如散文、诗歌、小说等，极大地丰富了人类的文学艺术和精神生活。

2. 读图时代与信息传播

图形传播信息、传达思想的历史悠久，是传承人类文明的必要工具，也是人类交流的载体。图形或影像也可打造经典、表达深刻的含义，甚至可以超越文字，传达只可意会不可言传的内容。书法绘画、彩陶纹绘以及雕塑壁画、传世名品中所蕴含的独特韵味也是文字所难以企及的。作为人类文化的经典，它构建着人们的精神家园。随着社会的高速发展和科学的不断进步，加上日趋完善的传播环境，在信息传播中，图形的质与量都有了大幅度的飞跃。读图时代的到来降低了文化传播的门槛，带动了文化普及和活跃了社会交往，促进了绘画、设计、电子影像制作与传播技术的飞速发展，使视觉景观无处不在。

图 2-9-7 中国纳西族东巴文字

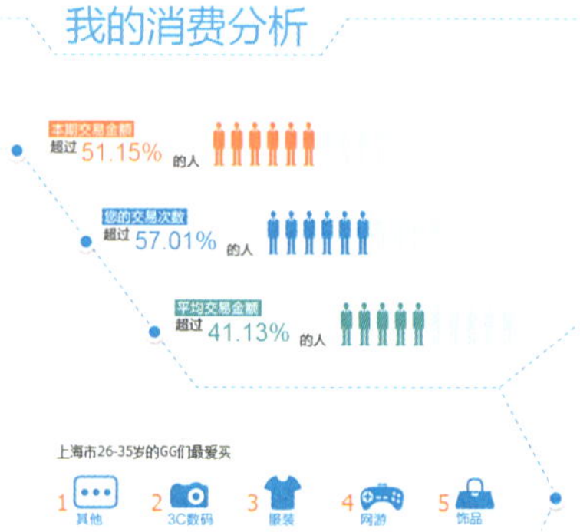

图形和文字都是传承人类文明的媒介和载体，图文互补、相得益彰。同为交流传达的载体，二者不仅没有高下优劣之分，而且彼此密切关联。文字为主的文化里，图形的主要作用是为了作为文字的补充解释文字；而在图形为主的时代里，两者关系互换，文字成为了图形的补充说明，帮助更好地解析图形的内涵和意蕴。在书籍、网页及视频设计中恰当使用图形，以"图说"形式代替"言说"，会让画面更加直观和形象，从而打破信息传达时的沉闷单调（图2-9-8、图2-9-9）。当代人喜欢漫画，是因为漫画用轻松幽默的方式讲述丰富多彩的内容，这恰恰迎合了现代人的生活节奏。人们用图形表达自己的生活和情感，这种优势不言而喻——超越时空，跨越地域，使人们拥有一种共同的语言；图形所带来的生动现场感会给人们身临其境的强烈视觉冲击，这有时是任何文字都无法描述的。

图 2-9-8 网站消费分析运用直观有趣的图形取代枯燥乏味的数字

3. 图形与文字的组合原则

（1）内容形式统一

要表达某种诉求就要有准确的内容，但在图形设计中，仅有内容却缺少表现形式是不够的，而光有形式没有内容的设计又是空洞的。形式同内容相统一，这在设计中是非常重要的。

（2）设计简单明了

图文时代传播面向大众，要求在视觉上做到简单不繁复，给受众一种轻松感。在图形设计的过程中，设计师想通过图形表达的信息能否被准确传达，这在整个设计及传达过程中起到决定性的作用。而想要达到这种效果，就需要站在受众的角度来思考问题，不要把设计者的情感强加给

图 2-9-9 网站采用图文结合的方式更直观地诠释企业的盈利模式

受众,要使语言明了但又准确生动(图2-9-10、图2-9-11)。

(3)美学效果突出

设计是美观的代名词,在体现图形独特性的同时,图形设计在传达信息过程中更强调视觉形式感,即美感。要提升图形和文字的审美情趣,就要在形式感和语义内涵上加以突出,给人以美的享受(图2-9-12)。

4. 图形和文字在设计中的作用

图形在传播上具有很多优势。

①图形相对文字更具直观性,直接对人的视觉神经产生作用,在瞬间吸引读者的注意力。②图形是简约的形象语言,但却可以是包涵最丰富的信息载体。③图形可以是国际通用无障碍的视觉语言。④图形具有直观展现实物的优势,最具有感染力和精神透射力。

文字在平面设计作品中是不可缺少的部分,具有点题和说明、传递细节信息的功能。甚至有许多平面设计作品是由纯文字构成的,文字本身在信息表达上具有很强的视觉表现力,尤其是西方人把中国的象形文字就视作图形,文字就成为了独立的设计主体。一般情况下,文字比图形能够更直接地传递信息,从而在包装设计、海报招贴等领域中文字的应用更能发挥价值。让图形语言说话和将文字图形化是两种特殊的视觉表现形式。这一点日本的设计师做得尤为成功。

二、图形 —— 视觉语言的艺术

1. 图形的源起与发展

图形设计的起源可以追溯到原始社会时期。在文字发明之前,图形就承载着记录、传播、交流的功能。人类用单纯而具有象征性的图像把自然现象和对自然的感悟拓印下来,创造了记录其活动及精神世界的视觉化图形。经过长期的熟识默记、通过对所见物象不断认知 —— 内证实践、形象思维 —— 图式化的过程,形成了稳定的认知结构,产生心理符号体系和图形样式。如北美洲印第安人的岩洞壁画中的图形符号,我国将军崖岩画和内蒙古阴山岩画具有强烈的图画倾向,都有明显的装饰意味(图2-9-13)。

原始社会后期,图形的作用就不仅是信息交流或部落图腾了,而是渐渐融入了日常生活。如在陶罐上标上标记,人面鱼纹彩陶盆(图2-9-14)、新石器时代陶盆里的舞蹈小人等都反映了当时的生活,这些都成为最早的图形设计艺术。随着社会生产力的发展,原始的记事性图形逐渐无法满足人们的需求,象形文字因此产生。文

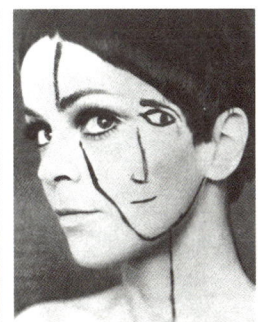

从左至右依次为

图2-9-10 "假面人生"
图2-9-11 "双面人"
图2-9-12 艺术图书广告招贴
图2-9-13 内蒙古阴山岩画《大角鹿》

图 2-9-14 陕西省西安市半坡遗址人面鱼纹彩陶盆（仰韶文化）/ 20 世纪 50 年代出土

字是人类文明的重要一步，它是更加具有规范性的表现符号。原始符号和原始文字的形成是图形发展的一次飞跃和质变。

图形发展的第二次重大飞跃在手工业发展时期，中国的造纸术和活字印刷的发明极大地促进了图形的发展。纸张的发明方便了文字和图形的完好保存与携带，信息传播更加便捷、范围越来越广，由此带动了图形的发展；印刷术的发明迅速提高了图形的传播效率。同时，欧洲的文艺复兴在知识、社会和政治各个方面都引发了革命，尤其是以达·芬奇、米开朗基罗等为代表的艺术巨匠所做出的贡献、在视觉原理及其他规律上的发现，如在绘画方面的直线透视法，就是这个时期出现并发展起来的，都为图形设计提供了重要的基础。不过，18世纪前的设计活动主要是围绕手工业，由同一人设计并制作，并没有细致的职业分工，艺术也常常是贵族、宗教才能拥有的奢侈品，因此图形设计并没有真正发展起来。

18世纪中叶后进入工业社会，工业革命给世界带来了翻天覆地的变化。这一时期，商业得到了良好的发展，对信息传播的速度要求也越来越高。摄影和电的发明为印刷技术和制版技术的迅猛发展提供了便利，彩色印刷量大大增加，彩色图形代替了大幅的招贴文字，图形发展取得了第三次重大飞跃。这个时期的招贴大部分由专门的插画设计师设计，具有很强的艺术性（图2-9-15）。这一时期蓬勃发展的艺术流派和艺术运动也对图形设计的发展产生了深远的影响，它们都使工业社会阶段的图形设计得到了迅速发展。

图 2-9-15 插画《孔雀裙》/ 比亚兹莱 / 英国 / 1898

近代以来，随着科技的不断发展，特别是在"二战"后文化科技的蓬勃发展和艺术思潮的影响，加之电子摄影的产生、计算机的发明、卫星通讯技术的发展、数码与网络技术的大范围普及，使得信息得以更加快速而有效地传播。人类进入数字化信息传播时代。科学技术和社会文化的进步促进了现代图形设计观念的发展更新，设计手段的增加使图形变得更加多元化，图形发展到了一个前所未有的时期。图形的作用不再局限于装饰和标记或是交流记录的符号，而是成为了视觉传达的重要载体。现代图形以其本质的直观性、形象性传播于国际，突破了不同语言交流的障碍，成为国际化的视觉交流语言。这是图形发展又一个重大的里程碑。

图 2-9-16 IBM 公司海报 / 保罗兰德

2. 图形设计的要点

（1）趣味性

在图形设计的创意中，如果能够将幽默有趣的东西融入其中必会引起受众更多的注意，从而达到意想不到的视觉效果。如纽约的平面设计先驱人物保罗·兰德为IBM设计的作品，趣味性十足（图2-9-16）。

（2）创意性

在图形设计中，除了需要注重逻辑思维之外，更要注重创造性的思维方式。而创意的实现必须以联想、想象、发散和综合等为前提。联想和想象力对于设计而言，是必不可少的，因为设计题材本身往往是理性的概念，并不提供一个能感动人的视觉形象，通过联想与想象方能获得创意。著名设计师西摩·切瓦斯特为"地球日"设计的海报正是这种方法的代表（图2-9-17）。

（3）简洁及抽象性
在信息爆炸时代，简洁抽象的图形无疑更容易吸引人们有限的注意力。德国设计大师米斯·凡德洛的著名口号——Less is more（少就是多）正说明这一问题。要做到图形的抽象和简洁，需要设计师具有高度的概括能力，能够以简约的元素表达深刻的主题。德国"海报特征"运动奠基人伯恩哈特的作品"普莱斯特火柴广告"就是简洁设计的代表作。海报中除了两根火柴及公司名称，再无他物，却成为平面设计的经典作品（图2-9-18）。

（4）隐喻性
隐喻地运用图形元素时，往往会产生发人深省的意外效果，可以使人们在进行交流时更具戏剧性或者过程更加微妙。恰当地运用视觉隐喻，能有效地增强图形的说服力和感染力，达到事半功倍的视觉效果。

（5）突出特征性
①充分表现地域性特征：不同的地域文化和自然环境造就了不同的风俗，也同样造就了特征各异的图形面貌。总体上看，美国的图形设计风格明快而强烈、商业气氛浓；英国的图形设计相对简洁而严肃，比较保守；德国的设计严谨合理又不失活泼灵动；而日本的设计东西方特征并存。现代设计越来越认同本土化，探索本土文化的内涵，由此形成各自的设计特征，这才是现代设计本土化的精髓。日本现代设计的成功，很大程度上归功于他们始终将东方的理念贯穿于设计作品中。

②充分表现个人特征：艺术作品之所以具有极高的价值，很大程度上是因为它饱含艺术家的个人思想和个性。美国图形设计艺术大师兰尼·索曼斯（Lanny Sommese）一向按照自己的思想创作，从不在设计中刻意追随流行或是某一种成功的特征。他的作品亲切自然，充满了独特的个人特质（图2-9-19）。

③充分表现时代特征：图形设计和工业设计、建筑设计等一样具有很明显的时代特征。每一个时期的图形设计表现出来的特征各有不同，或朴素，或高雅，或古典，或简约，它和文字设计及平面设计的发展同步。特定的时代有着特定的审美情趣和文化倾向，时代的精神和观念也在图形的发展中得到体现。

3. 图形创意的手法
（1）置换图形
是指一物取代另一物，要求两物之间有形的相似或意的相同。这种图形意在达到幽默、讽刺、诙谐的效果。

图 2-9-17 "地球日"海报 / 切瓦斯特 / 美国

图 2-9-18 "普莱斯特火柴"广告 / 伯恩哈特 / 德国

图 2-9-19 《罗密欧与朱丽叶》戏剧招贴海报 / 索曼斯 / 美国

(2) 同构图形

是指将两个相干或不相干的类似形巧妙组合，从而给人们一种全新的视觉印象。要求过渡自然，强调形的一致。

(3) 发散思维

指的是对某物的异想天开。它既是对同一形的联想，也是对美好的一种向往，给人们一种对生活的追求和精神上的寄托。

(4) 联想图形

指的是对某一物的形作进一步的引申和联想，它强调的是现状与结果的过程，以达到对人的启发和联想。

(5) 游戏图形

指的是用一系列相关的图形来表述一个有趣的情景、一个讽刺故事或一个奇妙的想象。这种表达意在起到愉悦或是寓教于乐的作用。

4. 图形的艺术性

无论绘画和设计，图形语言都强调艺术性。所不同的是，前者注重艺术效果、视觉冲击，强调个性；而后者因受设计对象、目的的制约，要求图形语言的准确性和通俗化。

在众多艺术流派里，绘画中的超现实主义（Surrealism）对图形设计的发展影响最大，尤其是代表人物雷尼·马格利特（Rene Magritte）、萨尔瓦多·达利（Salvador Dali）的艺术表现手法，影响着20世纪一代又一代的设计师。超现实主义画派将人的潜意识精神现象转换成视觉图像，这种方法使无数艺术家和设计师告别了传统守旧的、直白的写实手法的束缚，走向了一个异想天开的视觉天地。汉斯·希尔曼（Hans Hillmann）在他的插图、速写和图形游戏中全面吸收了超现实主义的表现方法。亚洲人也毫不逊色，日本的福田繁雄在二维图形创作中有独到之处，他还将埃舍尔（Escher）的二维视错觉图形发展为三维游戏模型。美国的Saul Bass、Cross James等都成功地将超现实画派理论和绘画风格与手法结合现代技术，应用在大量的商业广告中，这种广告对推动市场竞争起到了不可低估的作用。

用超现实主义手法创意的广告图形不仅给人带来视觉上的乐趣，同样会使人更富有智慧，引发人的思考。福田繁雄的反战招贴——谁先发动战争将自取灭亡（图2-9-20），冈特·兰堡的"费舍尔出版社"系列招贴之"知识是明灯"都是图形语言的典范。此外还有很多优秀的创意案例，值得我们研究。

汉斯·希尔曼是国际公认的电影海报大师和插图画家，是具有奇特灵感的故事叙述者。例如，在他的代表作——"26个字母的故事"中，他用字母"F"引发出Fliege（苍蝇、飞行）这个故事（图2-9-21），如同一本小说的展开，也像一部侦探剧，以游戏图形形式，生动而有趣地表现贴近生活、情节简单的故事，巧妙的艺术手段令人诧异，同时也给人留下了美妙的遐想空间。

5. 设计师举要

(1) 德国图形创意大师：霍尔戈·马蒂斯（1940—）Holger Matthies在广告招贴艺术方面，霍尔戈·马蒂斯是一位非常有造诣的具有国际影响力的设计大师，他和冈特·兰堡（Gunter Rambow）、金特·凯泽（Gunter Kieser）三人形成了德国的招贴风格。同时，霍尔戈·马蒂斯还有浓厚的古董情结，特别是对猪文化的研究。这里展示的是他搜集的来自世界各国的各种"猪"主题艺术作品（图2-9-22、图2-9-23）。由于文化差别，地域差别和所用材质的不同，产生了不同的艺术效果。

(2) 国际著名设计大师：西摩·切瓦斯特（1931—）Seymour Chwast西摩·切瓦斯特创立了著名的图钉（Push Pin）设计集团公司，引领20世纪新美国视觉设计运动。他注重个人观念在作品中的传达，也

图2-9-20 《胜利1945》福田繁雄／日本／1975

图 2-9-21 插图《飞行》/ 汉斯·希尔曼 / 德国 / 1980

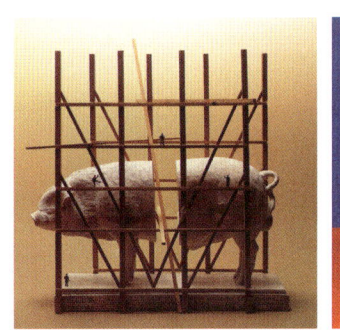
特洛伊木猪 / 石膏 木头

有翼猪 / 印度 / 木头

猪形开瓶器 / 不锈钢

猪形存钱罐及幸运猪 / 瓷器

图 2-9-22 "猪"的主题形象创意 1 / 收藏者：霍尔戈·马蒂斯

猪抱枕

海报 / Slegfried Linke

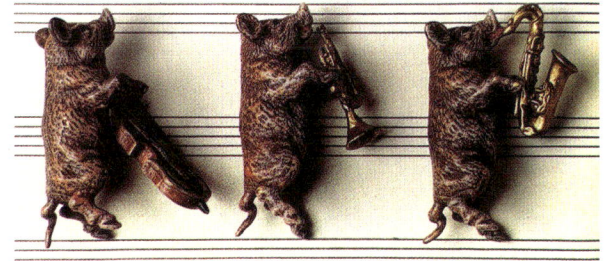
猪之音 / 维也纳青铜

猪厨子 / 瓷器

图 2-9-23 "猪"的主题形象创意 2 / 收藏者：霍尔戈·马蒂斯

追求艺术设计的自由性。他专注于把个人特有的风格和具有视觉传达功能的设计结合在一起。他还热衷于采用不同媒介混合使用表现作品主题,以达到特殊的视觉效果(图2-9-24至图2-9-26)。

(3)日本著名视觉设计大师:福田繁雄(1932—2009)
福田繁雄是享誉世界的图形设计大师。他总是追求创新,系统地将不同维度的创意加以融会贯通,在看似荒谬的视觉形象中透射出一种理性的秩序感和连续性。福田繁雄既深谙日本传统文化,又掌握现代国际语言的表现方式。他的作品富于想象力、令人着迷,富于嬉戏般的幽默感(图2-9-27至图2-9-31)。他利用感知心理视幻觉的原理来创造新鲜特异的趣味,如在1975年为日本京王百货设计的宣传海报中,福田就利

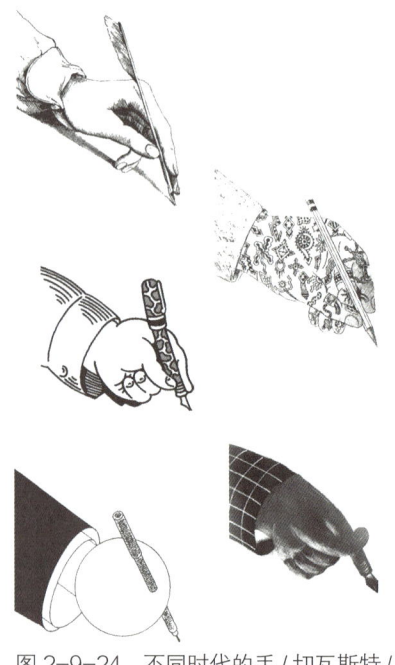

图 2-9-24　不同时代的手 / 切瓦斯特 / 美国　　图 2-9-25　"尼古拉斯·尼克贝"招贴 / 切瓦斯特 / 美国 / 1984　　图 2-9-26　"结束口臭"反战招贴 / 切瓦斯特 / 美国 / 1968

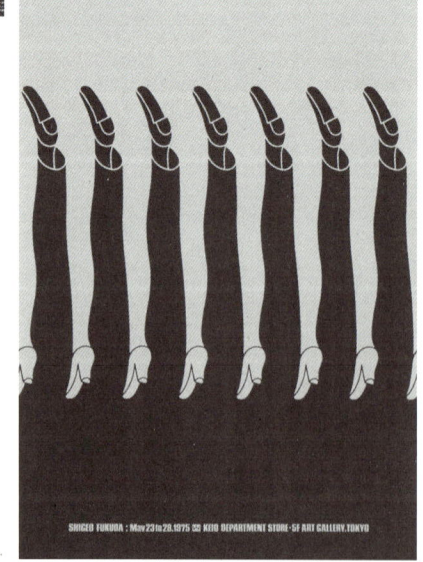

从左至右依次为　　图 2-9-27　LOOK / 福田繁雄 / 1985
　　　　　　　　　　图 2-9-28　日本京王百货 / 福田繁雄 / 1975
　　　　　　　　　　图 2-9-29　日本京王百货 / 福田繁雄 / 1975

用"图""底"间相反相成的关系来表现错视原理：使黑色"底"上白色女性的腿与白色"底"上黑色男性的腿看似男性、忽变女性，视觉跳跃、幻觉交替。

福田的设计创作范围十分广泛，除了书籍装帧设计、海报、插图、标志设计等之外，工艺品、玩具、雕塑艺术、景观造型、建筑壁画等各种专业领域他也有所涉猎。在所涉及的所有设计领域之中，他都能将自己的创作灵感发挥到极致，给人以强烈的视觉美感与艺术表现力。大量"福田式"的海报作品为国际瞩目，让世人品味。

福田繁雄对视错觉有着极大的兴趣和深刻的研究。对于埃舍尔所谓二维图形在三维空间中不可能实现的论断，福田提出了不同的观点，并付诸实践，将埃舍尔的二维图形发展成为了三维模型（如图2-9-32、图2-9-33）。

6. 图形创意设计作品案例

（1）埃菲尔铁塔创意

以下这些作品是以法国巴黎埃菲尔铁塔为创作主题而进行的，清晰地反映了设计师对自身民族文化的思考。比如芬兰人的轻松、日本人的色情文化、瑞典人的爵士文化、中国人的雄狮文化等。这种对自身文化的钟爱与思考，使他们的作品极具个性化和地域特色。（图2-9-34）

（2）香蕉的联想

香蕉以其优美的造型和鲜明的色彩，被画家和设计师广泛作为视觉元素来表现。图2-9-35展示的是各国艺术家、设计师对香蕉图形的不同联想，有些是公共艺术，有些是生活用品，有些是广告等。

图2-9-30 茶杯与图形 / 福田繁雄

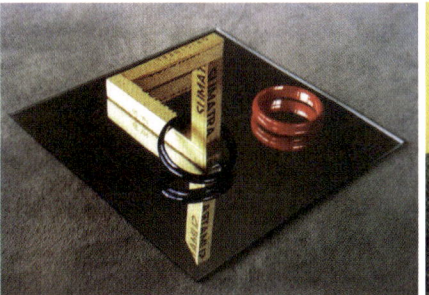

图2-9-31 镜中影像 / 福田繁雄

图 2-9-32　上图为埃舍尔 Escher《丽城 Belvedere》原作图，下图为福田繁雄根据原作演绎的三维模型

图 2-9-33　左图为埃舍尔 Escher《瀑布 waterfall》，右图为福田繁雄根据原作发展的三维模型

丹·琼森 / 瑞典

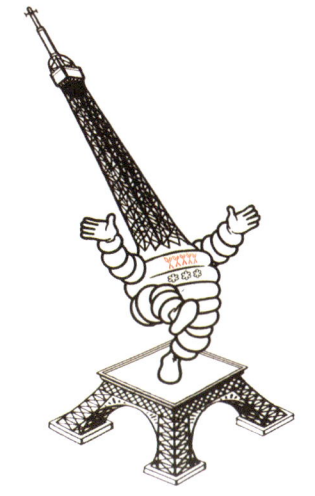
埃多.史密斯 舒亦贞 / 荷兰

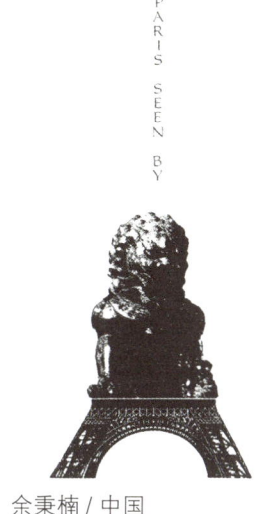
余秉楠 / 中国

塔帕尼·阿勒托马 / 芬兰　　　道格拉斯.瓦登 / 美国　　　尼古拉斯·特罗克斯勒 / 瑞士

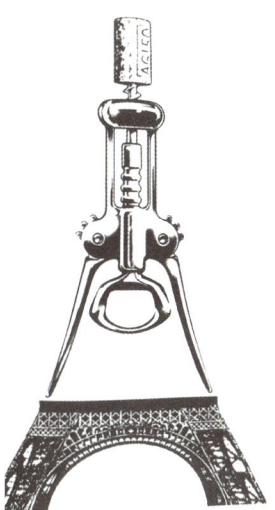

斯蒂夫·盖斯布勒 / 美国　　斯蒂尔德·埃舍 / 加拿大　　冈特·兰堡 / 德国　　麦克·彼得斯 / 美国

图 2-9-34　摘自《铁塔》创意 / 国际平面设计协会集体创作 / 法国 / 2011

课程九　图形和文字设计

"香蕉鱼"主题招贴　　　香蕉灯　　　　　A&W 广告　　　　　　公共雕塑

图 2-9-35　香蕉的联想 / 摘自《香蕉》创意（Alles Banane）/ Wulf Goebel / Edition Braus / 1995

香蕉花　　　　　施特拉尔松模型　　　香蕉移交天堂　　　　　　　香蕉雨

图 2-9-36　香蕉与性文化符号创意 / 摘自《香蕉》创意（Alles Banane）/ Wulf Goebel / Edition Braus / 1995

（3）性文化符号创意

性是伴随着人类诞生并一直作为人的生活重要组成部分而存在的。没有性就谈不上人类的繁衍和生存。这一话题在中国历史上曾有过非常辉煌的演绎，比如中国古代性小说《金瓶梅》中的插图。西方人在对待性文化包括性市场的态度上一直开诚布公，有时甚至作为公开讨论的话题。以下这些作品反映他们对性文化的思考和表现。（图2-9-36）

（4）日本大学生图形创意：

图2-9-37是日本大学生在校习作。这些学生的作品参加了每年一度由福田繁雄任主评委的"日本图形创意大赛"的评选。作品分别运用了视错觉、置换及影子等手法。虽然手法不同，但都是从全新的视角进行创作，生动有趣。这里展示的是部分获奖作品。

（5）龙行天下——"古越龙山杯"全国大学生视觉创意大赛

2004年，"古越龙山杯——龙形天下"第7届全国大学生视觉创意大赛在上海举行。大赛以体现中华民族传统文化精神的龙文化为主题，同学们的作品涵盖了图形创意、吉祥物和二维三维动画三方面内容，力图使"龙"这一符号展现出新的时代内涵，以此推进"古越龙山"企业文化的发展。图2-9-38展示的是大赛部分获奖作品。

三、文字 —— 信息传播的使者

文字的产生是人类文明与进步的重大标志，它是用来记录和传播语言的书写符号，也是加强语言交流的一种文化载体。当远古人所使用的抽象几何和象形符号逐渐演变发展、变成文字后，就代表着人类的文明有了质的飞跃。

魔法板 / 西村博介

三国中学校三年 / 木村启纪

折叠棋盘 / 版画 / 1983 视错觉原理与三维空间

镜像 / 柳生祯人

人体影 / 深谷智将作品

古贺周子作品

友勇兼介作品

图 2-9-37　选自"日本图形创意大赛"作品

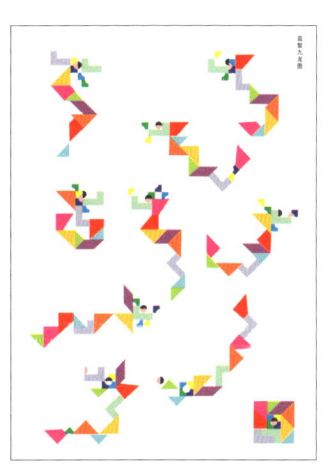
益智九龙图 / 吴国伟（铜奖）

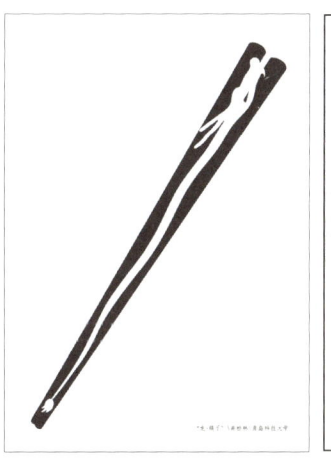
龙·筷子 / 高松林（铜奖）

活龙活现 / 曹军怀（银奖）

龙鳞的联想 / 王建新（金奖）

图 2-9-38　"古越龙山杯——龙形天下"第 7 届全国大学生视觉创意大赛获奖作品

课程九　图形和文字设计

图 2-9-39 同样的文字在不同发展时期的字体形态变化

1. 文字的产生与发展

（1）汉字的发展与演变

一般认为中国的文字史最早可以追溯到3000多年前商代的甲骨文（图2-9-40）。中国文字的主要发展历史，大致经历了从甲骨文、金文、小篆、隶书、草书、行书、楷书的演变（图2-9-39）。

①甲骨文：公元19世纪末，河南省安阳县出土刻在龟甲和兽骨上的文字，已有三千多年的历史，这是今天能看见的最古老的文字，被认为是"汉字"的第一种形式（图2-9-40）。甲骨文既是象形文字，又是表音字，据考证，为占卜时用来记载吉凶的卜文。甲骨文主要指殷墟甲骨文。

②金文：西周时期大量使用青铜器，金文即是刻在青铜的钟鼎和石鼓上的文字，亦被称为钟鼎文、石鼓文。

③小篆：秦始皇统一中国之后，将地方文字收集、整理并简化，产生了具有进步性的统一文字——小篆，这是历史上首次统一文字的运动，也是古文字时代文字简化的总结。除了将大篆的形体简化外，小篆还使文字的线条化和规范化达到了完善的程度，甚至几乎完全脱离了图形，成为一种近似长方形的方块字体，整齐协调而美观实用。

④古隶：是小篆演变为今隶的过渡字体。小篆字体的线条原本是粗细相等，而古隶文字的线条变得整体平直，在起笔、落笔处有棱角。这样的变化不仅改变了古文字时代的文字形态，也使毛笔书写文字更加方便。秦代以前，文字形式多为象形兼表意，发展到古隶时，则转变为表意兼表音，这也奠定了后世两千年的汉字形态。

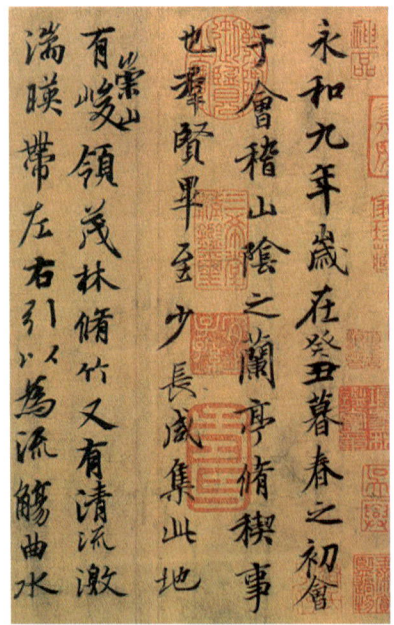

图 2-9-40 甲骨文拓片

⑤草书：东汉后，在文人、书法家的加工修改之下，草书有了比较规整、严格的形体，称之为章草，可以在一些官方场合使用，字体有一点隶书的味道。章草书写虽较快，但并不会影响识别度，因此十分实用。相较而言，今草略显潦草，在书写时出现上下部分相融、笔画相连的现象，不易辨认。狂草更是"一点一画都是字"，成为主要供观赏的艺术品。

⑥行书：行书不像楷书那么工整，也不像草书那么奔放，是介于楷书和草书之间的一种字体。大概在魏晋时代，行书就开始在民间流行了。被称为"书圣"的东晋大书法家王羲之，创作了大量的行书作品，一直以来备受人们的喜爱（图2-9-41）。

图 2-9-41 "书圣"王羲之于公元353年创作的《兰亭序》被誉为天下第一行书

⑦楷书：楷书的字体结构与隶书差不多，但笔画的写法有所不同，隶书为扁形，楷书则基本呈现方形，即所谓的"方块字"，因而楷书也被称为正书、真书。东汉末年的钟繇是最早的楷书书法家。隋唐时期之后，楷书基本定型，笔画、结构都已经非常精细严谨，唐朝著名书法家欧阳

询的作品就是极佳的典范。中国文字自楷书阶段之后，字形虽然在继续简化，但字体的变化就很少了。我国四大发明之一的印刷术，印书的主要字体就是楷书。在宋朝刻印的书籍中，楷书被美术化，写得更加规矩、美观，称为宋体字。后续模仿宋体字且加以一定变化的，称作仿宋体。我们现如今所阅读的书籍、报刊上，很多用的都是这一种风格的楷书变体。从某种意义上说，汉字的发展史就是由象形到有规范笔画的方块字体的过程。

（2）活字发明者毕昇
据宋代科学家沈括的《梦溪笔谈》一书记载，北宋年间（公元11世纪中叶）毕昇发明活字版，从而开创了活字版印刷的新纪元。毕昇的活字使用胶泥制作而成，经火烧制后，形成坚固耐用的活字版（图2-9-42）。

图2-9-42　泥活字版

（3）西方文字的发展与演变
西方的字母表是人类史上一个重要的创造。字母的发明和使用根本性地改变了人们交流的方式，也极大地提高了人们掌握文字的速度。它的出现也对版式设计产生了深远影响。

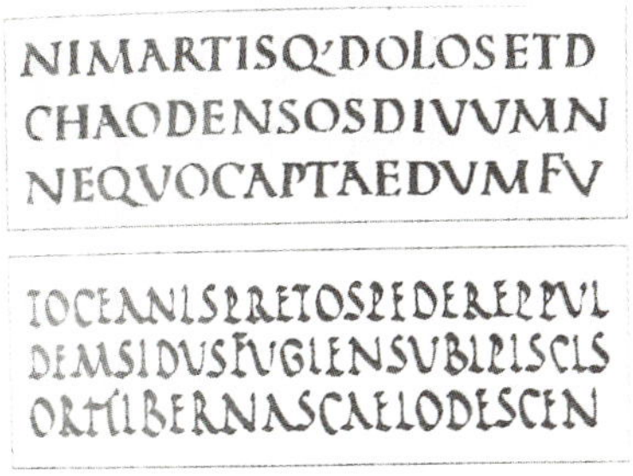

拉丁文字是世界上运用最广泛的文字之一，起源可以追溯到公元前三千年的埃及象形文字，后逐渐简化，转变为腓尼基字母和希腊的表音字母。公元前一世纪左右，在希腊字母的基础上，产生了罗马字母，即拉丁字母。当时，罗马字母均为大写，字母的装饰字角形状类似于纪念柱的柱头，字体比例十分协调（图2-9-43、图2-9-44）。

图2-9-43　公元400年前后的"维吉尔体"采用扁头笔书写，笔画粗细对比明显，是罗马体的早期体例

（4）古登堡与活字印刷术
对于活字印刷技术的发明，欧洲各国都各有突破，而真正将活字技术发展完善的是德国人约翰·古登堡（Johannes Gutenberg，1400—1468）。虽然他发明活字印刷术比毕昇晚了几百年，但他发明的铅字印刷术在欧洲流传迅速而广泛，自西方文艺复兴以来，无论是对宗教改革、文化传播还是对科技进步都产生了强大的推动力。古登堡的贡献绝不仅是活字印刷术，而是完善了机械印刷系统，其中包括印刷设备的规范、油墨彩色的规范、纸张的规范等，之后还带动了欧洲的出版业和发行业，经过后世的不断发展，逐渐形成一个完整的全球印刷和传媒运作体系。所以，古登堡的铅活字印刷能够影响全世界，虽然比毕昇晚了几个世纪，却仍然被称为现代媒体的鼻祖。

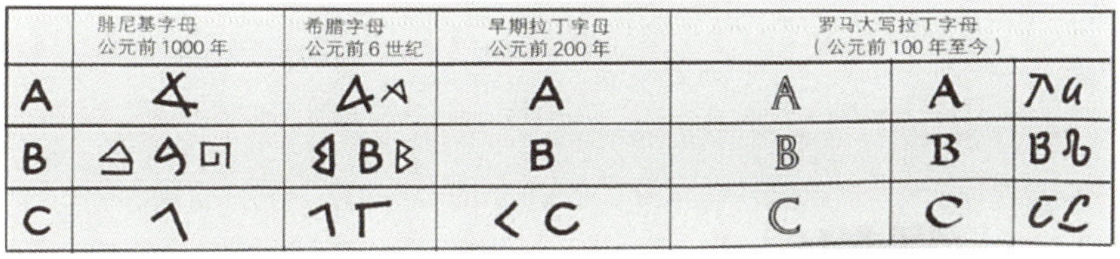

图2-9-44　字母的发展

2. 字形结构

设计三元素：圆、三角、方，其形各有特色，对比度很大。用"米"字格来衡量圆、三角、方之间的关系，作为剖析案例很具有代表性和说服力。如果从几何学的角度来衡量（图2-9-45），可以发现它们之间的大小关系，即出现了视觉上的不统一：圆为适中，三角下垂，方形过于膨胀。可见如果用通常的规范尺寸丈量所有的字形，就会发现视觉上的不协调感。因此，调整是必要的。图2-9-46是调整以后的尺度，它们虽然不符合几何尺度，但从视觉上看又是合理的。可见，几何尺度与视觉尺度需要协调才能达到统一。如果用同样的方法来设计文字，以"圆""角""方"为例子。"角"字和"方"字棱角多，这两个字需要撑满格子，而"圆"字是方正形，必须通过缩小的办法才能达到与其他二字在视觉上的一致性。（图2-9-47、图2-9-48）因此，要达到普通字形和异样字形的统一，须将汉字予以归类，以便找到规律，使初学者更快地掌握。

（1）学习文字设计需要掌握四个要点：

a. 重行距字距：重行距字距，就是说要重视一篇文字的阅读效率，其要点是字距紧、行距松。一般字距不留空隙，行距空隙为半个字以上，甚至可以是一个字的高度。

b. 重骨架结构：掌握美术字骨架的规律并不难，关键是要掌握字与字，即字形与字形之间密不可分的关系。

c. 重笔画细节：计算机文字软件开发很重要。20世纪80年代以前，供印刷用的设计稿，标题字每个都是写出来的，而今天我们都采用计算机软件文字。但是这些文字的形成由于缺少好的字体设计，我们常常需要对笔画细节作出必要的调整。

d. 重内容与形式：汉文与外文的字体选择都十分重要，宋体和罗马体字形端庄、典雅、古朴、高贵，适合用于婚庆、典礼、书信及普通公文等。黑体和Helvetica体字强烈、醒目、现代、简单，适合用于警告文书、法院判决、政府文书等。好的字体设计取决于设计师自身的修养，根据内容选择相应字体是十分重要和讲究的。

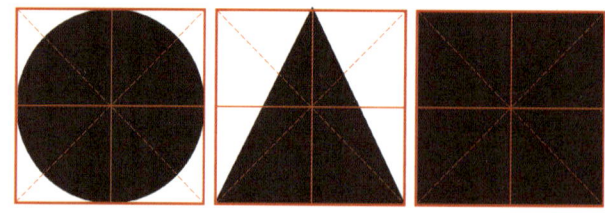

图2-9-45　按几何尺度出现的大小落差
（符合几何要求，但有视觉偏差）

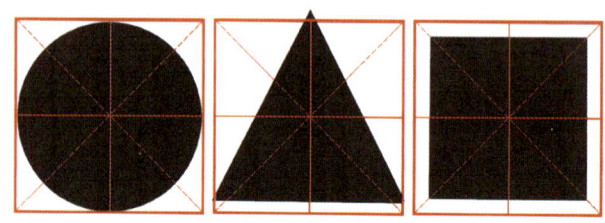

图2-9-46　按照视觉效果调整后的三元素比例
（超越几何规范，但符合视觉审美要求）

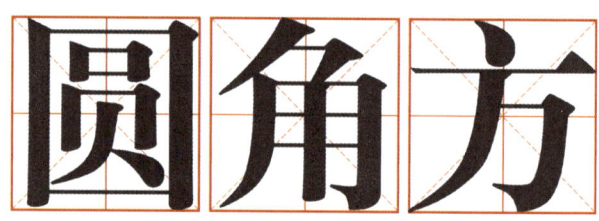

图2-9-47　按几何要求出现的文字大小落差
（符合几何要求，但有视觉偏差）

图2-9-48　按照视觉效果调整后的文字比例
（超越几何规范，但符合视觉审美要求）

（2）字形结构分析：

图2-9-49展示的是同一内容的不同中文字体和字形结构的美感，以帮助大家体会和分析字形结构的美感，提高鉴别能力，有助于根据不同内容进行择字处理。

3. 文字创意

（1）"A"的异变

外语字母中的"A"和汉语中的"中"都是结构简单的文字，但在一个简单的文字结构中寻找丰富的视觉表现，这是一个考验，也是提高文字视觉语言表现能力极其有效的方法。（图2-9-52）

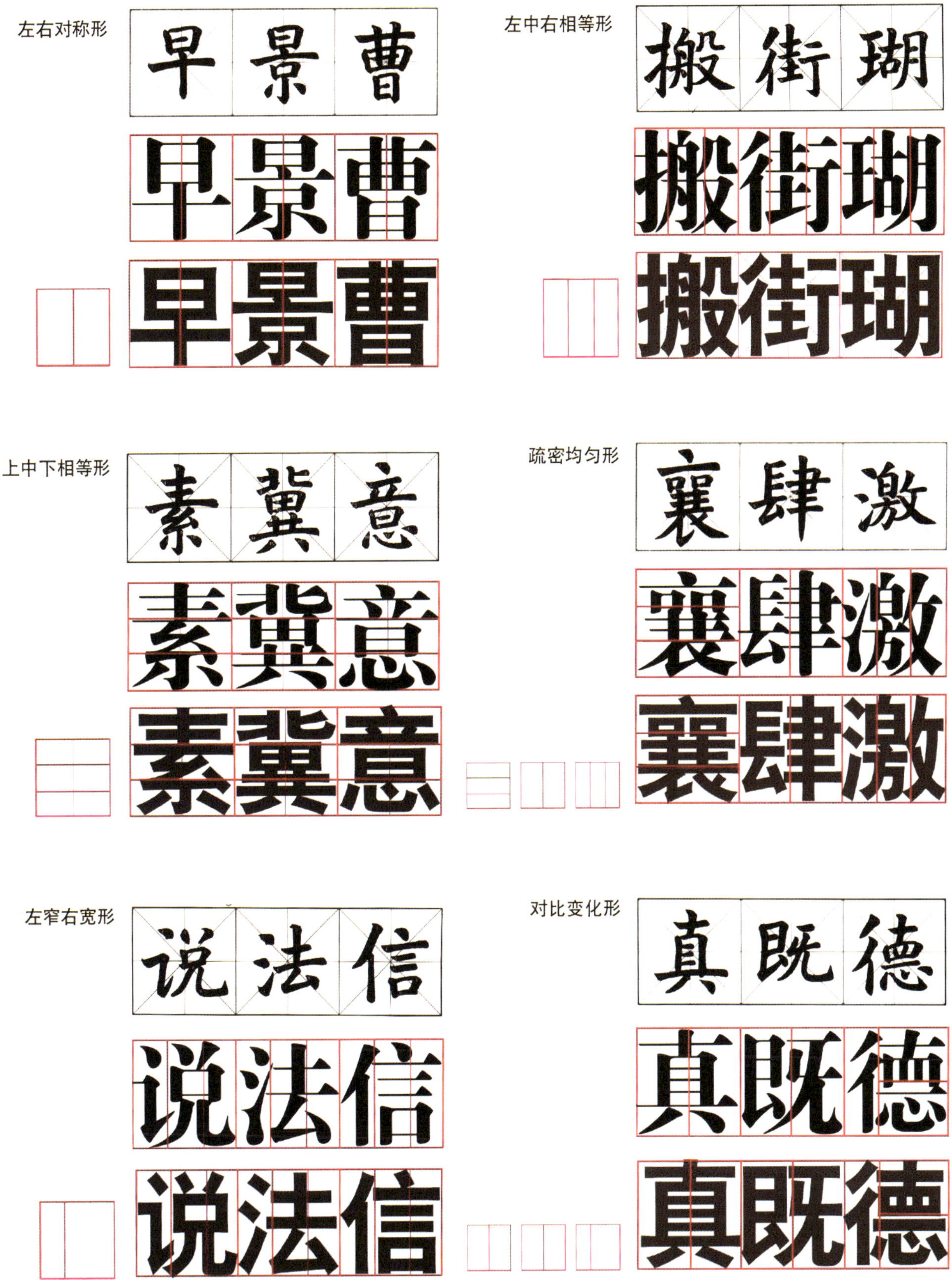

左右对称形　早景曹

左中右相等形　搬街瑚

上中下相等形　素冀意

疏密均匀形　襄肆激

左窄右宽形　说法信

对比变化形　真既德

图 2-9-49　字形结构分析

图2-9-50为罗马体字形，端庄、秀丽、典雅，有历史感、成就感，适用于经典书籍、历史书籍、政府行文以及荣誉证书和一些相关信息。

Garamond normal / regular
ABCDEFGHIJKLMNOPQRSTUVWXYZ
abcdefghijklmnopqrstuvwxyz
1234567890

Times normal / regular
ABCDEFGHIJKLMNOPQRSTUVWXYZ
abcdefghijklmnopqrstuvwxyz
1234567890

Rockwell normal / regular
ABCDEFGHIJKLMNOPQRSTUVWXYZ
abcdefghijklmnopqrstuvwxyz
1234567890

图 2-9-50　罗马体字形

图2-9-51为等线体字形，简洁、强烈、现代，有时代感，适用于有感召力的政府重要文件、法令以及企业推广活动、宣传信息等。

Futura normal / regular
ABCDEFGHIJKLMNOPQRSTUVWXYZ
abcdefghijklmnopqrstuvwxyz
1234567890

Gill normal / regular
ABCDEFGHIJKLMNOPQRSTUVWXYZ
abcdefghijklmnopqrstuvwxyz
1234567890

Helvetica normal / regular
ABCDEFGHIJKLMNOPQRSTUVWXYZ
abcdefghijklmnopqrstuvwxyz
1234567890

图 2-9-51　等线体字形

图 2-9-52　"A"的异变

（2）象意文字设计

用形象化的语言表示某种抽象概念的意义。如图2-9-53是部分中文对照的象意词造型，在十二组字中，每一个词都有单独的意思，非常准确地表述了每一个词的含意，加深了人们对词意的理解。

和图形一样，文字的表述是有情感的。这种文字情感的表达可以通过文字的大小、粗细和不同组合方式来实现，甚至密集和松散的排列都是有一定语意的，如图2-9-54。

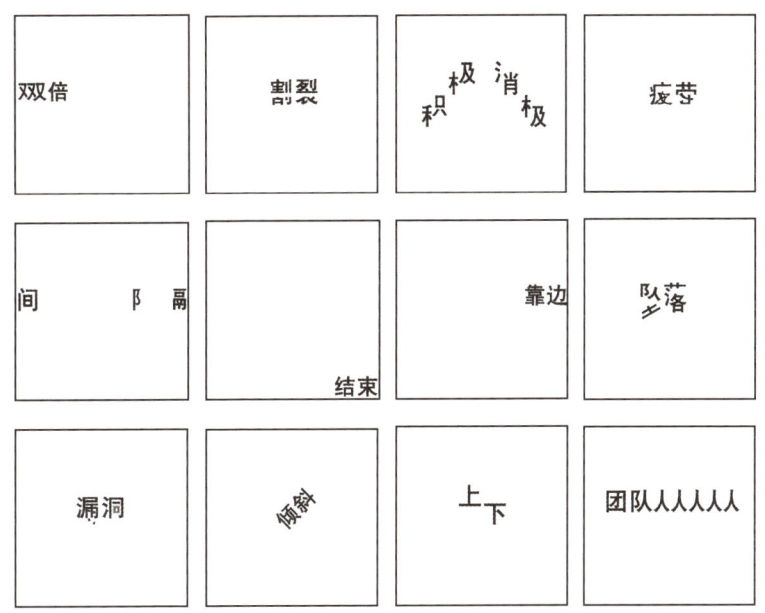

图 2-9-53　象意文字设计

图 2-9-54　不同大小的文字在不同版面上的应用

拓展阅读与参考信息

1. 图书资料
《设计创想图形意味》/ 福田繁雄 / 四川美术出版社 / 2005
本书展示了福田繁雄的世界：充满机趣而深邃。在福田繁雄看来，表达愉悦的设计是充满趣味的，应把设计的趣味性上升到趣味文化的高度来思考，并贯穿于创作的始终。

《亚洲的书籍·文字与设计》/ 杉浦康平 / 三联书店 / 2006
这本书收录了国际著名平面设计家、书籍设计家杉浦康平近年与中国、韩国及印度的六位著名设计师，就东方各国的文化异同，亚洲的书籍、文字、设计以及这三者之间的关系所进行的对谈。

《版面设计网格构成》/（瑞士）汉斯·鲁道夫·波斯哈德 / 中国青年出版社 / 2005
本书是经典的网格构成设计专著之一，通过大量文字和设计实例，对网格构成设计理论和应用进行了系统和深入的讲解。

2. 相关网站
www.zdic.net / 汉典网
汉典是一个汉字在线信息网站，为那些在中文学习、研究方面有兴趣的人提供帮助与服务，并探讨中文语言文字使用的规范和标准。

www.shuge.org / 书格网
书格是一个自由开放的在线古籍图书馆。致力于开放式分享、介绍、推荐有价值的古籍善本，并鼓励将文化艺术作品数字化归档。

3. 设计品牌
http://www.hanyi.com.cn　汉仪字库
是中国大陆最早专业从事字形设计、字库产品开发、汉字信息技术研究、汉字应用解决方案的文化创意与信息技术企业。

http://ifont.foundertype.com　方正字库
方正字库业务团队开发的字体，包括民族文字体70多款，有4款包含7万多汉字的超大字库，主要应用在出版、印刷、包装、设计、广电、办公等领域。

http://www.makefont.com/index.html　造字工房
造字工房创建于二零一零年，专注于汉字新字体字形设计与开发。

4. 相关比赛
"方正奖"字体设计大赛
官网：http://ifont.foundertype.com/
"方正奖"中文字体设计大赛自2001年6月举办以来，至今已成功举办了六届。每届大赛的成功举办都得益于设计业界专家、字体设计师以及众多字体、书法爱好者对中华文字艺术的热爱与追求。

课程十　品牌形象设计

课程概况： 品牌形象设计主要包括企业和机构形象设计和应用系统设计。其中前者在于通过单纯、显著、易识别的物象、图形或文字符号为直观语言，起到帮助企业增强识别性，从而提升领导力的重要作用。后者主要由企业的基础视觉系统和应用视觉系统组成。其中，基础视觉系统指企业和机构的名称、标志、商标、标准字、标准色、象征性辅助图案、吉祥物等；应用视觉系统包括办公用品、服装、环境导视系统等，对于企业的长远发展、特色彰显等都有显著影响。

本课程将对品牌形象设计进行全面的讲解，包括其作用、表现形式、设计规范、设计原则及设计手法。同时，将通过多个企业的实际案例，对企业形象设计的重要性与发展过程进行详细讲解。

课程内容： 标志设计的基本知识。
标志设计的设计手法。
著名企业的形象演变。

训练目的： （1）认识标志设计和企业形象设计的基本知识和具体定位。
（2）了解标志设计的表现形式、设计原则，深刻理解企业品牌设计的意义。
（3）熟练掌握标志设计的基本方法并灵活应用。

重点和难点： 教学重点：掌握标志设计的要点和主要手法等。
教学难点：理解企业形象设计的内在原因及重要意义。

思考和作业题： （1）结合具体案例谈谈标志设计的设计原则。
（2）结合具体的企业分析品牌形象设计的目的及重要意义。
（3）为创新创业机构设计出一个标志形象（标志作业题）。
（4）为某一个自己喜欢的品牌重新设计其标志及企业形象，撰写设计说明（要求在课堂上讲述心得）。

专业提示： 阅读、品评、分析世界著名品牌企业（VI）设计的策划文案与设计。

一、概　　述

19世纪初伦敦地铁的品牌形象建立，标志着人类历史上设计管理的一个开端，它的出现不仅宣告了设计系统建立的开始，同时也是将世界推向一个有秩序的、有条理的、有逻辑的发展轨迹，起到了一个引领的作用。

VI全称Visual Identity，通译为视觉识别系统。设计到位、实施科学的视觉识别系统，是传播企业经营理念、建立企业知名度、塑造企业形象的快速便捷之途。企业通过VI设计，对内可以征得员工的认同感、归属感、加强企业凝聚力，对外可以树立企业的整体形象，整合资源，有控制地将企业的信息传达给受众，通过视觉符号，不断地强化受众的品牌意识，从而获得品牌认同。

企业形象设计的重点是确定视觉传达基本符号的核心——企业标志。

二、标志设计
—— 展示品牌的视觉形象

标志也称"LOGO"，是logotype一词的缩略形式，在以前指的是一家公司的签名或符号，起到对商品的识别和推广的作用，鲜明的LOGO有助于让消费者记住企业和品牌形象。

LOGO设计有文字LOGO、图形LOGO、图文LOGO、还有结合广告语的LOGO。网络中的LOGO徽标主要是各个网站用来与其他网站链接的图形标志，代表一个网站或网站的一个板块。上述任何一种标志形式注册后都受法律保护，当LOGO作为一个商业元素的时候，称之为"商标"。

（一）标志的作用
LOGO具有识别、领导、同一、涵盖、革新等特性。

1. 识别性
标志是表明事物特征的记号。它以单纯、显著、易识别的物象、图形或文字符号为直观语言。企业标志是对企业文化个性的识别设计。

识别性是企业标志重要功能之一。市场经济环境中，竞争激烈，公众面对的信息纷繁复杂，各种商标符号更是数不胜数，只有特点鲜明、容易辨认和记忆、含义深刻、造型优美的标志，才能在同业中凸显出来。它能够区别于其他企业、产品或服务，使受众对企业留下深刻印象，从而提升企业和品牌的知名度。

2. 领导性
标志是企业视觉传达要素的核心，也是企业开展信息传播的主导力量，在视觉识别系统中，标志的造型、色彩、应用方式，直接决定了其他识别要素的形式，其他要素的建立，都是围绕着标志为中心而展开的。标志的领导地位是企业经营理念和活动的集中体现，贯穿于企业所有的经营活动中，具有权威性的领导作用。

3. 同一性
标志代表着企业的经营理念、文化特色、价值取向，反映企业的产业特点，经营思路，是企业精神的具体象征。LOGO在企业传递形象的过程是应用极为广泛，出现次数极多，也是一个企业CIS战略中最重要的因素，企业将它所有的文化内容包括产品与服务、整体的实力等都融合在这个标志里面，通过反复策划与不断传播，使之在大众的心里留下一个深刻的印象。大众对企业标志的认同等同于对企业、其产品、服务的同一认同。

4. 涵盖性
随着企业的经营和企业信息的不断传播，标志所代表的内涵日渐丰富，企业的经营活动、广告宣传、文化建设、公益活动都会被大众接受，并通过对标志符号记忆的日积月累，当再次见到标志时，就会联想到曾经购买的产品、曾经受到的服务，从而将企业与大众联系起来，成为连接企业与受众的桥梁。标志是人们进行生产活动、社会活动必不可少的直观工具。标志有为人类共用的，如公共场所标志、交通标志、安全标志、操作标志等；有为国家、地区、城市、民族、家族专用的旗徽等标志；有为社会团体、企业、活动专用的，如会徽、会标、厂标、社标等；有为某种商品产品专用的商标；还有为集体或个人所属物品专用的，如图章、签名、花押、落款、烙印等，都各自具有不可替代的独特功能。具有法律效力的标志尤其兼有维护权益的特殊使命。

（二）标志设计的表现形式
标志往往不用文字，以图形为主要表现形式，可称为"象征图案"（symbols），但用来沟通的象征图案（如交通标志或指示牌）实际上是一种"象形符号"（pictographs）。如果一个标志仅由字体组成，可以称为字母标志（lettermarks）、文字标志（wordmarks），或者称为字母组合标志（monograms），通常这些文字标志是采用首字母或缩写的形式来表现，当然，也可以用公司全称。标志一般以图形及文字结合在一起表现（combination marks）。

1. 图形LOGO

图形logo是指由点，线，面不规则的图形组成。

图形logo属于表象符号，独特、醒目，图案本身易被区分、记忆，通过隐喻、联想、概括、抽象等图形表现方法表现被标识体，对其理念的表达概括而形象，受众对被标识体的认知一旦建立联系，印象会较深刻，对被标识体记忆相对持久。

2. 字体LOGO

字体logo是指使用中文、英文、阿拉伯数字经过艺术设计后形成的图形。

字体LOGO属于表意符号。涵义明确、直接，与被标识体的联系密切，易于被理解、认知，对所表达的理念也具有说明的作用。

3. 图像文字组合LOGO

图像文字组合LOGO是一种表象表意的综合，指文字与图案结合的设计，兼具文字与图案的属性，本质上是图形创意设计。

（三）标志的设计规范和设计原则

设计LOGO时，应充分了解面向不同应用范畴的标志的设计规范和要求，以达到最佳效果。设计必须简练、概括，力求完美到几乎找不到更好的替代方案。

（1）设计应在详尽明了设计对象的使用目的、适用范畴及有关法规等情况的前提下进行。

（2）设计须充分考虑其实现的可行性，针对其应用形式、材料和制作条件采取相应的设计手段。同时还要顾及应用于其他视觉传播方式（如印刷、广告、影像等）或放大、缩小时的视觉效果。

（3）设计要符合受众的直观接受能力、审美意识、社会心理和禁忌。

（4）力求图形、色彩的创新、独特，表意准确，能经受住时间的考验。

（5）获得最佳视觉效果。在众多情况下能良好显示，如产品包装上，广告上等。

（四）标志的审美性

标志艺术除具有一般的设计艺术规律：如装饰美、秩序美等之外，还有其独特的艺术审美规律。
LOGO设计有以小见大、以少胜多、以一当十的选择性特点。标志设计通过文字、图形巧妙组合而创造一形多义的形态，比其他设计要求更集中、更强烈、更具有代表性。突出的表现在于设计概括的形象化，以单纯、简洁、鲜明为特征，令人一目了然;简练、准确而又生动有趣，有即时达意的传达功效。

1. 图形美

图形是构成标志的重要组成部分，也是设计中不可忽视的，是标志最后成败的关键。必须讲究组织格式和运动变化，而后才有图形美。从设计构思到组织形式，善于运用构成法则的运动变化，发挥单纯的和谐美。利用结构的简化、形象的净化，强调强化和精简的艺术处理，才能产生一种特有的标志造型美。

2. 意形美

标志的艺术形象可以概括为两个组成部分。一是意象美。由想象、意境、比喻、色彩等组合成意味深长的意象美。二是形式美。由变化、运动、对照、均衡等组合成组织结构的形式美。

（五）几大要点

1. LOGO要跟客户相关

LOGO应该符合它所要代表的商业形象。

2. 继承传统

潮流是属于时尚界的，并不适用于LOGO和品牌标识设计。潮流就像风一样，说变就变，而LOGO则具有相当的稳定性的传承性。

3. 追求独特

设计一个容易辨认的LOGO，让人只看LOGO的形状或轮廓就能够分辨出来。

4．方便记忆
很多情况下，人们只有一瞥的时间来注意LOGO。设计师的目的是抓住这一瞥的时间。

5．小地方见大智慧
理想的设计应当能够缩小到一英寸大而不损失任何细节，能用在不同的环境下。

6．找准一个中心点
那些能够在众多设计中脱颖而出的LOGO设计各自都只有一个特别之处。

7．颜色选取
对于LOGO设计而言，色系的选择尤为关键。色系的选择应当根据企业行业性质，并结合企业自身发展的需要进行分析和实验。例如，科技类公司常选择蓝色作为标准色，而金融类公司则常选用红色作为标准色。

（六）标志的设计手法
LOGO的设计手法主要有以下几种。
（1）表象性手法
（2）表征性手法
（3）借喻性手法
（4）标识性手法
（5）卡通化手法
（6）几何形构成手法
（7）渐变推移手法

其中标识性手法、卡通化手法和几何形构成法是较常用的网站LOGO设计手法。标识性手法是用标志、文字、字头字母的表音符号来设计LOGO；卡通化手法通过夸张、幽默的卡通图像来设计LOGO；几何形构成法是用点、线、面、方、圆、多边形或三维空间等几何图形来设计LOGO。当然，设计时往往是以一种手法为主，几种手法交错使用。

（七）标志设计的发展趋势
现代LOGO的概念更加完善、成熟，标志的推广与应用已建立了完善的系统。随着数字时代的到来与网络文化的迅速发展，传统的信息传播方式、阅读方式受到了前所未有的挑战。效率、时间的概念标准也被重新界定，在这种情况下，LOGO的风格也呈现向个性化、多元化发展。

社会经济的衡量标准使概念传达的准确与快慢成了新的衡量标准和制胜的关键。基于这一点，标志的独特性与可识别性、理性与感性、个性与共性等方面的综合考虑成为设计师追求成功的有效路径。当下社会和市场上的LOGO设计趋势可归纳为以下几类。

1．个性化趋势
如何在众多标志中跳出来，易辨、易记、个性成为新的要求。在多元的平台上，无论对消费市场，还是对设计者来讲，个性化成为不可逆转的一大趋势。

2．人性化趋势
随着社会的发展和审美的多元化以及对人的关注，人性化成为设计中的重要因素，LOGO设计也是如此。

3．信息化趋势
网络时代标志成为信息发出者和信息接收者之间的视觉联系纽带和桥梁，因此，信息含量的分析准确，成为LOGO设计取胜的途径。

如由复杂向简约的演变：要通过一个简洁的标志符号表达比以前多得多的信息量，简约使得标志具备更加突出的视觉效果，传递信息更为便捷；再如由具象向抽象的演变：简单、抽象的标志更具有丰富的引人发想的信息内涵。

4．多元化趋势
意识形态的多元化，审美需求的多元化，使LOGO设计的艺术表现方式日趋多元化：由平面化趋向立体化，使得标志形式丰富，视觉效果更为突出。有写实标志，也有写意标志；有严谨的标志，也有概念性标志。网络标志成为日益盛行的新的标志形态。经典型LOGO设计与具有前卫、探索倾向的设计并存，标志设计的形态更趋多元化。

三、企业形象设计
——企业文化的视觉定位

企业视觉形象设计是由企业的基础视觉元素系统和应用视觉系统组成。其中，基础视觉系统指企业和机构名称、标志、商标、标准字、标准色、象征图案、旗帜、服装、口号、招牌、吉祥物等；应用视觉系统包括办公用品、服装、环境导视系统等。在企业和机构形象的三个形象系统中，企业理念形象是最深层次、最核心的部分，也最为重要，它决定行为形象和视觉形象；而视觉形象是最外在、最容易表现的部分，它和行为形象都是理念形象的载体和外化。

图 2-10-1　耐克标志

（一）企业形象的重要性

企业形象的形成并不难，而要形成品牌、取得成功就不简单了。耐克（图2-10-1）、可口可乐（图2-10-2）、捷豹（图2-10-3）的品牌形成经过了几十年甚至上百年、几代人的打造。

图 2-10-2　可口可乐标志应用

奔驰系列标志（图2-10-4）就是一个真实的写照，不同的汽车造型和演变表明了这个家族企业自始至终的传播意识，从一百年以前的奔驰到今天的奔驰，是在传承基础上的不断发展与创新的历史。传承和创新是西方企业形象塑造的座右铭，相比之下，国内有些企业"一年一变样，十年都不一样"的做法，不仅加大了传播成本，更糟糕的是始终没有给人留下深刻的印象，很难在国际上形成有影响力的品牌。

图 2-10-3　捷豹标志

1. 海尔公司视觉形象设计

海尔集团公司的前身是1984年由濒临倒闭的两个集体小厂合并成立的"青岛电冰箱总厂"。该厂于1985年引进德国利勃海尔公司的先进技术和设备，1993年5月，更名为海尔集团公司（图2-10-5），其商标由"海尔""Haier"和图形组成。2005年，海尔集团又推出了海尔新的文字标志，由汉字海尔与海尔的汉语拼音组成，新的设计更加强调了时代感，拼音每笔的笔画比以前更简洁，这个新起点就是战胜自我、打破平衡，重新开始，争取更大的发展。

2. 老凤祥公司视觉形象设计

创立于1848年的老凤祥至今已有170年的历史，老凤祥的发展史就是上海近代发展史的一个缩影，古往今来许多名人都与老凤祥颇有渊源。老凤祥的企业视觉形象设计符合中国人的审美观念，喜庆吉祥（图2-10-6）。

图 2-10-4　奔驰标志百年演变

（二）企业形象设计的三个阶段

1. 萌芽阶段（19世纪末至20世纪中叶）

19世纪末到20世纪中叶，爆发了第二次工业革命，科技的发展大大促进了资本主义经济的发展，劳动生产率大幅提高，人们的社会生活范围大大扩展，不同地区之间的交流迅速增多，信息传播的速度成倍提高……这种种变化，使得"酒香不怕巷子深"的商业信息彻底成为过去式。信息时代的商业模式，强调包装，强调宣传，强调主动的行销与推广，在这些需求的推动下，企业形象设计应运而生。设计历史上记载的最早具有现代雏形的企业形象设计，是第一次世界大战前的德国[AEG]公司。

图 2-10-5　海尔公司吉祥物，一中一德两位男童

图 2-10-6 老凤祥公司视觉识别设计

图 2-10-7 德国电器工业公司 [AEG]

德国电器工业公司[AEG]

1907年，德国电器工业公司[AEG]在系列电器产品上采用彼得·贝伦斯所设计的商标。之前，德国电器工业公司的旧标志已经使用了十多年，花哨的字体与公司新的电器产品的形象不吻合，因此公司希望能够有新的、与公司产品形象一致的新标志。贝伦斯研究了公司的产品，明确了公司的形象，对于工业化的强调成为他设计的中心。通过多次反复的设计，他终于设计出非常简单、明确的标志。在设计标志的时候，他就考虑了标志运用的广泛性：从公司员工的名片、公司的办公用品、文件，到公司的电器产品、公司的厂房上。这一整套设计成为了西方最早的完整的标志与企业形象设计。

2. 发展阶段（20世纪中叶）

这一阶段是"二战"后，欧美经济快速复苏阶段。在美国自由经济体制领导下的美国和西欧在政治、经济上快速融合，很多企业脱离了原来的地域保护，迅速进入国际市场。为了在国际市场中推销自己的产品，这些企业不得不通过新产品的开发、产品质量和服务质量的控制和保证以及包装优良、广告设计具有特色等方法来提高市场占有率，最终的目的是树立自己企业的国际形象。比较有代表性的案例包括意大利的奥里维蒂公司、英国伦敦地铁的形象设计。

（1）意大利奥里维蒂公司的形象设计

第二次世界大战前较系统地建立起公司形象识别系统的大公司之一是意大利的奥利维蒂公司。它的成功对于"二战"后识别计划的发展起了很大的推动作用。1936年视觉设计师奥瓦尼·平托里负责意大利奥里维蒂公司的对外形象。在他任职的31年中，完全改变了这家公司的企业形象，建立了一个国际化、大型企业的积极形象使之成为国际大型办公和机械公司。1947年，他为奥里维蒂公司设计了新的企业标志，采用小写字母的无装饰线体组成（图2-10-8），没有其他符号，仅仅利用文字，即企业名称为企业标志，准确而鲜明，传达了非常现代的内涵。这几个字母组成的简单的企业标志，广泛地应用在几乎与奥里维蒂公司相关的所有方面，如名片、文具纸张、企业报告、产品、工厂内的机械设备、运输车辆、展览板等。至此，企业发展史上一个具有划时代意义的事

图 2-10-8 奥里维蒂公司形象设计

物——企业形象识别系统产生了。

（2）英国伦敦地铁的形象设计

1933-1940年，英国"工业设计协会"会长兼伦敦交通营业集团副总裁佛兰克·毕克（FrankPick），负责规划伦敦地铁的设计任务。他聘请爱德华·琼斯顿（Edward Johnston）负责活字印刷体的改良设计，以便应用在小自车票，大至站牌、指示牌的统一字体（图2-10-9）。此举在英国各界对字体式样的改良与统一产生了轰动式效应，导致字体造型趋向统一化，达到明视易读的效果。由于英、德两国的艺术大师参与了此项设计工作，使整体规划更为丰富、完整，且具有时代意义。设计师们决定尽可能以统一的形式规范各种独立的设计项目：如车站站牌、车票、系列海报等。统一的形式在不同的设计上一再出现，加深了市民的印象，取得良好的视觉效果，堪称经典之作。

图2-10-9 英国伦敦地铁标志

3. 成熟阶段（20世纪中叶至20世纪70年代）

第二次世界大战使世界上主要的工业国家经济都遭受到严重摧残，而美国则因为战争时期军事工业的急剧发展，反而成为经济最强大的国家。战后的美国无论工业、科学、教育、文化等方面，都处于世界领先地位，拥有世界最多的大型企业。这些大型企业在"二战"后急剧向国际市场开拓和发展，因此企业形象设计在这种特定条件下的美国很快走向成熟阶段，成为日后各个国家企业形象系统设计的基础。这一阶段，国际上涌现出大量的成功案例：美国商业机械公司（IBM）、美国广播公司（ABC）、美国贝尔电话公司、美国电报与电话公司（AT&T）、可口可乐、百事可乐、肯德基、麦当劳、德国汉莎航空公司、美能达、马自达等，企业形象设计的成果百花齐放。

（1）美国商业机械公司（IBM）

1956年，在IBM公司总经理小托马斯·华生（Thomas Watson，Jr，1914—1993）的支持下，著名设计师诺伊斯吸取奥利维蒂公司的成功经验，制订了IBM公司的识别计划，以适应公司业务不断扩大的需要。著名平面设计师兰德（Paul Rand，1914—1996）为IBM重新设计了标志（图2-10-10）。接着诺伊斯被聘为设计部主任，着手对IBM公司的设计进行全面改造和统一管理。诺伊斯首先推行了产品外形的标准化、系列化。在他的主持下，公司抛弃了那种每年改型的商业性竞争的设计战略，强调设计的一致性和连续性。公司的打字机、计算机等产品的外形全部统一，形成了IBM风格。这种风格突出了尖锐的棱角和以立方体为基础的几何形，外观整齐划一。在色彩上则采用素洁的冷色。通过这些设计因素体现出商业界的冷漠、秩序和效率，获得了有个性的造型特征。公司在各地的建筑也与整个IBM风格统一起来。通过这些努力，使IBM在国际市场上树立了鲜明的形象，在许多方面超过了曾一度领先的奥利维蒂公司。

图2-10-10 IBM公司标志

（2）德国汉莎航空公司

项目负责人是奥图·艾舍，他是推动国际主义平面设计风格在德国发

图2-10-11 汉莎航空公司

图 2-10-12　马自达公司标志

图 2-10-13　SHELL 壳牌标志演变

图 2-10-14　Opel 欧宝标志演变

展的主要设计人物,是乌尔姆设计学院的负责人。汉莎航空Lufthansa German Airlines,以飞鹤为主题,增加了规范感和统一感,图形成为字体形象的一个有机组成部分,颜色以黄色和普鲁士蓝色为中心。这些识别计划包括从公司标志、名片直到字体的形式、颜色、大小和间距等各个方面,因而十分完整,向外界全方位地表现了企业的视觉特征。整个企业形象视觉系统的设计,都围绕着方格网进行,形成高度规范和理性化的视觉形象,它使这家国际性大公司有了一个明确的形象。

(3)马自达公司企业形象设计

马自达公司在20世纪70年代初期原名为松田汽车,其商标为字母"H"和"M"的组合,在日本国内消费者因为时间较长,都知道该标志代表着松田汽车,然而在海外却经常发生误解现象,因此,为了统一企业形象,塑造符合企业国际化发展的鲜明企业形象,马自达公司盛邀日本专门为企业导入CI的POAS公司重新设计企业形象,POAS采用当时国际流行的字母标设计策略,将企业名称、品牌名称、商标图案完全统一为简洁、有力的五个字母"MaZDa"(图2-10-12),经过专门设计的标准字体,传达信息凝练,造型刚劲有力,视觉冲击力强。POAS根据马自达汽车的应用状况,设计了非常详细的CI应用手册,用于指导企业内部的CI实施,考虑详尽、说明翔实、项目丰富、实用性强的CI手册确保马自达在全球各地企业形象的高度统一。

(4)石油巨头——SHELL公司标志演变历史

1904年,壳牌公司Shell最初的标志是以写实手法描绘的扇贝。1915年以后,贝壳的隆起线变得很规整,并使用了红色和黄色,后来为了易于辨认,又在标志上增添了公司名称SHELL,表现贝壳隆起的线变得更为精细。1971年,雷蒙德·罗维公司重新设计了标志,圆齿边简化为一个光滑的半圆,将13根贝壳隆起线减少为7根,还增添了一个粗红色的轮廓线。新标志可以以任何尺寸出现在任何媒体上,更为醒目和吸引人。现在,红、黄配色的Shell标志,不仅是一个贝壳,是一个符合审美原理、有规律的抽象图案(图2-10-13)。

(5)Opel欧宝公司标志演变历史

1862年,亚当·欧宝创建了生产缝纫机的欧宝公司,最初所使用的标志是以姓名首写字母A和O设计的。1899年,欧宝公司开始生产自行车,一个具有新艺术运动风格的标志也随之诞生,在标志中除了有"opel"字样外,还有繁杂的装饰图案。1902年,随着欧宝第一辆汽车的出厂,一个带有"眼睛"形状的标志出现了。到了20世纪20年代,标志中的"眼睛"被圈了起来,后来不同形式的"闪电"渐渐成为标志的主体。1987年,标志被做了彻底的简化,虽然其品牌名称opel在标志中已不见,但标识opel的"闪电"却更易识别和记忆(图2-10-14)。

(6)3M公司标志演变历史

1906年,第一个3M商标的特点是包含了公司的全名、地址和一个菱形。1951—1960年在没有标准手册指导如何使用的情况下，椭圆形设计的个体一时繁荣起来。3M庆祝自己的50周年纪念日时标志上添加了月桂树叶。1961年，3M雇用GeraldStahi & Associates设计公司制作了一个权威性的标志，它将公司和其业务统一在同一个标记下。1977年，当3M标志的变体由于公司不同部门的需要而增多时，设计单位Siegel&Gale开始重新设计标志以期解决这个问题。设计结果是简化到极点的字母组合3M，标志的颜色则选用红色，以表现一种力量感（图2-10-15）。

图2-10-15　3M公司标志演变

拓展阅读与参考信息

1. 图书资料

《品牌圣经》/（英）帕维特 / 四川美术出版社 / 2011
通过本书可了解到设计一个成功的品牌系统所需的步骤，从定义品牌属性和评估竞争，到使用材料和与供应商的合作以及其中的所有步骤。

《品牌至上 —— LOGO设计法则与案例应用解析》/ 何亚龙 / 人民邮电出版社 / 2017
是关于LOGO设计及运用的图书，适合有一定基础的平面设计师阅读，也可作为专业的培训教材使用。

2. 相关网站

http://www.gtn9.com/ 古田路9号网
古田路9号是专业的品牌设计交流平台网站，是品牌设计师自由交流、讨论、学习、共同分享设计资源的大型综合品牌设计网络社区。它是国内专业品牌创意平台，以品牌为核心，集创意作品分享、活动招聘发布、广告推广、正版字体素材下载等多元化的交流分享平台。

3. 相关品牌公司

耐克
可口可乐
海尔
老凤祥
IBM
德国汉莎航空
马自达
SHELL公司
Opel欧宝
3M公司

4. 相关机构

MURA 东西设计是由来自不同城市的华人设计师所组成的综合设计服务公司，将不同的都会生活经验沉淀，经过不断地沟通、解读、再建构，创造出最贴近品牌精神的设计语汇。

frog 是一家跨国设计与战略咨询公司，帮助世界顶级的公司创造富有影响力的产品、服务和体验，并成功将其商业化，以此达到提升品牌商业价值的目的。公司在全球范围内拥有超过300名的设计师、策略师、研究员和技术员广泛服务于来自不同行业的客户。总部位于旧金山，并在欧洲及亚洲设有工作室。

戛纳金狮奖的得主ManvsMachine工作室，该机构认为，创意工作其实就是让想象中的概念与将其视觉化的工具协同工作，来获得出彩的效果。

Pentagram（五角设计联盟）是世界上最负盛名的设计公司之一，于1972年在英国成立，由五个独立的设计师组成，工作室的名字也由此得来。陆续于1978年在纽约、1986年在洛杉矶、1994年在奥斯汀、2002年在柏林开设了工作室，尽管现在的Pentagram设计工作室里有来自全球各个国家十九个合伙人，但是它独立的合作关系和小型公司的特征却保持如初。人们通常会从设计而不是品牌设计的角度来看待Pentagram的作品，它覆盖了设计领域的各个方面，从产品设计到图形设计、软件界面、环境设计、图书设计、标志设计和其他很多专业领域。

课程十一　室内与陈设设计

课程概况： 室内与陈设设计是对建筑设计的完善和再创造，前者是在建筑基础上的视觉美化、软化与细化；后者是直接让人方便、舒适和温馨。由于人们绝大部分时间生活在室内环境之中，因此在环境设计系统中室内设计与人们的关系最为密切。设计师通过运用技术及艺术手段，打造物质与精神、科学与艺术完美结合的理想场所，使人们在生活、居住、工作的室内环境空间中，得到心理、视觉上的和谐与满足。

本课程全面介绍了构成室内空间的具体要素，同时介绍了室内陈设品，以此帮助学生对室内设计建立全面的认识。同时，通过详细介绍著名的室内设计品牌，凸显具体的设计风格与特色供参考学习。

课程内容： 室内空间的具体构成要素；室内陈设的要素。
不同的室内陈设风格，设计大师及其代表作。

训练目的： 通过相关行业、专业概况和作品认知、赏析提高室内与陈设设计的鉴赏和设计能力。

重点和难点： 教学重点：了解室内空间的构成要素，了解设计大师及其代表作。
教学难点：室内设计和陈设设计风格的把握。

思考和作业题： （1）结合具体案例谈谈室内陈设设计的风格。
（2）选取某一个自己喜欢的室内设计和陈设设计大师，在课堂上作推介：生平 —— 大师成长的轨迹 —— 成功的启示……

阅读提示： 中国新锐空间设计杂志《SPAN / 尺寸》
美国室内设计杂志《Interior Design》

一、概　　述

室内设计和陈设设计总的来说即居家设计它们各自解决什么问题？室内设计是安居，让人便利舒适；而陈设设计则给人精神上的宽慰与享受，它们构成了居家设计这个整体。

近年来，随着物质生活水平的提高，人们在精神层面有了更高的追求，室内设计和陈设设计应运而生，它是现代室内设计的延伸，并逐渐成为一门独立的学科。室内设计和陈设设计可以烘托室内个性氛围、提升用户的格调和品位，还倡导环保的可持续的绿色生活。

室内设计和陈设设计是根据空间环境的特点、功能需求、审美要求，特别是针对使用者的特点进行有针对性的设计。利用空间可移动元素塑造和谐、舒适、高艺术氛围和品位的理想环境，给人以美的享受和熏陶。简单说，就是对室内环境和可移动物品进行配搭，从而塑造室内空间的个性。可移动物品包括家具、灯具、织物、艺术品、绿色植物等。室内陈设设计的这一特点决定了它绿色环保的特性。因为它不需要像建筑装饰设计那样对空间进行大动作，而只需在一定空间内对物品进行移动配搭，就可以轻而易举地实现空间效果，表达用户的生活态度和品位。

居家设计的概念由硬装和软装两部分构成。硬装是墙面、地面、天花板等"不可移动"部分的处理；软装是对室内空间的家具、灯具、陈设饰品等"可移动"部分的处理。不论是甲方使用人还是乙方设计师都需要注意以下设计原则。

（1）为谁设计（普通市民还是有特殊要求的人士？儿童还是老人？）
　　　以人为本的设计定位是一切设计的中心。
（2）甲方经济条件，一定程度上决定了操作处理的尺度。
（3）甲方的性格和喜好决定了采用何种设计风格。
（4）采购物品的质量和环保要求。
（5）对空间的支配要求。

二、室内 —— 坐拥生命的精彩

酒店、会所、机场、餐厅、公寓别墅等领域都需要室内陈设设计，我们在本章着重阐述居家的室内陈设设计。"埏埴以为器，当其无，有器之用。凿户牖以为室，当其无，有室之用。故有之以为利，无之以为用。"这是两千多年前老子在《道德经》中提出的，大意是：陶土做成器皿，有了器具中空的地方，才有器皿的作用；开凿门窗建造房屋，有了门窗四壁内的空虚部分，才有房屋的作用。"无"即为使用空间，有功能的作用。这正是现代建筑理论中"功能空间论"所提到的，建筑功能不在建筑本身，而在于建筑所形成的空间，即功能空间。功能空间的形式取决于人的行为环境。根据人们现在的生活行为方式，我们的室内功能空间通常有以下几种。

1. 客　　厅

客厅是家庭的公共区域，兼有接待客人和日常起居作用，一般配有沙发、茶几、电视及各种收藏品和陈设品，要求方便、温馨而又舒适，往往最能显示主人的个性和品位。在家居装潢中，人们越来越重视客厅的美观和容积量，不同风格的客厅设计表达主人对生活的不同态度（图2-11-1至图2-11-3）。

2. 卧　　室

卧室是供人们休息的主要生活空间。家庭的卧室一般分主卧和次卧。卧室的室内设计直接关系到人们的生活品质。卧室一般可分为睡眠、梳妆、贮藏、阅读和休闲等区域。睡眠区是最重要的，一般设置在房屋内的最佳位置，其他区域可根据空间大小及实际需要布置。卧室的色彩要求安静，陈设品相对客厅私密且简单。卧室的风格应该根据主人的年龄、社会层次、兴趣爱好有所区别（图2-11-4）。

3. 餐　　厅

餐厅是人们的进餐空间，也是家人聚会、交流感情的重要场所。基本设施有餐桌、餐椅、橱柜、餐台等，要求装修和陈设清新宜人，能增进人的食欲，但又不仅仅停留在给一个空间让人们吃饭的程度上。现代家居设计中，餐厅正日益成为重要的活动场所。拥有一个好餐厅，既能创造舒适的就餐环境，也能使居室增色不少（图2-11-5）。

从左至右依次为

图 2-11-1　高层公寓的客厅配以完全透明的落地窗，没有一丝遮挡
图 2-11-2　设置有壁炉的客厅
图 2-11-3　设置有多组沙发与灯光的客厅

图 2-11-4　卧室的室内与陈设设计

图 2-11-5　各种餐厅设计

图 2-11-6　厨房设计

4. 厨　　房

厨房是居家空间中的核心功能性区域之一，也是主人在繁重工作之余调节心情、表现爱心和技能的特别空间。一个现代化的厨房（图2-11-6）通常配置有炉具（煤气炉、电炉、微波炉或烤箱）、洗理台（洗碗槽或是洗碗机）及储存食物的设备（冰箱）。拥有一个精心设计、装修合理的厨房会让人变得轻松愉快起来。打造一个温馨舒适的厨房，一要视觉干净清爽；二要有舒适方便的操作中心；三要有情趣。对于现代家庭来说，厨房不仅是烹饪的地方，更是家人交流的空间。

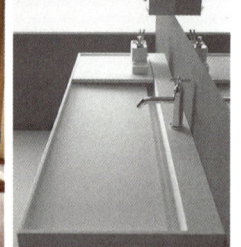

图 2-11-7　卫浴设计

5. 卫浴空间

卫浴空间是居住者进行洗浴、盥洗等日常卫生活动的空间。卫浴不仅满足人们的生理需求，现在已发展成为人们追求完美生活、提升生活品质的享受空间。其功能也更加丰富，从如厕、盥洗发展到按摩浴、美容、休息，帮助人们消除疲劳，身心放松。卫浴的色彩搭配、空间格局、材质选择、器具搭配要与家庭装修的整体风格相一致。浴室的基本设置有水龙头、盥洗盆、沐浴设备、卫浴配件、毛巾柜、储物柜等（图2-11-7）。

6. 书　　房

书房也可称作家庭工作室，是作为阅读、书写以及业余学习、研究、工作的空间。对于从事文教、科技、艺术工作的人来说是必备的活动空间。某种意义上的书房，是结束一天工作之后的另一个"工作"场所。它是一个缓冲的空间，既是办公室的延伸，又是家庭生活的一部分。其空间设计要求文雅、安静，并能激发人的思维。陈设品可根据主人的身份进行各类文化需求与品位进行选择。书房的基本设施是桌、椅及书柜，也设有电脑及其他现代办公设施（图2-11-8）。

图 2-11-8　书房设计

三、陈设 —— 坐而论道的氛围

居家陈设设计是对居家空间环境的设计，是一个新兴设计领域。

陈设设计对于烘托居家空间气氛、品位、格调、意境等起到了极大的作用，成为居家设计不可或缺的重要环节。居家空间环境整体框架搭好了，就必须配备好适宜的装饰陈设，才能让人觉得风格统一。在这里，我们简要地阐述陈设品类别并有意识地精选中式与西式风格陈设做比较，希望大家在同一个世界的不同语境下，学习不同风格的设计，有助于在比较中感受和领悟。

（一）室内陈设品分类

编号	类别	具体内容
1	家具	客厅家具、主卧家具、儿童房家具等
2	家电	家庭影院、冰箱、微波炉、空调等
3	灯具	功能性灯具、装饰性灯具等
4	器皿	厨具、餐具、卫浴器皿等
5	织物	床上用品、窗帘、地毯、墙布等
6	艺术品	绘画、雕塑、工艺品等
7	陈设饰品	古玩、书籍杂志等
8	室内绿植	观叶植物、赏花植物等

（二）室内陈设设计风格

现代室内陈设设计与传统意义的建筑室内设计、建筑设计一脉相承，因此在进行陈设设计时自然要与室内设计和建筑风格息息相关。由于文化情景不同，欣赏习惯不同，地域位置不同，气候条件不同，经济状况不同，设计要求也不同。

1. 中式风格

内敛沉稳的中国特色，注入凝练唯美的中国古典情韵的现代中式风格，营造儒雅的氛围，为生活增添淡雅、从容和灵性。中式风格不是对明代家居文化的简单拷贝，也不是对传统文化元素的生搬硬套，而是提炼经典设计元素，根据现代人的审美需求来理解中国传统的多种审美趣味，以塑造富有传统韵味的室内空间。

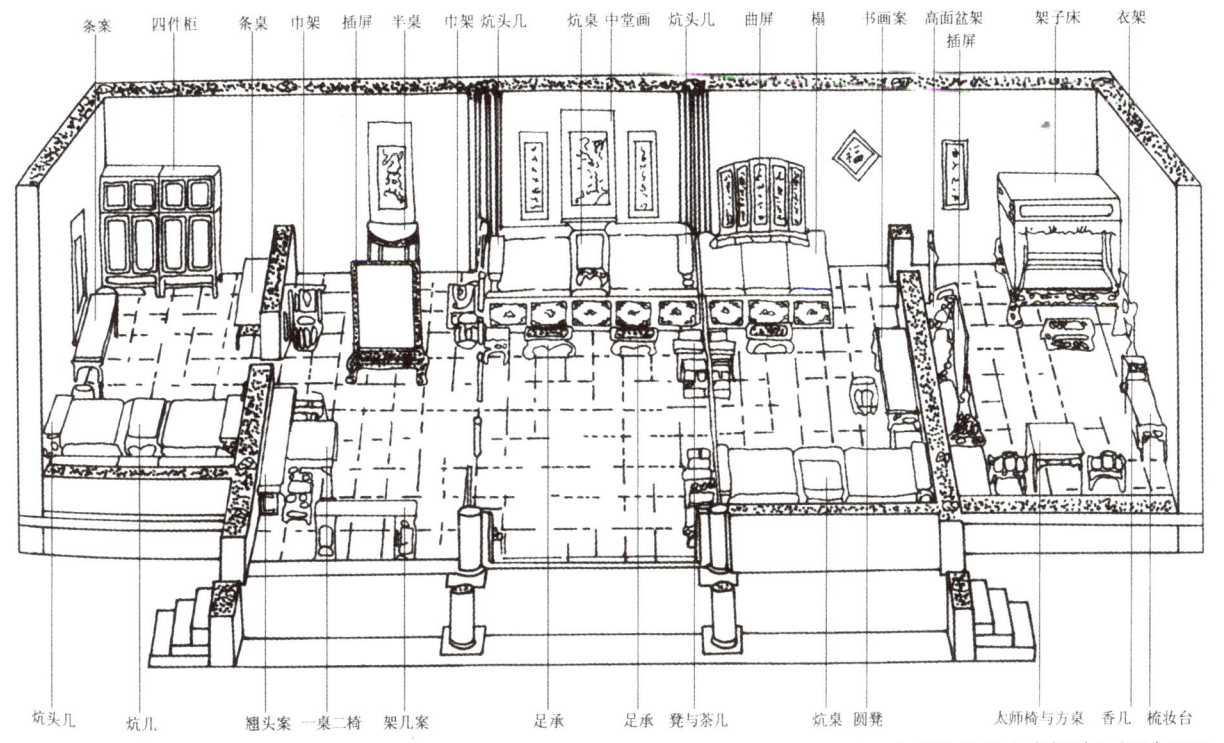

图 2-11-9 中国传统室内空间陈设设计图示

（1）中正平和之美：如图2-11-9所描绘的古代室内空间的陈设设计，我们可以体会到一种严谨的秩序感，而今天的人们可能接受不了这样的布局，所以现代的中式风格在设计上通过强调对称的陈设设计来延续传统中式陈设所提倡的中正平和之美。（图2-11-10至图2-11-12）

（2）文雅野逸之趣：文人雅士把对佛教、道教的理解融入到室内陈设设计中，创造出灵活多变的意境，运用文人式的审美，将家具、文房四宝、各式把件巧妙结合。

图2-11-10　新中式风格1
图2-11-11　新中式风格2

（3）民间艺术之奇：民间艺术以新奇的方式为中式陈设设计提供了灵感。巧妙的结合，激发了室内陈设的活力，同时营造了不同的地域特色。

2. 北欧风格

北欧设计是指地处斯堪的纳维亚半岛的瑞典、丹麦、芬兰、挪威等国的设计，也被称为斯堪的纳维亚风格。北欧的地理位置和气候特点形成了北欧人特有的生活行为方式，逐渐也形成了北欧的设计传统：有责任、能提高大众生活质量、促进社会进步与平等。简洁、功能化和贴近自然成为北欧设计的代名词（图2-11-13）。北欧风格的基本色彩是白色、奶油色和自然色，特别是大面积地使用白色和自然色，烘托了家居的温馨氛围。（图2-11-14）。

宜家1943年创建于瑞典，是北欧家具品牌的典型代表。它提倡"简约、自然、时尚"的生活方式，"提供种类繁多、美观实用、老百姓买得起的家居用品"。另一个特色是家具的"平板化"，便于运输，节省运输成本（图2-11-15）。

冬日照明较短的北欧对照明格外重视，因而北欧的灯具设计也别具特色与哲学意味。北欧风格的灯具造型简洁，结合灯光颜色和折射效果创造出一种温和的、更接近自然光的灯光效果。玻璃、陶瓷和塑料制品也是北欧风格的代表，有机形态、造型简洁，流露出温暖的人文情怀。

图2-11-12　新中式风格3
图2-11-13　北欧风格的家具

图 2-11-14 北欧设计（Nordic Design）

织物就像是北欧家居的画布，冰天雪地、漫漫长夜，在这样缺乏阳光的日子里，色彩斑斓、图案活泼率真的织物能为室内空间增添温馨的气氛。织物图案常见的是生活中的动物、植物、日常用品，还有一些简单的几何图形。棉、麻的质感亲和、便于打理，所以自然就被人们认为是最"诚实"的材料，被广泛应用于抱枕、沙发、灯罩、地毯、窗帘等织物上。（图2-11-16图2-11-18）。

3. 英式风格

英式风格充满一种轻灵的保守和贵气，典雅精致，因此英式风格鲜明地区别于其他类型的风格，因为这种特殊性，只属于英式风格。这种风格除英国本国之外，在许多国家也盛行。

英式风格流行的秘密在于它的优雅、精致、豪华和高品位。英式风格的家具常采用天然木材与昂贵的面料；室内拥有大量的门和落地玻璃窗；客厅的壁炉旁一定会摆放优雅的地毯（图2-11-19至图2-11-21）。

图 2-11-15 宜家的毕利书架

从左至右依次为
图 2-11-16 狗狗椅
图 2-11-17 餐具设计
图 2-11-18 织物设计

从左至右依次为
图 2-11-19 英式风格的室内设计 1
图 2-11-20 英式风格的室内设计 2
图 2-11-21 英式风格的室内设计 3
图 2-11-22 德国风格的室内设计

4. 德国风格

德国风格的设计给人印象最深的是现代的、高科技的、高品质的工艺和对细节的热情。同样，在室内陈设设计上，德国也秉承这样的传统特征，为设计赋予功能、永恒、简单的现代主义风格。在当代设计中，它不仅融合了这些概念，还包含了情感和幽默的元素（图2-11-22）。

5. 法式风格

浪漫的法式富有怀旧、奢华和精致的魅力：精心装饰的天花板和墙面板、镀金的昂贵木材以及高席卷弧窗。法国文化具有深厚的传统，法式风格的设计将这一传统与现代结合，让设计保留其永恒的魅力（图2-11-21）。门和窗从建筑主体上分解出来，逐渐演变为室内的隔断、壁画等装饰。屏风的功能被弱化，演变为一种背景装饰（图2-11-23）。

新中式风格的布艺，将中国传统纹样和色彩的呼应运用于丝质和刺绣的布艺上。中国的传统纹样是对具象主题的抽象表达，蕴含着人们对吉祥祝福的寄托（图2-11-23）。

（三）灯　　具

灯具的光源有暖光、冷光和彩色光之分，一般家庭用光大多采用暖光，工作场所大多采用冷光（即日光灯），彩光用于街头装饰和娱乐场所。光源及亮度能起到调节气氛和情绪的作用。灯具也能分配和改变光源分布，是日常生活中必不可少的物品，它既具有实用功能，又具有很强的装饰功能，是室内和陈设设计的重要载体。灯具种类繁多，作为室内照明的灯具主要有吸顶灯、吊灯、地灯、嵌顶灯、台灯等，如图 2-11-24 至图 2-11-26。

灯具不仅有照明功能，也具有很强的装饰功能，所以灯具的装饰性设计与个性化设计逐渐成为人们选择灯具的重要考虑点。

图 2-11-23 法国传统室内及陈设设计

图 2-11-24　Pavel Eekra 设计的系列灯具

图 2-11-25　充气灯
图 2-11-26　装饰灯

四、椅子 —— 坐享天下的快乐

椅子是不可缺少的家具，根据用途与使用环境、材料与结构不同，椅子形态多种多样，而且由于材料、结构等的差别，又可以形成不同的形式。

椅子最早在埃及诞生，作为权威的物化形式，象征使用者的身份，重视外观和装饰。椅子与建筑、技术、艺术同步发展变化。时至今日，随着科技的进步以及人们生活方式、价值取向的改变，设计者们已转向对椅子的舒适感以及美学、精神内涵的研究。椅子的设计涉及各方面的因素，如功能、造型、材料、结构、技术、艺术、市场等，所以椅子一直是设计师热衷探索、研究、创造的家居物品。

1. 传统风格

传统风格的椅子主要分为中式椅、西式椅（如图2-11-27）。

有古老的埃及椅、两河流域的椅子、古希腊椅、古罗马椅、中世纪的拜占庭式的椅子、哥特式的基督教椅、文艺复兴之后的古典椅子、近代的新古典主义椅子，还有穿插其中的巴洛克、洛可可风格椅子。中式椅子的设计以明清风格为主。无论中式或西式风格的椅子，都讲究精细的做工，如装饰线条、图案的雕刻等都完全使用手工，能完整地传递居室主人追求完美的生活理想与审美情趣。

2. 椅子的不同材料

材料是影响椅子设计最重要的因素之一，它是设计师实现设计的物质条件，没有材料，设计只能停留在构思阶段。椅子可应用的材料丰富，主要有木材（包括实木及人造板材），铜、钢、铝等金属材料，塑料，竹藤，玻璃及其他各种具有一定强度的天然材料、人工合成材料等（图2-11-28至图2-11-32），材料与风格存在紧密联系。在现代设计发展的历程中，新技术、新材料带来了现代椅子的新设计、新造型、新色彩、新结构、新功能，拓展了新的视觉形式。

3. 仿生椅

仿生设计是椅子创意设计的重要思维源泉之一，通过对自然界动物、植物、微生物以及自然现象的模仿，大大丰富了设计的外形和内涵。仿生的造型赋予椅子鲜明的性格与风格（图2-11-33）。

仿生设计不光是指外形上的仿生，也指功能、结构、表面肌理的仿生等。功能仿生指从功能出发，研究学习生物的结构形态进行设计；结构仿生是模仿自然界生物特有的结构，从中得到启示；表面肌理仿生指设计时利用自然生命的表面肌理，使设计更加灵动有趣。仿生设计的思维给椅子设计注入了创新活力（图2-11-34、图2-11-35）。

4. 康乐椅

康乐即健康快乐的意思。顾名思义，这类椅子的功能已经发生了很大的变化，这是人类生活进步的一个标志性符号。

图2-11-27　Karl Friedrich Schinkel / 扶手椅 / 1820 — 1825 / 摘自《1000 chairs》

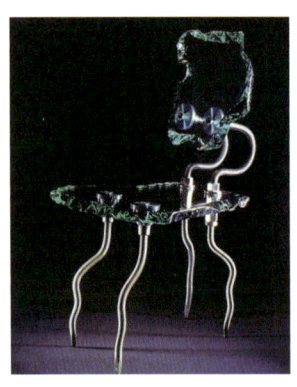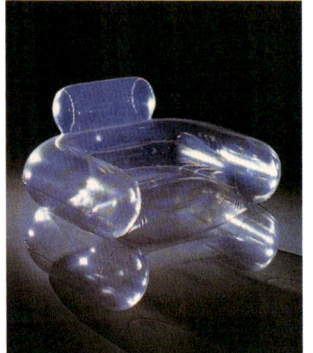

从左至右依次为
图2-11-28　碳钢及玻璃座面靠背椅子 / Danny Lane
图2-11-29　编织藤椅 / Giovanni Travasa / 摘自《1000 chairs》
图2-11-30　PVC材质充气椅子 / 摘自《1000 chairs》
图2-11-31　绳编椅 / 摘自《1000 chairs》

图 2-11-32 座面铸铝及生铁材质椅子摘自《1000 chairs》

图 2-11-33 妹岛和世与西泽立卫设计的兔耳椅

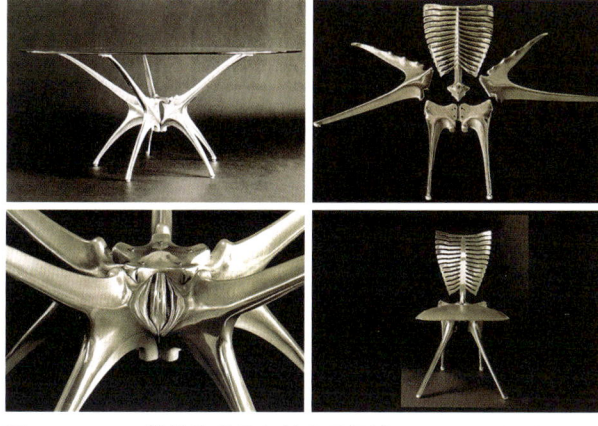

图 2-11-34 模仿脊椎骨架的家具设计 /Kit&Gerry Layhourne

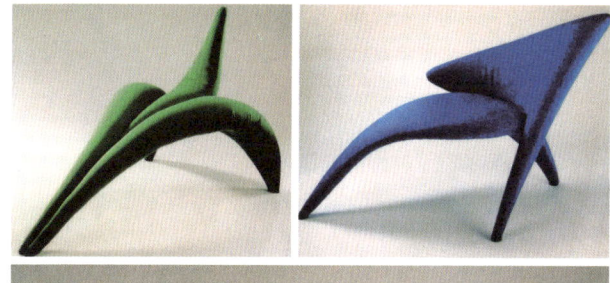

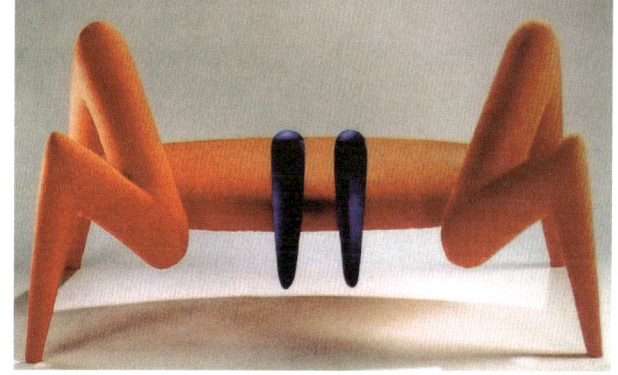

图 2-11-35 仿生椅子 /EFI BENBASSA DESIGN STUDIO

Stokke公司成立于挪威西北部,其康乐椅产品已经风行全球五十多个国家。其生产的一系列家具,都是顺应顾客不同的需要而制造,强调合乎人体工学,兼具独特性和多功能性(图2-11-36)。

5. 创意椅

在生活节奏不断加快的今天,功能性和实用性之外的设计之美已深入人心。单一的好用、美观已经无法满足人们的需求,新奇的创意椅让人坐得"艺术"、过目不忘成为更吸引人的因素(图2-11-37至图2-11-39)。

椅子发展至现代,已没有风格限制,各种特征突出的现代椅子改变了家居陈设的习惯方式。现代工艺的发展使椅子使用何种材料本身已不重要,重要的是材料的肌理、纹路、色彩、透明度、发光度、反光率等所具有的表现力,能合表达居室主人的生活品位和生活方式。

图 2-11-36　STOKKE 品牌的重力平衡系列椅

从左至右依次为　　图 2-11-37　纺织面料泡沫椅子 / Roberto Sebastian Matta / 1970
　　　　　　　　图 2-11-38　泡沫塑料椅子 / Studio65 / 1971
　　　　　　　　图 2-11-39　纺织面料泡沫塑料椅子 / Studio65 / 1972

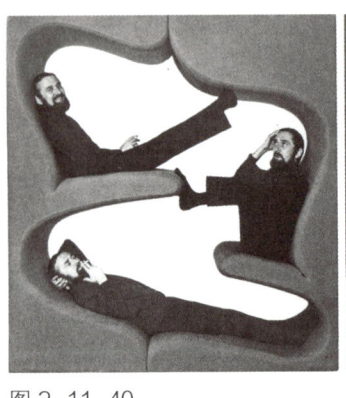

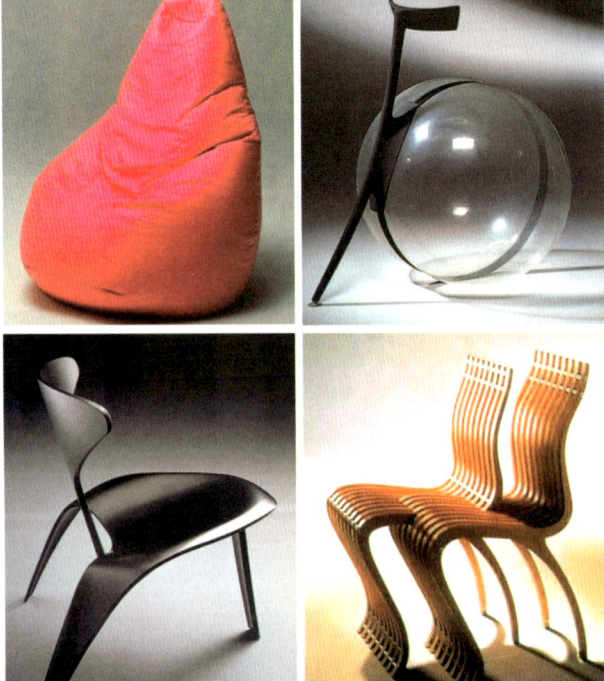

图 2-11-40
左：纺织材料泡沫软垫 / SVerner Panton / 1968 — 1969
右：木质雕刻及皮质坐垫椅子 / Ross Lovegrove/ 1996

图 2-11-41
左上：含半发泡聚苯乙烯颗粒乙烯袋 /Piero Gatti, Cesare Paolini & Franco Teodoro / 1968
右上：模压塑料框架与透明体操球椅子 /Robert Wettstein & Stanislaus Kutac
左下：模压成型胶合椅 / Poul Kjaerholm / 1952
右下：桦树面胶合板成型钢管链接椅子 / Ron Arad / 1989

6. 设计师举要

(1) 路德维西·密斯·凡德罗 (Ludwig Mies van der Rohe, 1886—1969)

20世纪中期世界上最著名的四位现代建筑大师之一,出生于德国,理性严谨,与赖特、勒·柯布西耶、格罗皮乌斯齐名。密斯是包豪斯第三任校长,他的名言是"少就是多",其作品"巴塞罗那椅"(Barcelona Chair 1929) 是现代家具设计的经典之作,为多家博物馆收藏。它由弧形交叉状的不锈钢构架支撑真皮皮垫,非常优美且富于功能化(图2-11-42)。

图 2-11-42　巴塞罗那椅 / 1929

(2) 查尔斯·伊姆斯 (Charles Eames, 1907—1978)

伊姆斯是美国杰出、富有影响的家具与室内设计大师之一,以设计一系列平民化的廉价椅子闻名。他与夫人有近百件作品被各大博物馆永久典藏,他的设计具有合乎科学与工业设计原则的结构、功能与外型,产品在市场上立于不败之地。其代表作休闲椅和软凳(Eames Lounge chair & Ottoman 1946) 是现代工业技术和传统手工艺的完美结合,成为美国最重要的现代艺术博物馆MOMA的永久收藏品(图2-11-43)。

图 2-11-43　休闲椅和软凳 / 1946

(3) 汉斯·韦格纳 (Hans Wegner, 1914—2007)

韦格纳是丹麦著名家具设计师,被伦敦皇家艺术协会授予"皇家工业设计师"荣誉称号。他的设计不跟随潮流,尊重传统,欣赏自然,是一种富于"人情味"的现代美学。其代表作椅子(The Chair1949) 被称为设计史上最漂亮的古典椅,吸收了中国明式圈椅的神韵,把每一个构件的造型推敲到几乎完美的地步(图2-11-44)。

其另一件代表作Y形椅得名于其靠背处的"Y"形构造,是韦格纳基于中国明式家具的重新设计,是世界上最畅销的座椅之一(图2-11-45)

图 2-11-44　椅子 / 1949

图 2-11-45　Y chair / 1950

(4) 哈里·伯托埃 (Harry Bertoia, 1915—1978)

伯托埃是意大利艺术家与家具设计师,他以一个雕塑家的角度进行独特探索并取得成功,他的设计不仅完善地满足了功能上的要求,而且同他的纯雕塑作品一样,也是对形式和空间的一种探索。其代表作钻石椅(Diamond Chair, 1952) 以弯曲的金属枝组成一个有机的外形,外形简单却又有复杂的构造,是一件摩登的矛盾体(图2-11-46)。

图 2-11-46　钻石椅 / 1952

（5）埃罗·沙里宁（Eero Saarinen，1910—1961）

沙里宁是20世纪中叶美国最有创造性的建筑师和工业设计师之一，他喜好雕塑，并在建筑中引入了前所未有的雕塑式造型。他的作品富于独创性，而且一生不断地创立新的风格。另外，他在"有机家具"方面的设计也非常突出。其代表作郁金香椅（Tulip chair，1957）是20世纪50至60年代最杰出的家具作品之一，整体用玻璃纤维板挤压成形，形如一朵浪漫郁金香，是有机现代主义的代表作（2-11-47）。

图 2-11-47　郁金香椅 / 1957

（6）雅各·布森（Arne Jacobsen，1902—1971）

布森是20世纪50年代具有国际影响的丹麦家具设计师，他起初的建筑采用新古典主义手法，但从1930年起，改用国际主义现代风格，被称为这种风格最有才华的实践者之一。其代表作蛋椅（Egg chair，1958）的造型灵感来源于剥开的蛋壳，内部为玻璃钢压模而成，外面为高级羊绒布制作，可后仰旋转，大胆又简约的造型时尚夺目（图2-11-48）。

图 2-11-48　蛋椅 / 1958

（7）维奈·潘顿（Verner Panton，1926—1998）

潘顿被誉为20世纪最富创造力的设计大师，他善于运用鲜艳的色彩和崭新的素材，开发出充满想象力的家具和灯饰。其代表作潘顿椅（Panton Chair，1968）是与美国米勒公司合作的椅子，可一次模压成型，具有强烈的雕塑感，色彩也十分艳丽，至今仍享有盛誉，被世界许多博物馆收藏（图2-11-49）。

图 2-11-49　潘顿椅 Panton Chair / 1968

拓展阅读与参考信息

1. 图书资料

《住宅设计解剖书》/（日）增田奏 著

本书是一本图解式的住宅设计与规划解剖书，用易懂的 550 幅插图搭配解说文字，清楚地展示了关于家的所有设计与规划。

《家:如何打造一个舒适的家》/（日）无印良品 著

日本著名生活家居品牌无印良品推出的"无印良品的生活方式"系列概念书之一。关键词为"要素"—— 一个围绕居家生活的重心，无印良品将其看做每个家装修的主题与灵魂。

2. 机构和博物馆

中国室内装饰协会

中国室内装饰协会（CIDA）是根据中华人民共和国国务院建议，由政府批准组建的室内装饰行业全国性组织。成立于1988年，是具有法人地位的社会经济团体和自律性行业管理组织。

德国维特拉家居设计博物馆

2016年6月，赫尔佐格&德梅隆事务所为维特拉园区设计了一个大楼，这个名叫维特拉厅的建筑给公司提供了一个向公众展示其大量收藏的会场。

课程十二　产品与工业设计

课程概况： 产品设计主要指与人们日常生活相关的消费品、日用品和工具的设计，包括交通工具设计、家具设计、家电设计、文教用品设计、通讯用品设计、医疗器械设计、穿戴设计等；工业设计主要指国民经济发展中的大机器、大军工、大设备设计。产品设计强调美学+功能；而工业设计强调实用+技术。

在本课程中，首先介绍产品和工业设计的历史，站在较广的时间维度上理解设计潮流变化的内涵，接着分别介绍德国、北欧、日本、美国、意大利、中国的著名设计师、经典工业品牌等，以实例体现出各个国度工业设计的风格及特色；同时剖析产生的原因，让学生更好地理解设计中的因地制宜。

课程内容： 产品和工业设计的历史。
不同国家产品和工业设计的风格特色。
不同国家的代表设计品牌及设计师。

训练目的： 通过学习了解什么是好的产品设计，有助于今后生活中对产品的了解和使用。

重点和难点： 教学重点：了解产品和工业设计的历史，了解设计大师及其代表作。
教学难点：艺术和技术的结合，实用和人机工学的结合。

思考和作业题： （1）绘制一幅图表，阐述产品和工业设计的历史脉络。
（2）绘制一幅图表，阐述不同国度产品和工业设计的风格特色。
（3）为什么说设计改变生活？
（4）美国、德国、日本是如何通过设计来改变国家命运的？

阅读提示： 《产品·设计·现代生活》（卢永毅 / 中国建筑工业出版社）；
《工业设计史》（何人可/北京理工大学出版社）。

一、概 述

产品与工业设计将实用和美观结合起来，满足人类生理与心理双方面的需求。为了使产品能够具有时代精神，创造出符合产品性能的产品形态并且与环境相协调，让人得到美的享受，就要对产品性能进行研究并且运用合理的造型手段，目的是通过对产品的合理规划，使其更好地发挥效力，提高生活品质，使人更方便、更高效、更安全地生活。

产品与工业设计作为机械化批量生产的产物，主要经历了以下三个发展阶段。

1. 第一阶段

从18世纪中叶工业革命（Industrial Revolution）兴起至第一次世界大战爆发，这是工业设计的酝酿和探索阶段。现代工业设计的基础在此期间逐步建立，由传统手工艺设计向现代工业设计的过渡完成。在英国艺术学会（Society of Art）倡议下，由维多利亚女王的丈夫阿尔伯特亲王主持，以亨利·科尔（Henry Cole）为主的4位著名工程师和设计师于1851年在伦敦海德公园筹办了第一个具有历史意义的世界博览会（Great Exhibition，全称Great Exhibition of the Works of Industry of all Nations）。这次博览会一方面展示了英国工业革命的伟大成就，另一方面暴露了工业化带来的粗制滥造，艺术与技术的严重脱离，进而引发了一系列的设计改革：否定机器生产的艺术与手工艺运动（Arts & Crafts movement）、新艺术运动（Art Nouveau），催生了对工业化持肯定态度的德意志制造联盟（Deutscher Werkbund）和以培养现代设计人才为目标的包豪斯设计学校（Bauhaus）。（图2-12-1、图2-12-2）

图2-12-1 伦敦世界博览会水晶宫展馆 / 1851

2. 第二阶段

1914—1945年是工业设计走向成熟的年代。这一时期设计流派纷呈，主要有起源于艺术运动的装饰艺术风格（Art Deco）、源于空气动力学实验的流线型风格（Streamlining）和基于特定文化背景的斯堪的纳维亚风格（Scandinavian modern）。由于战争的影响，"二战"后，世界财政经济中心由欧洲转到美国，工业和商业的发展使美国率先具备了工业设计探索与实践的坚实土壤。机械化和批量生产成为制造业的主流，轧钢、轻金属、胶合板、塑料等新材料、新技术异军突起，电气化带来了家用电器的发展，形成了新的生活方式。第一代职业工业设计师在美国出现，包括罗维、沃尔特·多温·蒂格（Walter Dorwin Teague）、贝尔·盖茨（Norman Bel Geddes）等。这些因素推动了工业设计的形成和发展，并推动了第二次世界大战后美国工业的繁荣。（图2-12-3、图2-12-4）

图2-12-2 过度装饰的工作台 / 1851年伦敦世界博览会上展品

3. 第三阶段

1945年至当代为第三阶段。"二战"后，美国通过"马歇尔计划"对欧洲进行援助，工业设计迎来战后重建阶段，发展了以美国、德国、瑞士、日本为代表的技术性风格和以斯堪的纳维亚、英国、意大利为代表的艺术性风格，此后设计流派纷繁。20世纪50年代有美国的商业性设计（Commercial Design）和斯堪的纳维亚的有机现代主义（Organic

图2-12-3 罗维1936年为宾夕法尼亚铁路公司设计的流线型机车头

图 2-12-4 德国工程师波舍设计的大众车"甲壳虫",1938年起批量生产,战后成为世界最畅销车之一

图 2-12-5 1958年索尼公司设计生产的"TR-610"型袖珍式半导体收音机,成为Sony建立国际形象的标志产品。

图 2-12-6 苹果电脑 iMac

Modern);进入60年代,新现代主义(New-Modernism)与高技术风格(High-Tech)平行发展,波普风格(Pop Art)昙花一现;后现代主义(Postmodernism)从60年代末兴起到80年代式微,解构主义(Deconstructionism)、绿色设计(Green Design)、减少主义(Minimalism)兴起;新技术浪潮一波接着一波,晶体管和集成电路带来了六七十年代的小型化设计浪潮,也引发了设计师、建筑师反对现代产品的过度设计,产生了高科技风格(High-Tech);微电子技术及其应用的急剧发展,使越来越多的电子产品进入生活;产品形态上的严肃与冷漠,带来了软高科技风格(Soft Tech)的发展及对产品情感问题的关注。(图2-12-5至图2-12-6)

二、德国设计 —— 单纯、冷静而人本理智的设计

1. 概况

由黑红黄三色块构成的德国国旗也象征着德意志民族理性而又浪漫的个性和精神。讲究严谨、理性和高效成就了德国领先的制造业和实用主义的特点。这样的精神在"一战"后包豪斯教育体系中得以充分体现,使德国设计从新古典主义的风格瞬间突变出现代主义的样式。直面各类现代德国设计,最普遍的感受是理念清晰、意图单纯、形式和色彩具有理智和冷静的规范特征。

现代设计的重要发源地就是德国,在这里,既有德意志制造联盟促进艺术与工业结合的理想;又有包豪斯、乌尔姆现代设计教育体系的美学理念;再加上企业本身高质量的工业生产水平,形成了以理性主义、功能主义为显著特征的设计风格。德国的现代工业设计具有最为完整的思想和技术结构,这得益于它对于设计的理性态度、对于设计的社会目的性立场。

2. 设计师及设计企业、品牌举要

(1)瓦尔特·格罗皮乌斯(Walter Gropius,1883—1969)

包豪斯(BAUHAUS)学校的创办人,德国现代建筑师和建筑教育家,现代主义建筑学派的倡导人和奠基人之一。格罗皮乌斯积极提倡设计与功能的统一、艺术与技术的结合,提倡设计为绝大部分人服务的原则。1945年同他人合作创办协和建筑师事务所,发展成为了美国最大的以建筑师为主的设计事务所。第二次世界大战后,他的设计理论和实践为各国设计界所推崇,他所创建的包豪斯教学体系不仅影响了设计教育,也推动了世界设计的进程。(图2-12-7)

图 2-12-7 包豪斯校舍 / 1926

（2）迪特·拉姆斯（Dieter Rams，1932—）

拉姆斯与博朗和机能主义设计学派有很密切的关系，"设计十诫"正是由他提出。他认为好的设计是创新的、实用的、唯美的、含蓄的、诚实的、细致的、环保的、极简的和坚固耐用的。系统设计被他推广到家具设计甚至建筑设计上，他所倡导的设计思想逻辑性强、简单纯粹，形成为德国设计所遵循的美学准则。（图2-12-8）

图 2-12-8 博朗计算机 / 1976

（3）哈尔姆特·艾斯林格（Hartmut Esslinger，1944—）

青蛙公司领军人物，艾斯林格荣登1990年商业周刊封面，这是自罗维1947年以来设计师再次获此殊荣。艾斯林格是当今世界最负盛名和最成功的工业设计师之一，现代消费美学观念的刷新，正是由于他突破性的设计，1992年获得"罗维终身成就奖"。他的许多设计被作为经典收藏在了纽约现代艺术博物馆。青蛙设计公司在他的领导下以先锋和未来的概念不断创意出新、突破常规、使产品充满出乎意料的情趣，尤其在高科技产品方面很有影响。图2-12-9就是他的设计作品。

图 2-12-9 鼠标 / 1992

（4）康斯坦丁·格齐克（Konstantin Grcic，1965—）

德国新一代著名产品设计师，格齐克的设计屡屡获得重要国际设计奖项，以其将实用性完美融入人文主义理念中的设计风格广为人知。其设计作品的极简风格呈现出具有精简严谨的外形和金属敏锐的情感。"MAYDAY"的便携户外灯，是一款具备多样活用弹性的吊灯设计。在室内、户外吊钩可以像衣架一般，固定或非固定地挂置吊灯，或作手提灯用，随心所欲。（图2-12-10）

图 2-12-10 格齐克便携户外灯 MAYDAY / 1998 年

（5）双立人（Zwilling J.A.Henckel.US，始于1731）

德国著名设计企业，公元1731年6月13日，双立人标志在德国莱茵河畔的小镇索林根诞生。这是人类历史上商标的滥觞，也是稀有品质与不朽传奇的化身。谜一般的钢材配方和独步天下的冰锻工艺，象征着一种极致生活品质与尽善尽美精神。其拥有超过2000种的不锈钢刀剪餐具、锅具、厨房炊具和个人护理用品，开创了时尚厨房概念，使烹饪成为生活中的美学，让人们通过设计享受到生活的完美品质和居家的情趣。（图2-12-11）

图 2-12-11 双立人的标志

课程十二 产品与工业设计

frog design

图 2-12-12　青蛙设计的标志

（6）青蛙设计（FROG DESIGN）

德国著名设计品牌，1969年由哈特穆特·艾斯林格（Hartmnut Esslinger）在德国Altensteig创办。青蛙公司既保持了乌尔姆设计学院和博朗公司的严谨和简练的设计风格，又渗入后现代的叛逆不羁、标新立奇、手法不拘。"形式追随激情"是其设计哲学，激情往往带有玩世不恭的嬉戏，由此在设计界独树一帜，有力地改变了20世纪末的设计思潮。（图2-12-12）

三、北欧设计 —— 极简、原生而回归自然的设计

1. 概　况

北欧风格也称为斯堪的纳维亚（Scandinavia）风格，覆盖地区包含瑞典、丹麦、芬兰、挪威和冰岛五国，北欧冬季漫长寒冷，夏季短促，政局长期稳定，社会保障高度完善，形成了北欧人民对国家意识的相对淡薄，再加上人口稀少，本土市场不大，这就形成了北欧拥抱世界的姿态。在工业化之前，北欧设计最大特点是注重自然，强调原始的质感和不加装饰的造型。20世纪中期，北欧风格在坚持自然设计风格之外，更确立了极简主义的国际设计形象，通过将艺术与实用结合，形成了一种更舒适、更富有人情味的设计风格。北欧的设计就如同他们冷静、朴实、随性的国民性格。

2. 设计师举要

（1）保尔·汉宁森（Poul Henningsen, 1894—1967）

保尔·汉宁森是丹麦著名设计师，他强调科学、人性化照明，被誉为丹麦最杰出的设计理论家。他的代表作PH系列灯具（图2-12-13）具有极高的美学价值并融合科学的原理：通过光线多次反射获得柔和、均匀的照明效果；从任何角度均不能看到光源，避免眩光对眼睛的刺激；为了获得适宜的光色，对白炽灯光谱进行补偿；为了避免室内照明的反差过强，减弱了灯罩边沿的亮度，并允许部分光线溢出。（图2-12-13）

图 2-12-13　PH 系列灯具 / 汉宁森 / 1927 年

（2）约里奥·库卡波罗（Yrjo Kukkapuro, 1933—）

约里奥·库卡波罗是20世纪大师中获奖最多的设计师之一，也是当代顶尖家具设计师在20世纪下半叶的50年间，他几乎获过国际国内有关室内和家具设计的所有的多达40种的著名奖项。在众多奖项中，库卡波罗认为最具有社会意义的就是1974年在美国纽约举行的"国际椅子设计竞赛"头奖。他曾担任国际著名的赫尔辛基艺术设计大学（UIAH）校长，并荣获北欧最高学术称号 —— 教授艺术家。（图2-12-14）

图 2-12-14　KARUSELLI 椅 / 库卡波罗 / 1965 年

（3）哈里·科斯宁（Harri Koskinen，1970 —）

芬兰家具设计师，致力于利用不同的制造技术展现出玻璃截然不同的风貌。其代表作冰块灯充分体现了玻璃工艺、光线变化以及灵机创意的完美结合，在冰块中呈现灯泡的温暖，形成让人一眼难忘的强烈对比。

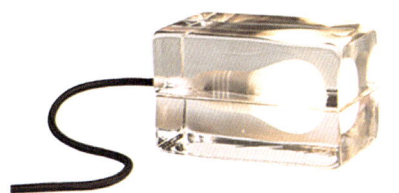

图 2-12-15　冰块灯 / 科斯宁 / 1996 年

四、日本设计 —— 民族、求精而东西交融的设计

1. 概　　况

日本是一个极善于学习的国家，自明治维新以来，他们敢于大量吸收各种先进文化。因此日本的现代设计表现出中西交融的复合型特点，既有简约空灵，亦有繁复怪诞；既讲究抽象，又具象现实。传统日本设计的特色是表达自然，对不同的自然材质有细腻的表现和高度的运用。现代日本文化将古典文化与西方文化并立，形成了特殊的共生体系。日本的产品设计就是这样的典型，他们吸收了德国的功能主义思想，但却灵活地运用了他们自己的设计语言。

"日本设计"（Japanese design）一词常会使人联想到两类截然不同的东西。一类是传统的手工艺品，如木制家具、漆器、瓷器和铁艺等。这类手工艺品保持传承、质朴、清简、自然，具有浓厚的日本情调。另一类则是批量生产的高技术产品，如高保真音响、照相机、摩托车、汽车及计算机等。"日本设计"的高科技性与传统文化属性的并驾齐驱是国际现代设计中的一个典范。

2. 设计师及设计品牌举要

（1）柳宗理（Naoto Fukasawa，1915 — 2011）

日本工业设计第一人柳宗理的设计在形式上与传统没有直接联系，但传统美学观念还是影响其设计的基本思维。如他对小型化、多功能及对细节的关注等。柳宗理的设计，让传统文化在现代社会中被发扬光大，进而产生了一些形式全新的作品，柳宗理于1956年设计的"蝴蝶"凳（图2-12-16）就是一例。这只模压成形的胶合板凳融入了功能主义和传统手工艺两方面的影响。尽管"蝴蝶"凳形完全脱出了日本家用品设计的惯例与程式，但它从本质上使人想到日本建筑的优美传统以及对自然材质肌理的偏爱。

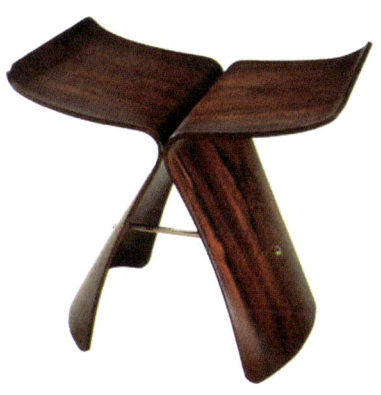

图 2-12-16　蝴蝶凳 / 1954

（2）喜多俊之（Toshiyuki Kita，1956 —）

喜多俊之先生是一位在环境、空间、工业设计领域国际舞台上活跃的工业设计师。他的许多作品被纽约近代美术馆以及世界主要博物馆选定为永久收藏品，成为这一时代的代表作。喜多俊之一直全力保护即将失传的传统工艺和材料，将之融入于现代设计和资源的创新利用。（图2-12-17）

图 2-12-17　厨房用品设计

（3）坂茂（Shigeru Ban，1957—）

坂茂是一位著名的建筑师，也是一位很好的产品设计师，他善长用廉价、脆弱的材料进行建筑设计，认为社会责任意味着使用容易得到的、可循环的材料。这些理念在他的产品设计中得到很好的体现（图2-12-18）。如方形卫生纸这个设计的用心之处正在于它所造成的不便。因为四角形的卫生纸卷筒会产生阻力，这种阻力发出的信息和实现的功能便是节约能源。

图 2-12-18　方形卫生纸

（4）深泽直人 Naoto Fukasawa（1956—）

日本无印良品著名设计师代表，深泽直人曾为苹果、爱普生、无印良品等多家知名公司进行过品牌设计。他认为最少的元素即可展示产品的全部功能。其代表作CD播放机（图2-12-19）的外型恰如"换气扇"一般，只要将CD放进去，拉一下垂下来的绳子，美妙的音乐就会响起，这样的造型让听者的感觉变得更加敏锐。

图 2-12-19　CD 播放机 / 2000

（5）索尼SONY（始于1946年）

日本传统设计中小、巧、轻、薄的特点在信息时代得到了发扬光大，这成为日本高科技产品的重要特色。索尼产品以精巧雅致著称，无论是台式电脑，还是笔记本电脑或者掌上录音机，都异常轻薄。索尼公司善于导入应用高新技术来创新人们的日常生活，它的PSP掌上游戏机，取得的巨大成功可与"随身听"媲美。索尼设计讨人喜欢的机器狗Aibo也大受欢迎。（图2-12-20至图2-12-22）

图 2-12-20　Sony Walkman / 1979　　图 2-12-21　Sony PSP 掌上游戏机　　图 2-12-22　Aibo 机器狗 / 1999

（6）无印良品MUJI（始于1980年）

"无印良品"创始于日本，其本意是"没有商标的优质"。似乎极力淡化品牌意识，但其产品无不打上"无印良品"的标识，是声称没有品牌的品牌。大受品位人士推崇的是它所倡导的自然、简约、质朴的生活方式。

五、美国设计 —— 个性、无羁而创新世俗的设计

1. 概况

美国的建国史就是一部开拓冒险的历史，由于在文化思想上没有传统的包袱，美国文化总是习惯于向前看，习惯于从零创造未来：创造了现代快餐饮食文化 —— 麦当劳、肯德基和可口可乐，创意产业文化 —— 好莱坞和迪士尼，企业文化 —— 苹果和微软。美国文化和设计以创新为生命的基因。美国是欧洲大陆启蒙思想和民主理论的最佳实践地，这种扎根民族性的民主精神造就了世界上最发达的大众文化。综合来看，美国设计普遍特征第一是世俗化和商业化，设计手法通俗、热情鲜明；第二是崇尚个性，喜爱个人英雄主义；第三是偏好开拓创新的精神。

美国作为世界最大的经济强国，它的设计高度发达。另外，美国作为最早进入信息时代的国家，是信息技术最发达的国家。无论是在计算机软硬件方面，还是在计算机技术的应用方面都处于世界领先地位。因特网的普及，更使美国社会迈入以信息产业为龙头的全新时代。在这些经济、文化背景下，从20世纪80年代末开始，美国工业设计发生了很大的变化，而这些都离不开美国的技术、材料对商业甚至生产方式的革新精神。

2. 设计师及设计品牌举要

（1）亨利·福特（Henry Ford，1863—1947）

美国汽车工程师与企业家，福特是世界上第一位将汽车用流水线大批量生产的人。他的生产方式使汽车成为一种大众产品，不但改革了工业生产方式，而且对现代社会和文化起了巨大的影响。美国学者麦克·哈特所著的《影响人类历史进程的100名人排行榜》一书中，亨利·福特是唯一作为企业家上榜的。（图12-12-23）

图 2-12-23 福特 T 型车 / 1908

（2）伊姆斯（Charles Eames，1907—1978）

美国著名家具设计师，1946年，伊姆斯设计出了采用多层夹板热压成型工艺的大众化廉价椅子，这是米勒公司在现代设计上的一次大转折，其设计走向轻便化、大众化，并关注新材料及其制作工艺。伊姆斯开拓技术的意义不仅在成形艺术所带来的视觉美感，更重要的是复合材料的应用对原木资源起到保护作用。（图2-12-24）

图 2-12-24 曲木椅 / 1946

（3）史蒂夫·乔布斯（ISteve Jobs，1955—2011）

苹果公司联合创办人、前任行政总裁，凭借敏锐的触觉和过人的智慧，勇于变革，不断创新，引领全球资讯科技和电子产品的潮流，把电脑和电子产品变得简约化、平民化。乔布斯在公司的众多产品开发过程中 —— 从Macintosh电脑到iPod、iPhone和iPad，都扮演了重要角色。其2002年推出iMac G4（图2-12-25），雪白的外观，可移动的屏幕，到现在都还有许多收藏者对其无法忘怀。iMac是苹果公司重新崛起的标志。在苹果的专利组合中，共有313项将乔布斯列为"主要发明人"或"共同发明人"。

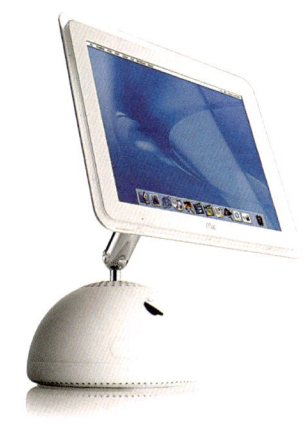

图 2-12-25 iMacG4 电脑 / 2002

（4）乔纳森·伊维（Jonathan Ive，1967—）
苹果公司著名工业设计师，参与设计了iPod、iMac、iPhone、iPad等众多苹果产品。他提出：好的设计由用途、外观和诉求三种要素组成。

（5）卡里姆·拉希德（Karim Rashid，1960—）
美国著名工业设计师，作品广为世界各博物馆收藏。他喜欢用色彩丰富的半透明塑胶材料，作品清新、多变、性感，被称为"塑胶诗人"。图2-12-26为他设计的华硕Eee PC。

图 2-12-26　华硕 Eee PC / 2010

（6）苹果公司（始于1976年）
1976年，苹果电脑公司创建于美国硅谷，2007年改名为苹果公司。它倡导图形用户界面和应用鼠标。采用连续一贯的工业设计语言，不断推出令人观感一新的产品，如著名的苹果II型机、Mac系列机、Powerbook笔记本电脑等。近年来，苹果公司陆续推出了革命性的产品如iPod音乐播放器、iTunes商店、iPhone手机和iPad平板电脑等（图2-12-27）。

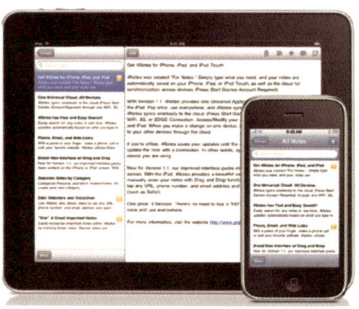
图 2-12-27　（前）iPhone / 2007（后）iPad / 2010

六、意大利设计 —— 古典、名牌而现代复兴的设计

1. 概　　况

意大利气候温和，终年阳光充足，地中海交通中枢的位置让它自古具有繁荣的商业和贸易，所有这些造就了意大利人乐观、热情的性格和自由分享的人生态度。意大利具有悠久灿烂的文化艺术传统，有世界最精湛的手工业。这些因素为意大利设计提供了富足的创作和制造基础。意大利设计充满创造的热情，色彩和造型无不强调艺术性，他们将实用主义的技术知识与厚重的古典文化相结合，形成了鲜明的自身特点，富于人性和诗意。因此，时尚和创新成为了意大利的代名词，意大利是拥有世界知名设计和时尚品牌最多的国家之一。

第二次世界大战后，意大利的设计发展被人称为"现代文艺复兴"，就犹如"文艺复兴"实际上是一场思想解放运动，对整个设计界不啻于一场设计思想解放运动。意大利设计拥有的独特的设计文化融于产品、服装、汽车、办公用品、家具等诸多设计领域之中。意大利悠久而丰富多彩的艺术传统孕育了这种设计文化，反映了意大利民族热情奔放的性格特征。总的来说，意大利设计的"现代文艺复兴"是由理念到形式上的创新而形成的新的风格与个性。

2. 设计师及设计品牌举要

（1）吉奥·庞蒂（Gio Ponti，1891—1979）

意大利后现代主义设计大师（图2-12-28）是其代表作，该椅子的最大特色是轻，总重量还不到1.7公斤。生产商Cassina公司在当时的广告大战中宣称，"把它从窗口扔到大街上，不仅毫发无损，而且还能反弹回来"。它融入"可持续设计"概念，椅架用结实而富于弹性的白蜡木制造，竹、藤或填充椅面在想更换时可随时更换。

（2）索特萨斯（Ettore Sottsass，1917—2007）

另一位意大利后现代主义设计大师索特萨斯设计的这件博古架（图2-12-29）造型极纯正极简约，色彩极错杂极灿烂，极富装饰感，极具功能性，外观出人意料，气质极其"自我"。

图 2-12-28　超轻椅 / 1955 年

（3）阿尔桑德罗·门蒂尼（Alessandno Mendin，1931— ）

意大利后现代主义设计大师。也是一位卓越的设计理论家，曾在ALESSI担任设计部和公关部经理，所提倡的"再设计"理论对后世影响广泛。其代表作"安娜Anna G"红酒开瓶器（图2-12-30）：冷硬的不锈钢材质，配上Anna G讨喜的笑脸，铺以活泼鲜亮的色彩，生动可爱，一推出即广受欢迎。如今，阿莱西总部门口就矗立着一座Anna G雕像，Anna G已成为ALESSI的精神象征。

图 2-12-29　博古架 / 1981

（4）斯蒂凡诺·乔凡诺尼（Stefano Giovannoni，1954— ）

意大利著名设计师，是一位被称为"爆炸性天才"的意大利设计大师，流星设计团队（Bolidist Movement）的发起人之一，明快的颜色在他手中总是具有一股魔力。其代表作东方传说系列器具（图2-12-31）：在与台北故宫博物院的第二次合作中，他巧妙地将其所擅长的幽默与童话风格熔为一炉，颠覆了"东方传说系列"过去的"Orientales"概念，设计出天堂鸟椒盐罐组、莲花小碗、石榴糖罐、百合池寿司盘组、香蕉小子猕猴瓶塞、秘密鱼漆盒等等魅力四射、结合幻想与乐趣的全新产品。

图 2-12-30　"安娜 G"红酒开瓶器 / 1994　　　图 2-12-31　东方传说系列器具 / 2008

（5）阿莱西（Allessi）—意大利设计工厂（始于1921年）

阿莱西，著名意大利家居用品设计品牌，代表着后现代主义以来的意大利设计，被称为意大利设计工厂。阿莱西公司把生产基本实用主义产品的目的转化为给家庭创造革新的、多彩的、巧妙而实用的产品。阿莱西几乎和全世界所有的顶级设计师都有过合作，如埃托·索特萨斯、理查德·萨伯、阿尔桑德罗·门蒂尼、萨尔瓦多·达利、迈克尔·格雷夫斯、奥尔多·罗西、菲利普·斯达克等。

七、中国设计 —— 和谐、求索而天人合一的设计

1. 概况

中国悠久的历史和丰富多彩的文化遗产，给我们这一代中国人提供了丰富的文化资源和设计素材。中国文化有三条贯穿的主线：追求中心、秩序和威严的官方文化，强调自身修为和高雅旨趣的文人文化，以及生动鲜活、包罗万象的民间文化，各文化系统孕育出了各自的设计体系。近现代以来，中国自成一体的设计体系受到西方文明的巨大冲击，文化界、设计领域在西化和坚持民族化之间有着长期的摇摆和争论。时至21世纪，随着中国的逐渐复兴，文化界和设计领域越来越一致地在现代设计中立足传统哲学思想和发扬传统文化精神，如天人合一、太极阴阳、人本思想、礼乐教化等，这潜移默化地影响着艺术家和设计师的思维，使中国的设计在文化传承中找到了自己发展的方向。

中国本土自20世纪70年代开始发展设计教育以来，逐渐意识到"中国制造"必须走向"中国创造"。在工业设计方面，我国台湾地区的产品结构自20世纪80年代以来，发生了根本性的变化，由劳动密集型产品向知识密集型产品发展，成为国际上重要的高科技产品生产基地。在这一重要的转型过程中，工业设计起了积极的推动作用，同时也使台湾地区的工业设计达到了更高的水平，1988年建立的浩汉设计公司是这方面的一个代表。香港特别行政区在20世纪70年代大力发展设计教育，推广工业设计，使其钟表、服装、电器、皮革制品及玩具等行业的产品在国际市场上竞争力强大，如美国市场上的玩具有一半就来自我国香港地区。

2. 设计品牌及设计师举要

（1）上海木马工业产品设计有限公司（始于2002年）

上海木马工业产品设计有限公司，成立于2002年，拥有近50人的设计团队，客户涵盖500强Philips、GE、OTIS、National到国内知名企业，海尔、海信、中兴、国家电力、中科院等，设计经验涵盖医疗器械、家用电器、信息产品、家具等领域，配合上海地区成熟的生产技术水平，为客户创造价值。曾荣获德国IF、Reddot、中国红星奖金奖、最成功商业设计奖金奖、上海百强设计机构等奖项和荣誉。（图2-12-32）

图 2-12-32　木马设计公司标志

图 2-12-33　洛可可设计公司标志

（2）洛可可 LKK（始于2004年）

洛可可是一家专注于为客户提升产品力的创新设计集团。

洛可可成立于2004年，并迅速由一家工业设计公司发展成为一家实力雄厚的国际整合创新设计集团，总部位于北京，已成功布局伦敦、深圳、上海、成都、南京等地，并于2013年入选由国家工业和信息化部认定的首批国家级工业设计中心。洛可可目前致力于发展整合设计服务和时尚产品两大业务，为客户提供产品创新设计整体解决方案。（图2-12-33、图2-12-34）

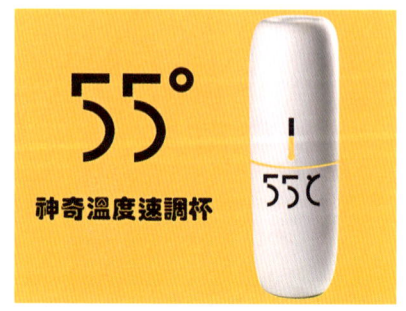

图 2-12-34　55°杯/洛可可设计出品

（3）张雷

扎根传统的中国设计师毕业于意大利Domus设计学院汽车设计专业，杭州品物流形设计有限公司创始人，"品物流形PINWU"家具品牌创始人。专注于中国传统文化延续设计，并把"未来的传统"作为其设计方向，其设计作品具有一种独特的中国气质。"融-Handmade In Hangzhou" "From 余杭"项目策展人。（图2-12-35）

图 2-12-35　飘系列纸椅 / 张雷 / 2012

（4）杨明洁

福布斯中国最具影响力的设计师，YANG DESIGN创始人、福布斯中国最具影响力设计师。2005年创办YANG DESIGN，成为中国最具前瞻思维的设计顾问公司。融合了德意志逻辑思考与中国人文精神的设计理念，也使得杨明洁成为了包括波音、博世、NATUZZI、可口可乐、Steelcase、三宅一生、swatch 等众多国际品牌的合作伙伴，从眼镜箱包到飞机内舱，从家居产品到智能硬件等领域均有高品质作品呈现。（图2-12-36）

图 2-12-36　茶具系列 / 杨明洁 / 2014

（5）乌琳高娃

著名汽车设计师、奔驰历史上首位中国籍女性设计师、被福布斯评为中国最具发展潜力设计师，现任通用汽车中国前瞻设计中心总监，主导通用汽车中国的前瞻设计工作。（图2-12-37）

图 2-12-37　合动力跑车 / 乌琳高娃 / 2012

（6）谌涛

著名产品设计师，上海理工大学工业设计系主任，副教授。2010年在上海创建设计工作室"Chen Tao Design Studio"，作品富含人文关怀，设计凝练简约，多次获得国际工业设计大奖，其中包括德国红点设计奖（Red Dot Design Award）和美国IDEA设计奖（Industrial Design Excellence Awards）等。（图2-12-38）

图 2-12-38　磁性吸力组合刀架 / 谌涛 / 2010

拓展阅读与参考信息

1. 图书资料

《设计中的设计》/ 原研哉（日）/ 山东人民出版社 / 2006

设计到底是什么？作为一名从业二十余年并且具有世界影响的设计师，原研哉对自己提出了这样一个问题。为了给出自己的答案，他走了那么长的路，做了那么多的探索。"RE-DESIGN——21世纪的日常用品再设计"展真是一个有趣的展览，但又不仅仅是有趣，它分明是为我们揭示了"日常生活"所具有的无限可能性。若我们能满怀新鲜感地观照日常，"设计"的意义定会超越技术的层面，为我们的生活观和人生观注入力量。

《大设计:BBC写给大众的设计史》/ 彭妮·斯帕克（英）/ 广西师范大学出版社 / 2012

在《大设计：BBC写给大众的设计史》一书中，设计史学者彭妮·斯帕克给我们展示的，远远超过一段经典设计作品的历史。本书的五个章节，引导读者穿越时空，依照时间顺序游历现代设计：从19世纪的工业化生产；到现代设计运动，包括包豪斯及其他相关设计活动；经历简朴生活和战争时期；再到战后繁荣及对新材料、新技术的探索；最后在21世纪以设计参与到各种最新的活动与事件中结尾。

这里有激发灵感的海量资料库，也可以参与精彩纷呈的设计大赛并获得收益和提升。

2. 设计公司

IDEO设计公司

IDEO是全球顶尖的设计咨询公司，以产品开发及创新见长，从只有二十名设计师的小公司做起，一路成长到拥有三百多名员工的超人气设计企业。

青蛙设计

作为一家大型的综合性国际设计公司，青蛙设计以其前卫，甚至未来派的风格不断创造出新颖、奇特，充满情趣的产品。特别是青蛙的美国事务所成了美国高技术产品的设计最有影响的设计机构。

Design Affairs

Design Affairs 是一家德国战略性设计咨询公司，致力于提供品牌塑造、创新和以人为本的解决方案；拥有来自包括西门子、宝马、保时捷、博世在内的众多全球客户。

3. 设计奖项

红点奖（德）

1955年，欧洲最富声望的著名设计协会（Design Zentrum Nordrhein Westfalen）在德国城市埃森（Essen）设立的红点奖，设立以来为无数企业颁发了享有盛誉的设计大奖。

IDEA奖（美）

美国IDEA奖全称是International Design Excellence Awards，美国工业设计优秀奖。IDEA由美国商业周刊（BusinessWeek）主办、美国工业设计师协会（IDSA，全称Industrial Designers Society of America）担任评审的工业设计竞赛。该奖项设立于1980年，主要是颁发给已经发售的产品设计。

课程十三　服装与配饰设计

课程概况： 服装与配饰设计涵盖服装、鞋、帽、手套、围巾、领带、提包和首饰等，小到个人修饰，大到一个国家的礼仪。服装最初的作用是御寒、遮羞，随着人类社会进步，已逐步发展成为身份的象征，并在某种程度上代表个人的社会地位，直至演变为形式和功能统一的现代性大众服饰文化。不同国家、地域服饰的差别，事实上体现了历史条件、生活方式及文化观念上的差异。

本课程共分为服装与配饰两部分。首先梳理了中国服装文化演变的脉络，概述了西方服装文化的变化，总结出服装设计的原则，同时讲述了八位影响世界的服装设计大师。其次讲述了配饰的起源与发展、设计类型与要素，同时简述了世界著名配饰品牌的故事。

课程内容： 服装与配饰的历史发展；服装设计的原则；
配饰的设计要素；代表性服饰设计师及其代表作。

训练目的： 了解服饰历史与文化；学会对自身的服饰进行搭配。

重点和难点： 教学重点：了解服装与配饰设计的历史，了解代表性服饰设计师及其代表作，了解知名服饰设计品牌。
教学难点：对于个性人物的个性服饰设计的要点。

思考和作业题： （1）结合具体案例谈谈你喜欢的服饰设计风格并说明原因。
（2）欧洲人的礼服、日本人的和服、中国人的旗袍在设计风格上有哪些不同？
（3）如何在服饰上保持民族特色，同时体现时代特点。
（4）选择不同民族、不同国家的服饰进行比较，阐述文化与服饰设计的关系（用文字形式完成）。

阅读提示：《中国衣经》（缪良云 / 上海文化出版社）
《我的100件时尚单品》（加西亚著，品方兴译 / 中信出版社）
建议经常阅读经典时尚杂志如《ELLE》《瑞丽》《Vogue》等

一、概　　述

服饰是指用于装饰人体的物品总称。"服"指"服装"，是对人体起保护、保暖和装饰等作用的制品，是一种带有工艺性的生活必需品；"饰"是配饰，作为服装的配套而成为着装形态的一部分，是除服装以外附加在人体上的各类用品及装饰品的总称，包括鞋、帽、手套、围巾、领带、提包和发饰等。人类服饰的发展历程，也是人类文明的发展历程，它是时代的产物，具有时代文化的特点。服饰文化因民族、国家而异，这是因为服饰文化是一个民族乃至一个国家文化素质的物化，是内在精神的外观，是社会风貌的显示。纵观中西方服饰文化的差别，很大程度上根源于历史条件、生活方式、心理素质和文化观念等方面的差异。

（一）具有代表性的国际服饰品牌

法　国：Chanel（夏奈尔）、Louis Vuitton（路易威登）、Christian Dior（迪奥）、Guess（盖尔斯）、Yves Saint Laurent（圣罗兰）等。

意大利：Gucci（古琦）、Versace（范思哲）、Diesel（迪赛尔）、Fendi（芬迪）、Valentino（华伦天奴）、D&G（杜嘉班纳）等。

美　国：Calvin Klein（CK）、Pierre Cardin（皮尔卡丹）等。

德　国：HUGO BOSS（波士）等。

英　国：Dunhill（登喜路）、Burberry（博柏利）等。

（二）服饰与配饰特性

1. 从属与整体性

服装与配饰在人们的日常生活中是被动的，处于一种从属的地位，但它具有鲜明的时代性和引领时尚的前瞻性。人们对服饰的装扮要求会因为环境、时代、文化等方面的差异而有所不同，要根据具体的因素来考虑。在现代，受当今环境、文化、审美和潮流的影响，人们对着装的要求体现在美观、舒适、卫生、时尚、个性和整体协调方面。鞋帽、首饰等服装配件围绕着服装这个主体来进行搭配，从款式、色调、装饰等元素上组成一个完整的系列。

2. 社会性与民族性

服装与配饰的发展体现了社会性和民族性：一方面，它们在不同时期受文化、科技、工艺、政治、宗教等方面影响，在艺术性、审美性、工艺性、装饰性等特征上发生变化；另一方面，它们受不同民族风情、地域环境、气候条件等因素影响，各自具有不同形式和内容，体现出民族性、地域性特点。

3. 审美性与象征性

服装与配饰的审美性常与象征性联系在一起。自从社会阶级分化开始出现，等级制度逐步形成，等级差别促成了身份地位和社会地位的差别，这些差别反映到服装配饰上，便可以从服饰着装上判断人的身份、地位。同时，人们对服饰的审美水平也日益提高，从服装配饰的发展历程可以清楚地看到这一点。

4. 服装与配饰的搭配

服饰搭配是一种形象的创造过程，也是发现和探索美的过程。通过塑造视觉效果，人与服饰达到和谐统一，体现出灵感、质感和美感。服饰搭配是人的一种主观活动，既对立又统一：对立体现在个体上，人作为个体是唯一的，具有特殊性和个性化，因此个人在服饰搭配上不同于别人；统一体现于普遍性中，服饰通过和谐搭配使人与服饰融为一体，最终实现整体的统一，表现为年龄、发型、体型、肤色、气质、民族、地域、气候与时代等的统一。

二、服装——张扬人类之个性

服装是生活的必需品，除了能够保护人体免于天气与环境的伤害之外，服装也具有某种文化与社会意义。与此同时，服饰还反映穿着者的个性，是穿着者人格、外形与气质的延伸。不同的服饰能够体现出不同的个性：如天性热情奔放，服饰则浓艳大胆；天性拘谨矜持，服饰则朴实保守等。

服装设计是科学技术、艺术、社会习俗相结合的学科，涉及美学、文化学、心理学、材料学、工程学、市场学、色彩学等各个方面，以追求实用、美为目标，以人体为对象，以材料为基础，运用一定的表现技法塑造出人体美的创造性行为。服装设计能够美化人体、美化生活、满足人们穿戴的需求，具有艺术与实用的双重价值。

（一）中国服装的起源与发展

服装是文化的一种表现。原始社会，随着体力劳动的减少和脑力劳动的增多,人类身上的毛慢慢退化。为了抵御大自然风吹、日晒、暴雨的侵袭,他们开始利用野兽的骨头制成骨针,将兽皮、树叶、羽毛、草片等缝合在一起,捆绑在肩膀上或腰间,这也许就是最早的服装了(图2-13-1)。伴随着中国历史的发展,中国服装也有丰富悠久的发展史。在发展过程中,由于不同时期的农牧业及纺织生产水平限制,每个时期的服装都各有特点。

1. 夏商周时期

夏商时期,我们祖先开始用丝织品裁制、设计各种复杂的衣服。冠帽在这个时期开始盛行,上衣下裳也成为主流。商代奴隶的服装一般无任何装饰,而权贵们的服装则有精美的纹饰,如连续的矩形纹样、不规则的双钩云图案。此外,上层人物还有"蔽膝",既起装饰作用,也突出其社会地位。从周朝开始,冕服基本形成,王公大臣的服饰与政治融为一体,在花纹、图案、色彩及用料上,有了严格的区分,标志着服装已经走上了政治舞台,如图2-13-2为西周贵族的服装。

2. 汉 代

汉代服饰从质朴逐渐走向华丽,丝、麻纤维的加工技术已很发达,服装用料种类大大丰富。1972年出土于湖南长沙的西汉素纱襌(dan)衣仅重49克,可见当时已能用桑蚕丝制成轻薄透明的长衣(图2-13-3)。汉代贵族们"衣必锦绣,锦必珠玉",劳动妇女裙长至膝,以利劳动。

3. 隋唐五代

隋唐五代时期社会繁荣,等级制度明显,统治者对服装作出严格的等级规定,使服装成为权力的一种标志。这个时期妇女的日常服饰名目繁多,有衫、袄、裙、裤等多种形式,日常衣料广泛使用麻布,裙料一般采用丝绸。由于国力强盛,中外交往增加,各个文化间的服饰相互影响,如团花的服饰是受波斯的影响,僧人则穿着印度式服装"袈裟",现今日本的和服仍保留着中国唐代的服装风格。

4. 宋 代

宋代的服装制度大体沿袭隋唐,但等级制度更趋于严格。宋代服装流行半窄袖。女装很重视衣边的装饰和刺绣花纹。宋代服装类别分公服、礼服和常服三种:公服是有公职使命者的服装,礼服是出席重要或特殊场合穿的服装,常服即平时穿着的服装。衣服的质料、样式与花色等,仍根据社会等级制度加以区别。

5. 清 代

清朝是中国服装史上改变最大的一个时代,服饰的形制也最为庞杂繁缛,盛行长袍马褂、旗袍等满族服式(如

从左至右依次为

图 2-13-1 原始社会时期的服装
图 2-13-2 西周贵族服装
图 2-13-3 西汉素纱襌衣

图2-13-5）。政府不许用汉制衣冠，体力劳动者则穿短袄长裤。满族妇女多穿旗袍，从早期宽大的形式演变到有了腰身，还在旗袍外面再加上一件坎肩。

6. 近现代

由于纺织工业的发展，织物品种和数量大大增加，促进了服装的生产。辛亥革命后，吸收西方服式特点的中山装（图2-13-6）、学生装等开始出现。

1950年后中山装成为全国普遍流行的服装，袍褂几近消失。留学归国的学生又传来西服，大量优质面料的出现让服装款式也有所发展。

在现代，中国除了时尚多样的现代服装，很多少数民族都还保留了其独特的民族服装文化，我国有五十六个民族，每个民族都有其独特的装束。同一民族内部，不同支系的民族成员在服饰习惯上也多有不同，像苗族就有许多支系（图2-13-7），人们根据其衣着分别称他们为"黑苗""红苗""白苗""花苗""紫姜苗"等。

（二）西方服装发展梗概

西方服装体现出与东方服装迥异的风格，西方服装随着历史的发展，也经历了古代奴隶时期的繁缛，古罗马及哥特等封建时期的等级分明，文艺复兴时期的简朴与奢华，此外还有与宗教文化相对应的宗教服饰（图2-13-9），一直发展到工业革命时期民主化、大众化和多样化的时代。到20世纪90年代，随着科技的发展，服装风格进一步呈现多元化、多样性的特征。

（三）服装设计的原则要素和过程

1. 个性的原则

个性是艺术的灵魂，也是艺术的价值所在。哲学家用观念引导社会的进步，科学家用科技手段改变和推动世界，而艺术家用个性创造作品，让我们的心灵与生活变得丰富多彩。服装设计的个性应符合一个民族或国家的人文传统，能被当代主流社会接受或认同，否则，个性很可能变成为一种"奇异"。服装个性设计的视觉表现，也可对世界不同地域文化特色进行提炼与整合，以突出"交叉"之美。如2012年法国巴黎时装周上出现的竹制背心和竹裙的设计，就是运用了中国常用的竹子材料，并结合西方审美观而创意成功的。

2. 美学的原则

什么是美？美就是合规律与合目的。合规律与自然有关；合目的与人类和社会有关；若能做到全面相合，可能就是美的最高境界了。如此，服饰美的基本原则至少有以下几条。

（1）自然美

如仿生态设计在服饰上的应用。大自然的色彩、天空的鸟类、陆地的动物、水中的鱼类、还有花卉和植物等，都能成为我们服装纹饰和配饰中的造型和色彩灵感来源，取之不尽，用之不竭。

（2）材质、工艺美

服饰中的美还体现在材质、工艺上。如山东的棉织大花布和贵州的粗制蓝印花布等，都体现了不同的材质美和特殊的印染工艺，它们是区别于纯粹自然之美的另一种美。

从左至右依次为
图2-13-4 唐代大袖衫
图2-13-5 清代马蹄袖蟒袍
图2-13-6 中山装
图2-13-7 我国苗族传统服饰

从左至右依次为
图 2-13-8　欧洲基督教服装
图 2-13-9　欧洲近代男服
图 2-13-10　左图：18 世纪欧洲男士服装
　　　　　　右图：18 世纪欧洲女士服装

（3）和谐美

是中国儒道哲学和传统艺术所追求的一种精神境界，如同我们的文学、音乐、绘画、书法、戏剧和舞蹈一样，服饰也追求天人合一之大美：华贵而又质朴、高尚而又平和……

3. 统一的原则

服饰的统一，就是人身上各个部位穿戴物的关联性。比如发饰、上衣、胸部配饰、手镯、裤子、鞋子和拎包等。在服饰设计的过程中，往往通过协调的方式达到一定程度的统一。好的服饰设计讲究各部分之间的照应，从形式、材料、色彩、质感一直到线条与纹饰等，都应符合统一的原则，无论是协调的统一还是对比的统一。

4. 服装设计材料

艺术的创作离不开材料，服装设计的发展也离不开材料的发展。每一种新材料的出现都会带给服装设计新的设计理念和设计语言。在科学技术高速发展的今天，材料更是服装设计中不可缺少的重要因素。在琳琅满目的服装材料中，不同材质、色彩、图案、质感、厚度的材料风格各异，都具备独特个性，也为各具风格的服装设计提供了物质基础。如棉布的素雅、绸缎的富丽、牛仔布的粗犷等都表现出不同的风格特征。棉、毛、丝、麻等材料也给人不同的感染力。因此，了解服装材料的特征，在设计中正确选用材料，采用科学的工艺手段，才能准确表达设计意图，展现服装设计美的意蕴。

5. 服装设计过程

（1）创意构思

服装设计是艺术构思与表达的统一体。设计师的构思和设想，通常要经过一段时间的思考或灵感的迸发而产生。在思考构思的过程中，高山流水、花鸟虫鱼、文明古迹及其他艺术形式都可以触发灵感。有了大概的创意构思之后，通过收集资料，才能确定设计方案。方案内容主要包括：风格、主题、造型、色彩、面料、服饰搭配等。同时也要严谨考虑内结构、尺寸、裁剪缝制和加工工艺，以确保最终完成的作品得以充分体现设计意图。

（2）设计表达

服装效果图（图2-13-11）是表达设计构思的重要手段，也是衡量设计师创作能力和设计水平的重要标志。设计者需要通过绘画来体现服装效果。服装效果图主要强调设计的新意和技法，注重服装的着装具体形态以及细节描绘，便于生产方在后续制作中准确把握，以保证成衣在艺术和工艺上都能完美

图 2-13-11　手绘效果服装设计图

地体现设计意图。

（四）八位影响世界的服装设计大师

1. 查尔斯·夫莱戴里克·沃斯（Charles Frederick Worth, 1825—1895）

巴黎高级时装业的创始人，出生于英国，被时装界尊称为"时装之父"，他创立自己的工作室，开创了组织服装表演和使用时装模特儿的先河。他自己设计、制作并探索出一系列独特的经营方式，是现代巴黎高级时装业的奠基者。（图2-13-12）

图 2-13-12　沃斯设计的服装

2. 简奴·朗万（Jeanne Lanvin, 1867—1946）

巴黎高级时装设计师，出生于法国。其服装设计浪漫而优雅，以绘画为题材的"绘画女装"和从中世纪教堂的彩色玻璃画获得灵感的"朗万蓝"尤为著名。20世纪20年代，他推出高格调的管状女装。30年代的代表作有夜用的"睡衣式女装""披肩式女装"等。1926年开设男装部门，开高级时装店经营男装的先河。（图2-13-13）

图 2-13-13　朗万的服装海报和服装模特展示

3. 加布里埃·香奈儿（Gabrielle Chanel, 1883—1971）

法国先锋时装设计师，出生于法国，Chanel品牌的创办人，她是20世纪最具影响力的设计师之一。她的设计基于男装的模式和现代主义的出发点，崇尚简洁大方。第一次世界大战后，她敏感地抓住社会的变化，设计管状女装，引领了20世纪20年代的流行，著名的"香奈儿样式"就创始于20世纪20年代。

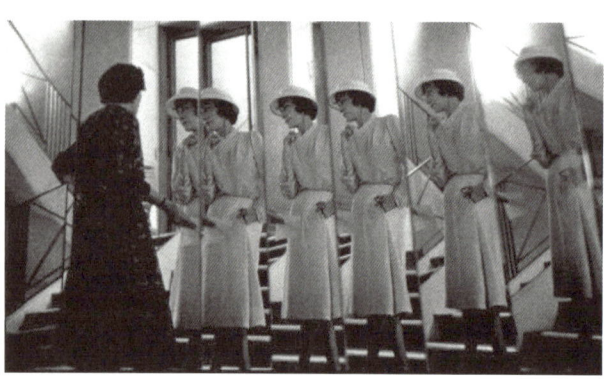

图 2-13-14　香奈儿本人及其设计的服装

4. 克里斯汀·迪奥（Christian Dior, 1905—1957）

巴黎高级时装设计师，出生于法国，Dior品牌的创始人，被誉为"流行之神""时装之王""时装界的独裁者"。迪奥一直是炫丽的高级女装时代的领头羊，他选用高档、华丽、上乘的面料，使女装表现出耀眼、光彩夺目的华丽与高雅，备受时装界关注。（图2-13-15）

5. 皮尔·卡丹（Pierre Cardin, 生于1922年）

巴黎高级时装设计师，出生于意大利的威尼斯。他让高档时装走下高贵的T型台，与大众服装进行融合曾三次获得法国服装设计的最高奖——金顶针奖，他也是冷战时期最早迈进社会主义国家大门的西方设计

图 2-13-15　迪奥与其时装模特的合影

师。（图2-13-16）

6. 伊夫·圣·洛朗（Yves Saint Laurent, 1936—2008）

巴黎高级时装设计师，出生于阿尔及利亚。洛朗的设计既前卫又古典，他拥有艺术家的浪漫特质，对色彩的精准拿捏以及挑战世俗的大胆作风，为20世纪的时装界注入一股新动力。（图2-13-17）

7. 森英惠（HANAE MORI，生于1926年）

巴黎高级时装设计师，出生于日本。20世纪50年代曾先后为600余部电影设计过服装，1963年在日本创建高级成衣公司，1977年在巴黎的蒙泰纽大街创建高级时装店，同年加入巴黎高级时装店协会，成为该协会第一位东方女性。她的得意之作——蝴蝶图案的优雅女装，给巴黎带来了东方式的奇异时尚。1984年荣获法国政府颁发的"艺术文化骑士级勋章"。（图2-13-18）

8. 三宅一生（Issey Miyake，生于1938年）

日本高级成衣设计师，出生于日本广岛，三宅一生品牌的创始人。他以极富工艺创新的服饰设计而闻名于世，他设计的时装极具创造力，集质朴、基本、现代于一体。三宅一生似乎一直独立于欧美的高级时装之外，他的设计思想是一种代表着未来新方向的崭新设计风格。（图2-13-19）

三、配饰——点缀人生之精华

配饰，即服饰配件，是服装以外与服装或相关环境配套的所有附加在人体上的装饰品和装饰。包括：首饰、包袋、帽子、腰饰、鞋袜、手套、伞、扇、眼镜、肤体装饰等。它的种类较多，范围很广，在现代着装中，也将打火机、手表等随身使用的物品作为配饰。配饰与服装处于共同的发展演变过程中，是一个整体的两个方面，同属于服饰文化范畴。由于配饰的材料与服装材料不同而形成不同材质的对比美，使人的整体着装效果更丰富。人类很早就有了佩戴配饰的习惯，大体说来，在早期的服装中，服装配饰的作用主要是以实用功能为主。随着当代社会科学技术的发展，材料不断地开发，极大地丰富了服装配饰的品种，许多风格的配饰与服装组合，创造了时尚，促进了流行。

图 2-13-16　卡丹设计的大众性服装

图 2-13-17　洛朗与其服装模特

图 2-13-18　森英惠和她设计的服装

图 2-13-19　三宅一生极具创造力的服装设计

（一）配饰的起源与发展

配饰的起源是文化起源的一部分，其起源有众多的说法，如装饰说、使用说、原始宗教说等，但从配饰所表现的外观形态和装饰形式上来看，是从使用转化为装饰的需求所导致。配饰的起源早于服装的起源。在原始社会，人们就用纹身、兽骨、贝壳、石块等来制作饰物，另外一些物品如鞋帽等是由于天气或劳动的需要而产生的使用性和装饰性兼备的配饰。通过这些饰物，人们得到功能益处的同时也获得了美感。随着技术的进步和装饰方法的完善，通过造型、色彩、图案、材质等的变化，配饰越做越精美。在现代生活中，服饰品更成为服装搭配不可缺少的内容，很多设计师把服装和服饰品作为一个整体来设计，越来越多的服装商店也把帽、包、首饰等与服装一起陈列展示，让人感受整体着装效果。

中国的服饰配件早在旧石器时代已有雏形，经过漫长的发展演变，到了夏商时期，配饰已经具备一定水平，并形成了统一的造型、色彩和纹样。夏商时期，与服装相应的冠、帽、鞋、腰带已逐步完善，束发用的头饰也已经普及，并在饰物上雕刻精美的饕餮、鸟首等纹样；在商周时期的冕服制度中，与之对应的配饰也逐步形成一定模式，其中，腰带的变化很突出。汉代在配饰方面品种更加丰富，佩戴方式也更讲究，男子品官服饰中，冠、弁、巾、帻的使用要区分官位和场合，女装中饰物和发饰的变化更加突出；隋唐服饰中配饰丰富、造型别致。官服等级森严，根据官位大小，冠帽的式样、色彩、材料、装饰等加以区别，具体名称有数百种之多；宋代冠服制在唐制的基础上改进，冠帽、鞋履的款式和穿戴法也重新规定，其中，革带的使用、材料和装饰都非常讲究；宋代妇女头饰丰富，在发髻上装饰各种簪、钗、梳甚至鲜花等物品；明代服饰继承唐宋制度，但也有变化，其中，官臣佩戴的乌纱帽和象牙牌、男子佩戴的瓦式巾都具有时代特色，霞帔是这个时期贵族妇女的专用配饰，款式复杂，装饰丰富，上面所绣的花纹图案均不一样，霞帔两边装饰坠子，一般以金银等材质制成；清代融合了满、汉等多种风格，废除明代大部分服饰制度，小部分沿用，民间配饰多样，有帽饰、鞋靴袜、手套等，妇女则佩戴簪、钗和鲜花等。

中国的配饰在不同历史时期有不同的发展，而不同国家、不同民族的服饰品更大相径庭。墨西哥人的华丽披毯，犹太人的小帽，都有各自的发展历史。在欧洲古代，勇士以当地动物皮做成盾牌装饰（图2-13-20）。

另外，宗教对于服饰品的影响也很大，中世纪的欧洲，基督教居首，人们戴高帽、穿长而尖的鞋，类似那个时候的哥特式建筑，以此表示接近上帝，女性则要用纱遮住面容；近代以来，欧洲的服饰品则随着艺术潮流的变化而不断发展，如17世纪的巴洛克艺术、18世纪的罗可可艺术、新古典主义、浪漫主义和新艺术运动，这些艺术风格都深深地影响着服饰配饰的发展。

图2-13-20　欧洲古代勇士盾牌

20世纪90年代以后，配饰设计思维早已跨越了民族与国家的界限，超越了以往狭义的设计范畴。一切与人们日常生活息息相关的精神、文化、经济等因素，都被反映到设计当中，新的思维方式和新科技、新材料都给现代配饰的发展增添了新的气息和魅力。

（二）配饰的设计要素

配饰种类繁多，不同的配饰其外形设计、制作材料、色彩应用及使用方法都有很大区别，但设计的要素、设计构思等方面都有着相同的规律。在研究配饰设计的过程中，要从多角度、总体上来了解、掌握，培养敏锐的观察力、深刻的鉴别力、丰富的想象力、提升审美能力，以达到准确生动的表现力。

图 2-13-21　LV 箱包海报 / 法国

1. 设计主题

任何设计都需要表达一定的主题。设计主题也是配饰设计的灵魂，在配饰设计中起着统领和贯穿的作用。主题的确定能够表现配饰的艺术性、审美性及实用性，也能够反映时代气息、社会流行风尚、艺术倾向等。主题要考虑大的设计前提，即经过总体服饰流行风格分析后设定的主题，还要强调与服饰搭配的整体感，应该符合整体服装的定位及造型风格；在设定的过程中还应为下一步的设计作品定位，包括材料、色彩等要素。（图2-13-21）

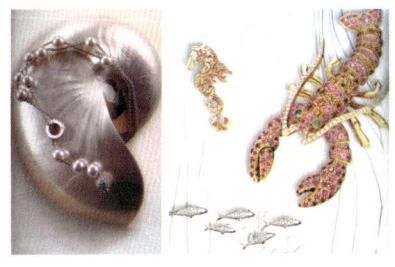

图 2-13-22
左图：御木本（mikimoto）珠宝 / 日本
右图：蒂芙尼（Tiffany & Co.）高级珠宝 / 美国

2. 材　料

材料是配饰的物质基础，不同的配饰所使用的材料不同。首饰常以金属、珠宝、塑料为主；包袋常以布料、绳子、皮革为主；鞋帽则常以毛毡、皮革、席草、布料为主。在配件设计当中，对材料的选择应用很有讲究，要考虑配件与材料的协调性、合理性及美观性。要在现有材料的基础上创造和利用新型材料，使配件的外观更新更美。（图2-13-22）

可用于配饰设计制作的材料非常丰富，有金属制品、各种自然材料、塑料制品以及各种新型材料。在配饰设计选用材料的过程中要注意三个方面：材料选用的合理性、多种材料的综合应用、新型材料的创新应用。合理选择材料应用于配饰，能够充分体现材料的特性、肌理效果以及材料的优势，将配饰的美感充分表现出来。相同材料的组合能使配饰体现出统一的感觉，不同材料的综合则产生变化、对比的感觉；如金属与宝石结合的首饰、玻璃和陶瓷结合的配饰等；现代各种新型材料的出现更大程度地丰富了配饰的表现形式，合理使用新材料能充分体现配饰设计的创造力，给人以新意。（图2-13-23）

图 2-13-23　宝格丽珠宝 / 意大利

3. 色　彩

色彩是服饰配饰构成的要素之一。在配件设计的过程中，掌握好色彩的性能和配色规律是很重要的。综观古今中外服饰品，可以没有图案纹样，但不能不施色彩。色彩是一门完整的学科，涉及化学、物理、生理、心理等多种学科。配饰设计中主要是从色彩的一般现象及性质、色彩的配置、色彩的感情因素、色彩的明暗、对比、调和等方面考虑，将配饰的色彩设计体现得更加完美。

自然界提供了很多鲜艳的色彩,在配饰设计时一方面要学习天然的色彩搭配,另一方面学习色彩的搭配原则,搭配好色彩,才能产生美丽的作品。色彩搭配主要有原色的配合、间色的配合、复色的不同纯度、明度相配。另外,还有补色的配合、邻近色的配合、类比色的配合等。如首饰设计中在白金项链镶嵌蓝色宝石,使白金的金属色泽与晶莹的蓝色之间产生柔和、协调的感觉,整个作品显得高雅、名贵。

4. 表现形式及工艺手段

配饰的不同种类有不同的表现形式,但都是使用艺术的手法将配饰的各种元素组合在一起,而形成完整、统一、协调的设计作品。配饰的艺术手法和表现形式体现在体积、比例、空间布局、结构、节奏、韵律等方面。通过综合多种表现形式,能够创造视觉丰富、神韵各异的作品。在具体的配饰设计过程中,可以通过创造体面关系营造艺术效果,也可以将平面纹样与立体造型结合,同时要注重形体间的主次、虚实、交错、透叠等关系,再综合功能、工艺、肌理等元素,通过不同的工艺加工手段,如切割、雕刻、编制、打磨、刺绣等方式,制作更加完美的配饰作品。(图2-13-24)

(三)配饰的类型

服饰品的种类繁多,分类方法也很多,按功能可以分为以下几大类。

1. 首饰品

由贵金属、珠宝、玉器及各类树脂、玻璃等新型材料设计制作而成的纯装饰或使用性的饰物,用以装饰人体各个部位,如耳环、戒指、项链等;饰品的国际知名品牌绝大部分集中在欧洲,而且大多拥有悠久的历史。欧洲饰品又以法国、意大利和英国为主流,每个品牌风格截然不同。图2-13-25展示的是国际著名品牌GUCCI集团旗下的珠宝设计作品,极具代表性。

2. 帽饰品

由纺织品、植物、动物皮毛等材料制成的有防风、保暖或装饰作用的头部饰物,如礼帽、太阳帽、运动帽等;另外,帽子也是时尚潮人必备的经典配饰之一。

图 2-13-24　御木本亮钻树叶形巴洛克胸针 / 日本

图 2-13-25　Collection Boucheron 珠宝 / 法国

图2-13-26是迪奥品牌富有戏剧性的帽子设计。

3. 箱包饰品

由纺织品、皮革、植物等材料制成的有承载功能和装饰性的能够拎、背、挎的服饰品，包括一般的购物袋、背包、单肩包、挎包、腰包和多种拉杆箱等。现代社会，箱包不只具有实用性，其装饰性更成为人们强调的重点。（图2-13-27）

4. 鞋靴饰品

鞋靴是保护脚部的物品。其产生与自然环境、人类的智慧密不可分。远古时代，人类为保护双脚而简单包扎脚的兽皮、树叶，便成了人类历史上最早的鞋。现在的鞋子款式、种类、材料多种多样，能体现主人的不同个性。一般由皮革、纺织品、橡胶制成，如皮鞋、休闲鞋、旅游鞋等；世界著名鞋靴设计品牌有芬迪（Fendi）、菲拉格慕（Salvators Ferragamo）、普拉达（Prada）等。（图2-13-28）

5. 肩颈部饰品

由纺织品、皮毛等材料制成的，有实用功能和装饰功能的肩颈部饰品，如围巾、领带、披肩等。

图 2-13-26　迪奥（Dior）帽子

图 2-13-27
左图：Chanel 蓝色手袋、Fendi 彩色格纹软呢包
中图：Louis Vuitton 绿色手提式手袋、Hermes 橘色手袋
右图：Chanel 蓝色菱格纹包、Dior 凹凸几何缝纹手袋

图 2-13-28　Salvators Ferragamo 不同时期的鞋子

图 2-13-29　眼镜广告图

6. 腰带饰品

由皮革、纺织品、金属等材料制成的对腰部进行装饰或束紧的物品。

7. 其他饰品

其他有实用或装饰功能的服装附属物品，如眼镜（图2-13-29）、头饰、手表、手套、钢笔、扇子、雨伞等。

（四）世界著名配饰品牌

1. 卡地亚（Cartier SA）

著名钟表及珠宝品牌，于1847年由路易斯·卡地亚（Louis-Francois Cartier）在巴黎蒙特吉尔街（Rue Montorgueil）31号创办。百年变迁中，卡地亚一直与各国的皇室贵族和社会名流保持着紧密的联系，享有"皇帝的珠宝商，珠宝商的皇帝"的美誉。卡地亚以其非凡的创意和完美的工艺为人类创制出许多精美绝伦的旷世杰作。

2. 蒂芙尼（Tiffany & Co）

著名珠宝及银饰品牌，1837年查尔斯·刘易斯·蒂芙尼（Charles Lewis Tiffany）与约翰·B·杨（John Young）在纽约百老汇大街259号创建了蒂芙尼。蒂芙尼用"经典设计"来定义其作品，以爱与美、罗曼蒂克与梦想为主题而风靡了近两个世纪，创始人蒂芙尼更是被纽约媒体称为"钻石之王"。

3. （宝格丽BVLGARI）

世界著名珠宝品牌，于1884年由来自希腊的索蒂里奥·宝格丽（Sotirio Bvlgari）在意大利罗马创立。宝格丽在首饰生产中以色彩为设计精髓，独创性地用多种不同颜色的宝石进行搭配组合，再运用不同材质的底座，以凸显宝石的耀眼色彩。来源于希腊并在罗马文化影响下发扬光大的宝格丽很好地突破传统学院派设计的严谨规条，以希腊式的典雅、意大利的文艺复兴及19世纪的冶金技术为灵感，创作出其独特的风格。

4. 施华洛世奇（SWAROVSKI）

著名水晶品牌，于1895年由丹尼尔·施华洛世奇（Daniel Swarovski）在奥地利创立。一百多年来，施华洛世奇一直秉持着其本身的美好、圣洁和高雅，凭借着优质、璀璨夺目和高度精确的水晶及相关产品闻名于世。从水晶到首饰系列、电子产品、天鹅水晶等，都带着施华洛世奇的不朽精神。

5. 芙丽芙丽（Folli Follie）

著名珠宝、腕表及时尚配饰品牌，于1982年由现任总裁Dimitris Koutsolioutsos，偕其夫人共同创立于希腊的雅典。虽然还不到40年的历史，芙丽芙丽已成为希腊的头号珠宝品牌，其标榜的"价位合理的时尚奢侈品"理念深入人心，也为它赢得了来自不同消费层次的时尚爱好者的大力追捧。

6. 御木本（Mikimoto）

著名珠宝及珍珠配饰品牌，由御木本幸吉于1899年在东京银座创立，他创造的人工培育珍珠方法历代传承至今，已有一百多年历史。一个多世纪以来，起源于珍珠产业的御木本珠宝一直是日本皇室举办婚礼的必备礼品。作为极品珍珠的代名词，御木本珠宝把对品质的追求放在第一位，其珍珠无论是与钻石、黄金、白金还是彩色石头，都能进行完美搭配。

拓展阅读与参考信息

1. 图书资料

《中国古代服饰辞典》/ 孙晨阳、张珂 / 中华书局 / 2015

共收入中国古代服饰相关词条5135条，所收词条主要包括服饰名称、服饰构件名称、冠巾、配饰、款式名称等，对一些重要的纹样、工艺、文化、制度等服饰相关的词条也有酌情收录。

The Art of Manipulating Fabric / Collette Wolff / KP Books / 1988

作为一本面料改造教科书，极其详尽地收集了织物打褶、收缩和衍缝编织等的操作方法。

《西洋服装史》/ 李当岐 / 高等教育出版社 / 2005

系统地介绍了西方史前、古代、中世纪、近世纪、近现代的服饰文化。深入探讨了各历史时期服装文化的历史成因和发展过程。

2. 品牌和设计师

品牌 COMME MOI / 设计师：吕燕

COMME MOI"似我"品牌是由国内极具知名度的超模吕燕于2013年创立并主理的年轻设计师品牌。法文COMME MOI翻译成中文就是"像我一样"。

品牌：Jimmy Choo / 设计师：周仰杰、塔玛拉·梅隆

由周仰杰先生于1996年与之前一直担任英国版《时尚》杂志配饰编辑的塔玛拉·梅隆合伙创办，Sandra Choi为品牌的创意总监。

古琦（Gucci）

于1923年创立于佛罗伦萨，是当今意大利最大的时装集团，Gucci除时装外也经营皮包、皮鞋、手表、家饰品、宠物用品、丝巾、领带、香水等。

乔治·阿玛尼（Giorgio Armani）

由时尚设计师阿玛尼于1975年创立于意大利米兰，以使用新型面料及优良制作而闻名。

范思哲（Gianni Versace）

创立于1978年，品牌标志是神话中的蛇妖美杜莎（Mdeusa），代表着极致的吸引力。

普拉达（Prada）

Prada的历史起源于1913年，以制造高级皮革制品起家。Prada男装的特色在于古典简约又不失年轻化的设计。

课程十四　漫画与动画设计

课程概况： 数字媒体设计作为一门新兴的设计形式，涉及图形学、交互设计、计算机语言、网络技术和通信技术等多学科知识。自20世纪90年代中期，传统的广播、电视、电影在迅速地数字化。随着计算机技术、网络技术和数字通信技术的不断发展，数字媒体设计逐渐突破了狭义的定义，从而向更加立体化和多元化的方向发展。传统的造型艺术与新兴的数字媒体设计相结合；形成了很多新媒体艺术形式，如动漫艺术、网页设计、游戏设计等。

网页游戏及设计这两部分，因教材篇幅限制请同学们自学。本课程介绍两个部分：漫画与动画。动画是数字媒体设计的基本艺术形式之一，而漫画又是动画艺术的原初形式。本课程首先梳理其历史，从宏观角度阐述其发展及革新；再借由对国内外大师、经典作品及主要类别的介绍，以实例讲解各数字媒体形式的发展、风格及特色；同时，剖析其中的内在联系，以便学习者从多方面、多角度理解数字媒体设计所包含的广泛内容。

课程内容： 了解数字媒体的含义和特点，了解漫画、动画，也了解网页及游戏设计（自学）的概念和历史；
熟悉数字媒体设计的发展脉络；学习相关代表人物及作品。

训练目的： 幽默感是形成创意、创新的重要因素，学习漫画与动画、学习表演，是提高一个人幽默情感很重要的一门技巧。

重点和难点： 教学重点：了解漫画、动画、网页游戏及设计的概念和历史，
　　　　　　　了解相关代表大师及作品。
　　　　　　教学难点：幽默感和幽默意识的激发和养成。

思考和作业题： （1）中国动画在20世纪70、80年代风靡世界的原因是什么？
　　　　　　　　（2）20世纪末以后，中国的动画缺乏佳作、停滞不前的原因是什么？

经典提示： 观赏以下经典动画片：中国的《大闹天宫》、日本《千与千寻》、美国的《功夫熊猫》，思考其取得成功的秘诀是什么？

一、概　　述

动漫是动画和漫画的合称。漫画属于绘画艺术而动画属于视听艺术。动漫是对现实社会的反映，又脱离了生活原始形态，具有象征意义和抽象艺术性。动漫的表现手法也是多样的，除了传统的绘画手段外，还可用雕塑、布艺和数字科技等手段进行创作。

动漫作品的价值在于市场性，只有通过市场才能最大限度地实现动漫产品的价值，才能发展成为一种庞大的产业，形成巨大的影响和商业价值。动漫作为一种大众文化，在日本、美国等国都十分流行，并形成成熟的产业链，动漫文化已作为一种新型的文化产业融入我们的生活，其影响已深入社会的每个层面。

被西方的设计师们称为"世界创意大师"、被日本同行称为"不老的设计顽童"的福田繁雄（图2-14-1），在2000年给全国大学生设计"大师奖"获奖学生做了一次别开生面的"创意报告会"。当获奖学生们问及"您的灵感从何而来"时，他毫不犹豫地回答，当他还年轻的时候（20世纪60年代前后），在东京第一次看到中国的动画《大闹天宫》，孙悟空给了他灵感并教会了他创意可以"随心所欲"。2000年时尽管他已年逾古稀，但却像孩子般地在讲台上模仿孙悟空手拿金箍棒反手遮阳、举目远眺的动作。这一连串动作惹得全场哄然大笑。他还滔滔不绝地讲了《猴子捞月》《小蝌蚪找妈妈》等中国动画给他留下的美好印象。在座学生听了都颇受触动，大家为之前对西方动画的盲目崇拜和对中国动画的不屑而感到羞愧，增强了对中国动画艺术的信心。（图12-14-1、图2-14-2）

二、漫画——针砭时弊的视觉幽默

1. 漫画的历史

史前先民的岩画艺术与漫画的创作手法类似。世界公认最早的漫画出版物出现在17世纪的英国，由画家威廉·贺加斯（William Hogarth, 1697—1764）所著，名为 *A Rake's Progress*（图2-14-3）。19世纪初的世界漫画中心在法国，出现了世界上第一本漫画杂志《漫画》，该杂志最具影响力的漫画家有杜米埃（Honoré Uicfor Daumjer, 1808-1879），他对漫画人物的夸张描绘，奠定了近现代漫画人物造型的基础，与德国漫画家威廉·布什（Wihelm Busch, 1832-1908）一起被誉为"漫画界的老祖"。英国的代表人物有漫画家约翰·坦尼埃尔（John Tenniel, 1820-1914）、大卫·罗（David Row, 1891-1963）等。"二战"前后，漫画进入了成熟期，该时期的特殊背景使得超级英雄漫画被广泛认同。之后很长时间，日本漫画得到了较大发展，风格和特点明显不同：日本漫画以浪漫题材居多，适合不同年龄观众，并致力于将漫画小说化。

早在清朝末年我国就出现了漫画，在上海刊行的《太平洋报》上，画家陈师曾的讽刺小品呈现出简约、着墨无多而意趣盎然的面貌。1927年，由丁悚、张光宇等人发起成立中国最早的漫画团体——漫画会，该团体培养了一批漫画家，对中国漫画的发展起了积极的推动作用。创造性的精神、丰富的生活体验和深厚的艺术造诣，使漫画家们发扬光大了这门绘画艺术。

从左至右依次为

图 2-14-1　福田繁雄家中悬挂的中国元素 / 2010
图 2-14-2　福田繁雄设计典藏展中的立体展板 / 2010
图 2-14-3　*A Rake's Progress* 中的作品 / 贺加斯 / 1763

2. 中国漫画三泰斗

（1）方成（1918—2018）

原名孙顺潮，自1946年开始从事漫画工作，笔耕不辍七十余载，被誉为中国漫画界的常青树。与丁聪、华君武并称中国漫画界三大泰斗。"文革"后在中国开办漫画展览的第一人。其主要作品有《家庭》《武大郎开店》等。（图2-14-4至图2-14-6）

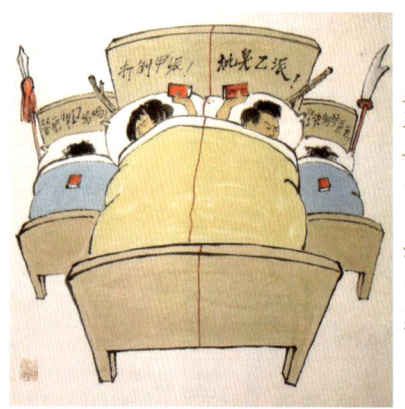

从左至右依次为　图 2-14-4　家庭
　　　　　　　　图 2-14-5　武大郎开店
　　　　　　　　图 2-14-6　不是天灾，胜似天灾

（2）丁聪（1916—2009）

曾任《人民画报》副总编辑。丁聪的漫画是《读书》等杂志不可或缺的品牌性内容，他的代表作品有《鲁迅小说插图》、《阿Q正传插图》、《四世同堂》《骆驼祥子》等众多作品的插图，出版有《丁聪漫画选》。（图2-14-7）

图 2-14-7　丁聪漫画作品

（3）华君武（1915—2010）

华君武长期从事漫画创作。他的漫画是诗、书、画各种艺术的综合体：粗笔勾勒，生动稚拙，形虽朴拙，神情毕肖；内容多配打油诗，辛辣幽默，读之解气；题字如醒醉步履，歪而不倒，一派天趣。著名作品有《疑难杂症——损公肥私》《猪八戒生财有道》《假文盲》等。（图2-14-8至图2-14-10）

图 2-14-8　疑难杂症——损公肥私　　图 2-14-9　猪八戒生财有道　　图 2-14-10　猪吃猴粮

3. 外国著名漫画大师

（1）卡尔·施拉德尔（Karl Schrader，1915—1981）

德国漫画大师，卡尔·施拉德尔的作品构思、形象和文字总是构成一个完美的整体，具有令人过目不忘的魅力，图文相得益彰，机智巧妙地反映出富有深邃哲理的主题。施拉德尔的主要代表作品有《困境》《动物饲养员布拉西乌斯》《新的不幸》等。（图2-14-11）。

图2-14-11 施拉德尔作品

（2）让·米拉蒂埃（Jean Mirathier，1947—）

法国漫画大师，让·米拉蒂埃于1947年出生在法国巴黎。他的作品常采用两种手法：一是夸张，一是变形。画家在创作夸张的肖像时，需要敏锐的观察和恰如其分的表现；而创作变形肖像时则需要丰富的想象力和精巧的构思。他的作品经受住了时间的考验，成为广受欢迎的经典作品。（图2-14-12、图2-14-13）

图2-14-12 漫画作品：英国首相撒切尔夫人　　图2-14-13 漫画作品：美国总统尼克松

（3）查尔斯·舒兹（Charles Scheulz，1922—2000）

美国漫画大师，查尔斯·舒兹，"鲁本奖"获得者（漫画艺术最高荣誉）。代表作《史努比》（Snoopy），作品中史努比是主人翁查理布朗养的一只黑白花的小猎兔犬。在1965年，史努比登上《时代周刊》封面，与影响世界的著名人物并肩而立。（图2-14-14）

图2-14-14 史努比（Snoopy）

（4）埃尔热（Herge，1907—1983）

比利时漫画大师，代表作品《丁丁历险记》。丁丁和不离左右的小狗"白雪"，满脸胡子的鲁道夫船长，还有疯疯癫癫的双胞胎兄弟杜邦和杜绑，吸引了人们的眼球并占据了人们闲暇时的话题。丁丁历险记将故事主线和真实背景有机结合，纪实风格和幽默风趣的相互交融，该作品成为了漫画史上最杰出的作品之一。（图2-14-15）

图 2-14-15　丁丁历险记 / 1929

（5）手冢治虫（Tezuka Osamu，1928-1989年）

日本漫画之神，原名手冢治，被誉为"日本漫画之神"，是日本第一位导入助手制度与企业化经营的漫画家。1961年成立"手冢治虫Production动画部"，翌年以"虫制作公司"的名义开始运营，日本第一部多集动画《铁臂阿童木》、第一部彩色多集动画《森林大帝》均诞生于其手。（图2-14-16至图2-14-18）

图 2-14-16　阿童木 / 1951　　图 2-14-17　三眼神童 / 1990　　图 2-14-18　森林大帝 / 1950

（6）藤子不二雄

日本漫画大师

藤子不二雄是两位漫画家藤本弘（1933-1996）和安孙子素雄（1934-）联合创作时所使用的笔名，他二人是继漫画大师手冢治虫之后又一对享誉全球的日本漫画大师。其他代表作有《四万年飘流》《海王子》《Q太郎》等。由他们创作的《哆啦A梦》（图2-14-22）是日本最具影响力的漫画作品之一，他们因而被称为"机器猫之父"。（图2-14-19）

图 2-14-19　哆啦A梦 / 1970

4. 中国漫画家

（1）几米（Jimmy，1958—）

台湾漫画家，几米，本名廖福彬，台湾著名漫画作家。1999年出版《向左走，向右走》，获选为1999年"金石堂十大最具影响力"的书，开创出成人漫画读本的新形式，兴起一股漫画读本创作风潮。代表作有《布瓜的世界》《向左走，向右走》（图2-14-20）、《世界别为我担心》（图2-14-21）等。

图2-14-20　向左走，向右走

图2-14-21　世界别为我担心

（2）邓辉华（1973—）

新生代漫画家邓辉华，浙江工商大学艺术设计学院副教授，蔡志忠先生入室弟子。他不仅是一位优秀的设计师，同时，也是一位有想法的漫画家。其作品2013漫画《西溪十景图长卷》成为国内第一位旅游语音漫画开创先例。他率先提出了将景区漫画与文创相结合的概念，让人们眼前一亮。2017《漫画爱妈三字经》受上海电通广告委托创作，目前全球网上读者超2亿人次。（图2-14-22、图2-14-23）

图2-14-22　《漫画爱妈三字经》/2017

图2-14-23　《二十四节气漫画》-雨水-清明/2018

课程十四　漫画与动画设计

三、动画 —— 数码时代的大众艺术

（一）动画的历史

动画的历史可以追溯到1831年，法国人Joseph Antoine Plateau把画好的图片按照顺序排布在一部机器的圆盘上，这成为了原始动画的雏形。1906年，在爱迪生实验室工作的布雷克顿（J.Stuart Blackton）制作了《滑稽脸的幽默相》（The Humorous phases of Funny Faces）（图2-14-24），这也是世界上第一部动画影片。

21世纪是动画技术制作领域大发展的时期。二维动画的出现，完成了传统手工动画向现代动画生产工艺的变革；三维数字动画的诞生，实现了动画艺术探索和数字技术实践的完美结合，动画艺术进入空前繁盛的新纪元。

（二）二维动画片 —— 想象和美学的动感表现

二维动画包括传统二维动画和数字二维动画。二维动画也可以称平面动画，是在纸张、塑胶、玻璃或其他平面媒介上绘制画面，通过照相机、摄影机或计算机的逐格拍摄、扫描，按一定的帧率连续播放，在荧幕上或屏幕上连续产生动感的动画。

数字二维动画通过输入和编辑关键帧，计算和生成中间帧，定义路径和现实运动路径，交互式给画面上色，产生一些特技效果，实现画面与声音的同步、控制运动系列的记录等；传统二维动画是把一幅幅静态图片按照一定的速度顺序播放，数字二维动画则把每一幅静态图片称之为帧，多个帧按照一定的次序播放就形成了动画。二维动画以其新颖的构思、灵动的独特艺术形式、超凡的想象而被人们喜爱（图2-14-25、图2-14-26）。

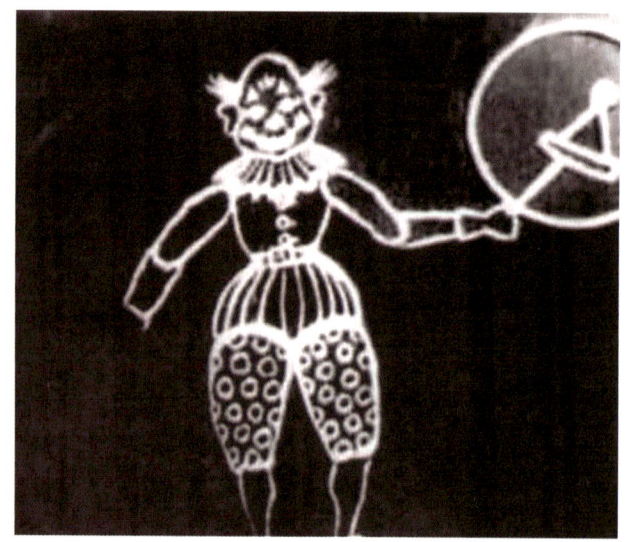

图 2-14-24　The Humorous Phases of Funny Faces / 1906

1. 中国二维动画片

中国动画学派曾以独特的风姿在世界动画舞台上引起了广泛的关注和赞誉。重视作品的思想性，给观众带来健康的思想内容和美妙的视觉享受，是中国动画片最突出的优良传统。中国的民族民间艺术历史悠久，各种类型的动画片都可以将其作为取之不尽的借鉴材料。

1941年，中国第一部动画长片《铁扇公主》（图2-14-27），由上海新华影业公司摄制，万籁鸣、万古蟾联合执导，制作人员百余名，历时一年多，片长9700尺，放映1小时20分钟，中国动画史上第一部长片纪录就此开创，同时也创下当时亚洲地区第一部长动画片的纪录。在世界电影史上，它是名列美国《白雪公主》《小人国》和《木偶奇遇记》之后的第四部

从左至右依次为　　图 2-14-25　大闹天宫 / 1964
　　　　　　　　　图 2-14-26　小蝌蚪找妈妈 / 1961
　　　　　　　　　图 2-14-27　铁扇公主 / 1941

从左至右依次为
图2-14-28 乌鸦为什么是黑的 / 1955
图2-14-29 神笔 / 1956
图2-14-30 大闹天宫 / 1964

动画艺术片，标志着中国当时的动画艺术水平接近世界的领先水平。该片大胆吸取了中国古典绘画和古典文化艺术的营养，中国山水画的风格被成功地搬上银幕，使这部动画片富有浓郁的民族特色。

1955年，中国第一部彩色动画片《乌鸦为什么是黑的》（图2-14-28）诞生，并于1956年获意大利第七届威尼斯国际儿童电影展览会儿童文艺影片一等，1958年获意大利国际纪录片和短片展览会荣誉奖。1956年，木偶片《神笔》（图2-14-29）获第八届国际儿童影片节儿童娱乐片一等奖，该片还获意大利第八届威尼斯国际儿童电影节儿童文娱片一等奖等。1961年，中国第一部水墨动画片《小蝌蚪找妈妈》横空出世，取材于画家齐白石的鱼虾等形象，打破动画片"单线平涂"的模式，该片为世界动画影坛增添了最能代表中国风范的新片种，获得1962年第一届中国电影百花奖最佳美术片奖、瑞士第十四届洛迦诺国际电影节短片银帆奖等奖项。

1961年—1964年，上海美术电影制片厂制作了动画片《大闹天宫》（图2-14-30），为万籁鸣和唐澄合作出品。作为中国动画片的经典，该片影响了几代人，成为了中国动画史上的丰碑。作品的艺术构思纯粹为民族思路，在造型、设景、用色等方面借鉴了中国古代绘画的传神、庙堂艺术的渲染、民间年画的热闹，并且融入了中国传统戏曲的表演艺术，使得影片浓墨重彩，角色造型中国戏曲化。孙悟空形象独创一格，充满了东方魅力。国外评论说："《大闹天宫》不但具有一般美国迪斯尼作品的美感，而且造型艺术又是迪斯尼式美术片所做不到的，它完全地表达了中国传统的艺术风格。"

这一时期的优秀动画片还有充满民间智慧以"扬善抑恶"为主题的《阿凡提》、妇孺皆知而欢快幽默的《三个和尚》、运用中国传统剪纸技法的《猴子捞月》《葫芦兄弟》（图2-14-31）、富有哲理的《崂山道士》，优美感人的《雪孩子》系列以及水墨画入动画的《鹿铃》《山水情》《宝莲灯》（图2-14-32）等。

值得思考的是，中国动画的确有过无比的辉煌，但成就却是属于遥远的过去，中国的动画与国际大奖无缘已经二十多年。中国动画发展到现在陷入了一片沉寂，而西方却凭借技术优势和经济运作的优势取得了领先地位。我们需要重拾回前辈们动画创作的探索精神，重振旗鼓，再创辉煌。

万氏兄弟与中国动画

万氏兄弟指的是中国动画的创始人万籁鸣、万古蟾、万超尘、万涤寰四人（图2-14-33）。万氏兄弟是中国动画之奠基人，也是巅峰创造者，他们创作了中国第一部动画片、第一部有声动画片、第一部动画长片，在人物造型和动作设计上始终注重探索民族风格，创作了一系列优秀作品，如《铁扇公主》《大闹天宫》《猪八戒吃西瓜》《渔童》《济公斗蟋蟀》《人参娃娃》《金色的海螺》等，为我国的动画事业做出了卓越的贡献。

2. 外国二维动画片

（1）日本动画大师宫崎骏和吉卜力工作室

宫崎骏（Miyazaki Hayao，1941—）是世界动画界的一个传奇。他将原仅玩乐消遣的动画上升到人文高度的思想者。1922年，法国影评家埃利·福尔满含感情地预言："终有一天动画片会具有纵深感，造型高超，色彩有层次……会有德拉克洛瓦的心灵、鲁本斯的魅力、戈雅的激情、米开朗基罗的活力。一种

从左至右依次为
图 2-14-31　葫芦兄弟 / 1986
图 2-14-32　宝莲灯 / 1999
图 2-14-33　万氏兄弟（左一起为万籁鸣，万古蟾，万超尘）

视觉交响乐，较之最伟大的音乐家创作的有声交响乐更为令人激动。"八十年后，世界动画界最接近埃利·福尔的梦想者，首推宫崎骏。

宫崎骏的动画片成为一支异军突起的东方力量，能够和迪士尼、梦工厂三分天下。宫崎骏的作品将人生与梦想、生存与环保这些严酷的、唤起人们反思的问题，融于动画。他执著追求，令世人共鸣，更唤醒世界关注，风靡影坛，最可贵的是他创作的影片背景始终带来一股清新的风，让人回归自然，重新认知自我。可以说，在宫崎骏的影片中，人们能释放自己的一切压力，找到人间的真、善、美和返璞归真后的悠然与恬淡。（图2-14-34至图2-14-36）

（2）美国动画及制作公司

美国动画片特点鲜明，作品剧情曲折，生动有趣；人物性格鲜明，造型设计规范，形体优美，注重细节；音乐表现优美动听，与画面情节环环相扣，雅俗共赏，适应绝大多数观众的审美。特别是20世纪末，美国的动画大量运用数字技术与电影技术结合，取得了巨大的进步和成功。同时，美国动画善于塑造典型，推出动画明星，从葛蒂、米老鼠到怪物史莱克等，

从左至右依次为
图 2-14-34　借东西的小人阿莉埃蒂 Karigurashi no arietti / 2010
图 2-14-35　天空之城 Castle in the Sky / 1986
图 2-14-36　千与千寻 Spirited Away / 2001

美国为世界动画艺术宝库推出了难以计数的具有各种造型和各种鲜明性格的经典动画形象,并创造了极高的商业价值。

迪士尼动画制作公司:华特·迪士尼(Walt Disney,图2-14-37),美国著名导演、制片人、编剧、配音演员和动画设计者,由他设计的米老鼠和唐老鸭从20世纪30年代开始风靡世界。迪士尼的成功是各个要素综合作用的结果,在突出其独特的主题文化时,融入了高科技手段和科学的管理模式。其中包括电影制作、多渠道的文化传播等前期影响,科学的人力资源和服务质量管理的中期影响,主题公园建成后产业链不断延伸的后期影响。迪士尼作为现代美国文化的"形象大使",致力于打造一个形象生动、内容丰富、充满活力的文化载体和娱乐平台。另一方面,能够放眼世界,善于吸纳世界各国文化,因而使得节目主题全球化和本土化这一对矛盾被和谐地统一于迪士尼整个节目的研发过程中,使之成为世界上最具价值的文化与商业品牌之一。《白雪公主》《狮子王》《花木兰》《星际宝贝》等都是其代表作。(图2-14-38至图2-14-40)

图2-14-37 迪士尼/美国/1901—1966

不断创新的欧洲独立动画:动画艺术发源于欧洲,有悠久的历史,欧洲的动画作品屡获各大动画奖项,动画人体现出一种时代精神是:不断创新表现手法,尝试各种不同媒体,颠覆人们对动画的观感。进入21世纪,欧洲动画更是步步提升,相继出现了偏离主流风格的动画长片《疯狂约会美丽都》《小鸡快跑》(图2-14-41)、《青蛙的寓言》等,这些动画片的出现使人们对欧洲日趋单一的动画市场刮目相看。

捷克定格动画大师:吉力·唐卡(Jeri Trnka,1912—1969)
他的作品大多是歌颂捷克文化,并致力于木偶动画这种捷克传统的艺术形式,成为捷克木偶动画的开山巨擘,也是享誉世界的定格动画大师。(图2-14-42、图2-14-43)

比利时动画大师:劳尔·瑟瓦斯(Raoul Servais,1928—)
劳尔·瑟瓦斯是比利时动画大师,欧洲大陆第一个大学动画系的创立者,ASIFA(世界动画协会)主席。作

从左至右依次为
图2-14-38 狮子王(The Lion King)/1994
图2-14-39 星际宝贝(Lilo & Stitch)/2002
图2-14-40 花木兰(Mulan)/1998

从左至右依次为
图 2-14-41 小鸡快跑（Chicken Run）/ 2000
图 2-14-42 仲夏夜之梦 1 / 吉力·唐卡
图 2-14-43 仲夏夜之梦 2 / 吉力·唐卡

品多为短片，内涵丰富，曾获威尼斯、波尔图、安锡等电影节大奖；三次荣获奥斯卡最佳动画短片提名。（图2-14-44）

波兰动画电影大师：扬·兰尼卡（Jan Lenica，1928 — ）
毕业于华沙工艺学院建筑系，1945年开始学习漫画，1957年开始涉足动画电影。曾执教于哈佛大学、剑桥大学以及柏林艺术学院，同时也从事舞台背景设计和插图制作，作品多次在国际上获奖。（图2-14-45）

（三）三维动画片 —— 艺术与科学的创造点击

三维动画又称3D动画，是近年来随着计算机软硬件技术的发展而产生的一门新兴技术。

三维动画软件在计算机中首先建立一个虚拟的世界，设计师在这个虚拟的三维世界中按照要表现的对象的形状、尺寸建立模型以及场景，再根据要求设定模型的运动轨迹、虚拟摄影机的运动和其他动画参数，最后按要求为模型赋上特定的材质，做出光线效果。当这一切完成后就可以让计算机自动运算，生成最后的画面（图2-14-46）。

图 2-14-44 X-70 行动 / 劳尔·瑟瓦斯

三维动画发展大致分三个阶段：第一阶段是1995 — 2000年，此为初级阶段，主要是指一些影视动画、房地产动画、建筑动画等的初步发展时期，代表作品有《玩具总动员》《虫虫危机》。2001 — 2003年为第二阶段，该阶段是房地产动画、建筑动画、数字沙盘的快速发展时期，结合电脑硬件的飞速发展，逐渐开始批量创作三维影视动画片，代表作有《海底总动员》《超人总动员》等。此时，中国三维动画也逐步兴起，开始创作自己的第一部三维动画电影《魔比斯环》。第三阶段是从2004年开始，代表作品有《料理鼠王》《功夫熊猫》（图2-14-47）《马达加斯加》《神偷奶爸》（图2-14-48）等。

三维动画的学习主要涉及三个专业方向：影视模型与渲染、数字角色动画、影视特效与合成。作为一项艺术和技术紧密结合的工作，三维动画因其精确性、真实性和无限的可操作性而被广泛应用于教育、医疗、军事等诸多领域，其逼真的表现形式为现代动画艺术增加了新的表现方式，为观众带来新的视听享受。

图 2-14-45 迷宫 / 扬·兰尼卡

目前制作三维动画片的动画公司主要有迪士尼、皮克斯、梦工厂、欧特克等。

图 2-14-46　闪电狗 / 迪士尼 / 2008
图 2-14-47　功夫熊猫 / 2008

图 2-14-48　神偷奶爸 / 2010
图 2-14-49　梦工厂标识
图 2-14-50　怪物史莱克 / 2001

1. 美国梦工厂动画公司

梦工厂电影公司（Dream Works SKG，图2-14-49）始建于1994年10月，梦工厂的缩写"SKG"代表的是公司的三个共同创始人，S代表斯蒂芬·斯皮尔伯格（影片监制及Amblin Entertainment的创始人），K代表Katzenberg（迪士尼前任首席），而G代表大卫·葛芬（Geffen Records的创始人）。梦工厂的动画部门于2004年独立成为梦工厂动画公司。作品有《怪物史莱克》（图2-14-50）《功夫熊猫》《超级无敌掌门狗》等。动画长片《怪兽大战外星人》是梦工厂第一部3D立体电影，2010年推出了全新3D动画大片《驯龙记》。英特尔已与梦工厂动画电影公司建立了战略联盟。未来将会有更多优秀作品从梦工厂诞生。

2. 皮克斯动画工作室

皮克斯动画工作室（Pixar Animation Studios）成立于1986年，由约翰·拉塞特、史蒂夫·乔布斯和埃德·卡特穆尔联合创办，至今已经出品多部经典动画长片和动画短片。1987年，皮克斯短片《顽皮跳跳灯》获得奥斯卡最佳动画短片提名，并获旧金山国际电影节电脑影像类影片金门奖，后来这一形象成为皮克斯象征的跳跳灯是片中的主角，它代表了持之以恒的工作、锐意进取的风格、八面见光的灵感以及不故步自封的个性（图2-14-51）。皮克斯的代表作有《超人总动员》《飞屋环游记》《海底总动员》等（图2-14-52至图2-14-54）。

图 2-14-51　皮克斯动画工作室标志

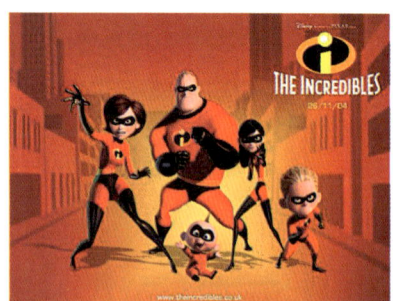

图 2-14-52　超人总动员 / 2004

图 2-14-53　飞屋环游记 / 2009

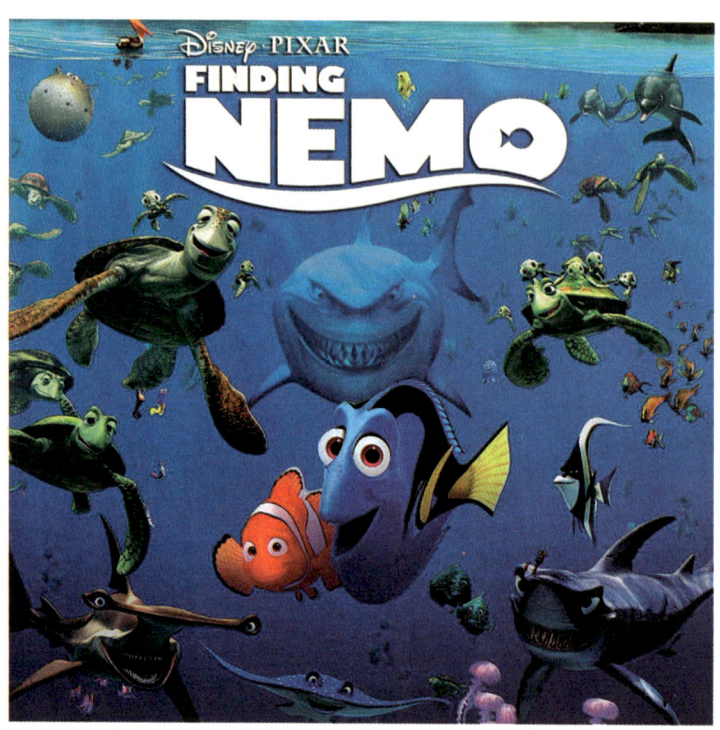

图 2-14-54　海底总动员 / 2003

拓展阅读与参考信息

1. 图书资料

《解码外国动漫》/ 宋磊/ 中国传媒大学出版社/ 2012
本书从源流、创作、观念与营销四个角度，回答了40多个有关外国动漫的问题，涉及创意、编剧、衍生品开发以及历史文化等多个领域，剖析成功品牌的成功经验，总结失败案例的不成功教训。

《世界动画电影大师》/ 薛燕平/ 中国传媒大学出版社/ 2005
本书对世界著名的动画电影大师及作品进行了系统的整理和分析。全书共分为14章，详细介绍了诸如迪士尼、华纳兄弟公司的动画大师们及保罗·古里莫、宫崎骏与吉卜力工作室、押井守等世界著名动画电影大师。

《世界动画史》/ 史蒂芬·卡瓦利耶 / 中央编译出版社 / 2012
《世界动画史》详细描述了世界动画的百年历史，将欧洲、北美、亚洲的重磅人物纷纷囊括其中，并辅以丰富的彩图和百科全书式的知识广度，引领读者踏上奇幻旅程，感受人类的无尽想象，领略动画世界的广阔无垠与无限创意。

2. 艺术节及奖项

奥斯卡最佳动画短片奖（Academy Award for Best Animated Feature Film）

戛纳电视节最佳动画短片奖

金猴奖最具潜力动画短片奖（"Golden Monkey King" Award）

3. 工作室

动画大师宫崎骏主笔 —— 吉卜力工作室（日）

世界著名定格动画工作室 —— 莱卡工作室（美）

小羊肖恩的诞生地、欧洲著名动画工作室 —— 阿德曼工作室（英）

4. 博物馆及主题公园

三鹰之森吉卜力美术馆（日）
是一家位于日本东京都三鹰市的动画美术馆。馆主是身兼作家、漫画家、动画导演的宫崎骏。

青山刚昌博物馆（日）
以人气漫画《名侦探柯南》的原作者青山刚昌及其作品世界为主题的博物馆。该馆以《名侦探柯南》作为中心展开，介绍青山刚昌老师的作品世界。博物馆分为6个分区，除了青山刚昌的个人介绍，还有漫画作品和动画作品等区域。

上海动漫博物馆
是中国第一家集展示、交流、科普教育、实践互动、产业促进等多功能于一体的大型现代化专业动漫展馆。

上海迪士尼乐园
是中国内地首座迪士尼主题乐园，乐园拥有七大主题园区：米奇大街、奇想花园、探险岛、宝藏湾、明日世界、梦幻世界、玩具总动员；两座主题酒店：上海迪士尼乐园酒店、玩具总动员酒店；并有许多全球首发游乐项目。

后记
POSTSCRIPT

就决定《艺术鉴赏》教材书名一事我曾犯嘀咕："艺术"的范畴到底有多大？教育部 2011 年制定的《学位授予和人才培养学科目录》中显示，作为新确立的"艺术学"学科门类包括了声学语言的音乐；肢体语言的舞蹈、戏剧和戏曲；视觉语言的电影、绘画和设计等众多门类。

而这本《艺术鉴赏》涉及的仅仅是美术学、建筑学和设计学，用确切的国际专业语言来命名应该定为《造型艺术鉴赏》。但最终考虑到国内专业师生接受信息的习惯与感悟度，还是确定本教材名称为《艺术鉴赏》。

不管是教育方针还是教学用的教材，都是因时而制、因事而设、因人而定，并随着时代的变化和教育对象的素质提高而改变。因此，本教材的推广和存在意义，在于教学内容和框架结构的优越性。至于具体课程的实施，应根据各地各校，甚至任课老师的选择而进行适当的调整。

鉴于本教材涉及内容的广泛性、多元性和丰富性，部分图片摘自相关图书资料和网络信息资料，在此一并谢过！同时，敬请各位原创者和读者谅解。

本教材能够出版，应该感谢我的两位良师益友 —— 江南大学设计学院的虞海良教授和同济大学人文学院的喻大翔教授的指导和帮助；也感谢同济大学设计艺术研究中心的工作助理张嬿雯、王亚琦和李雯三位同志的鼎力相助。

同济大学教授 / 博导　林家阳